Italienisch
fürs Gespräch

Italienisch fürs Gespräch

Ein modernes Konversationsbuch

von
Loretta Trinei
und der Langenscheidt-Redaktion

LANGENSCHEIDT

BERLIN · MÜNCHEN · WIEN · ZÜRICH · NEW YORK

Deutsche Übersetzung: Margarete Polduwe

Auflage: 7. 6. 5.		Letzte Zahlen
Jahr: 1998		maßgeblich

Satz: Kösel, Kempten
Druck: Druckhaus Langenscheidt, Berlin-Schöneberg

Printed in Germany · ISBN 3-468-42181-8

Vorwort

Für erste sprachliche Kontakte im Ausland genügt ein Sprachführer in Verbindung mit einem kleinen Wörterbuch. Hat man aber bereits Grundkenntnisse und strebt eine intensivere Unterhaltung in italienischer Sprache an, so ist das vorliegende Buch „Italienisch fürs Gespräch" eine große Hilfe.

Dieses bietet – nach Möglichkeit in sinnvollen „Minidialogen" – zeitgemäße, praktische Redewendungen und Argumente, die nach Sachgebieten geordnet sind. Im Selbststudium oder auf der Reise benutzt, ermöglicht es eine Unterhaltung in einem breiten Spektrum von Themen und Situationen.

Ob beruflicher Alltag oder Schule, Freizeitaktivitäten oder Umwelt, Politik oder persönliche Daten – dieses moderne Konversationsbuch gibt dem Lernenden die nötige Sicherheit in der Unterhaltung. Auch für die bei Italienern so beliebte „chiacchierata" – die oberflächliche Konversation, das belanglose Geplauder – werden Redemittel bereitgestellt.

In der Behandlung der Gesprächsstoffe wird den unterschiedlichen Aspekten im täglichen Leben zwischen Ländern im deutschsprachigen Raum und den entsprechenden italienischen Gegebenheiten Rechnung getragen.

Ein ausführliches Sachregister und Inhaltsverzeichnis erleichtern das Auffinden des gesuchten Themas. Piktogramme dienen als visuelle Hilfen und zur Einstimmung des Benutzers auf das jeweilige Sachgebiet.

„Italienisch fürs Gespräch" gibt somit jedem Italienischlernenden mit Vorkenntnissen die Sachinformationen und Redemittel für eine große Anzahl interessanter Gespräche. Die angebotenen „Sprachbausteine" kann der Tourist ebenso benutzen wie der Geschäftsreisende, dem Lerner in der Erwachsenenbildung oder in der Schule werden sie ebenso eine Hilfe sein wie dem Senior, der zum wiederholten Mal Italiens Kulturstätten bereist.

Das vorliegende Buch basiert auf der Tradition der Langenscheidt-Konversationsbücher, die sich seit Jahrzehnten bewährt haben. „Italienisch fürs Gespräch" ist jedoch völlig neu gestaltet und entspricht der heutigen Sprachwirklichkeit.

Die zweisprachige Anordnung für die italienische und deutsche Sprache gestattet dem Benutzer eine umgehende Verständniskontrolle des Gelesenen. Umgekehrt kann er auf dem Wege der Rückübersetzung testen, inwieweit ihm die fremdsprachliche Äußerung noch in Erinnerung geblieben ist. Das vorliegende Buch ist daher auch geeignet, um seine Kenntnis von italienischen Wörtern und Wendungen zu festigen oder zu erweitern. Gleiches gilt auch umgekehrt für den italienischsprachigen Benutzer, der auf diesem Wege sein Deutsch vertiefen kann.

LANGENSCHEIDT

Inhalt / Indice

1. Espressioni generali / 1. Allgemeine Ausdrücke

1.1 Incontri / 1.1 Begegnungen

Buon giorno, / Buona sera, Signor Rossi.	Guten Tag, / Guten Abend, Herr Rossi.
Signor Neri, che piacere rivederLa! Come sta?	Herr Neri, was für eine Freude, Sie wiederzusehen! Wie geht es Ihnen?
Abbastanza bene, grazie.	Danke, ganz gut.
Non c'è male, mi accontento.	Nicht schlecht, ich bin zufrieden.
Non mi posso lamentare.	Ich kann nicht klagen.
Insomma, mica tanto bene!	Also, eigentlich nicht so gut!
E' da tanto che non ci vediamo, dove è stato tutto questo tempo?	Wir haben uns lange nicht gesehen, wo sind Sie die ganze Zeit gewesen?
Come mai non si è fatto più vedere?	Weshalb haben Sie sich denn nicht mehr sehen lassen?
Che mi racconta di bello? – Non ho un gran che da raccontare, faccio le solite cose.	Was gibt's denn bei Ihnen Neues? Nichts Besonderes, bei mir geht alles seinen gewohnten Gang.
Come sta Sua moglie? Tutto bene a casa?	Wie geht es Ihrer Frau? Alles in Ordnung daheim?
Ma guarda chi si vede! Ciao Giulia, che fai da queste parti?	Aber schau mal, wer da ist! Hallo Julia, was machst du denn in dieser Gegend?
Ciao Carla! Come va? Dove sei andata a finire? Come mai non ti sei fatta più viva?	Hallo Karla! Wie geht's? Wo hast du gesteckt? Warum hast du dich denn nicht mehr gemeldet?
Sono stata sommersa dal lavoro.	Ich war so mit Arbeit eingedeckt.
Anche tu qui? Che combinazione! Come stai? – Così e così, si tira avanti.	Du auch hier? So ein Zufall! Wie geht es dir? – So lala, man schlägt sich durch.
Si direbbe che meglio non potrebbe andarti!	Man sollte meinen, es könnte dir nicht besser gehen!
Signor Verdi, non so se si ricorda di me, ci siamo conosciuti due anni fa.	Herr Verdi, ich weiß nicht, ob Sie sich an mich erinnern, wir haben uns vor zwei Jahren kennengelernt.
Di viso me La ricordo, ma mi sfugge il Suo nome.	An Ihr Gesicht erinnere ich mich, aber Ihr Name ist mir entfallen.
Ma Lei non è la signora Doni?	Aber sind Sie nicht Frau Doni?

No, guardi, si sbaglia; io sono la signora Ferri.

Nein, da irren Sie sich; ich bin Frau Ferri.

Mi scusi tanto! L'avevo confusa con un'altra persona.

Entschuldigen Sie vielmals! Ich hatte Sie mit einer anderen Person verwechselt.

1.2 Presentazioni

1.2 Vorstellen

Mi posso presentare? Mi chiamo Paolo Rossi, e Lei?

Darf ich mich vorstellen? Ich heiße Paul Rossi, und Sie?

Rosa Gozzi, piacere.

Rosa Gozzi, angenehm.

Piacere, sono molto lieto di fare la Sua conoscenza.

Angenehm, ich freue mich sehr, Ihre Bekanntschaft zu machen.

Signor Bini, conosce già mia moglie? – No, non ho ancora avuto il piacere.

Herr Bini, kennen Sie schon meine Frau? – Nein, ich hatte noch nicht das Vergnügen.

Permetta che Gliela presenti. Lucia, questo è il signor Bini.

Gestatten Sie, daß ich sie Ihnen vorstelle. Lucia, das ist Herr Bini.

Piacere, signora. Finalmente ho l'occasione di conoscerLa; ho sentito molto parlare di Lei.

Angenehm, gnädige Frau. Endlich habe ich Gelegenheit, Sie kennenzulernen; ich habe schon viel von Ihnen gehört.

Spero che abbia sentito buone cose sul mio conto!

Hoffentlich nur Gutes!

Marco, ti presento Giulia, una mia vecchia amica. – Piacere, Marco.

Markus, das ist Julia, eine alte Freundin von mir. – Freut mich; Markus.

Piacere. Che cosa fai nella vita, Marco?

Freut mich auch. Was treibst du so, Markus?

Chi è quella signora?

Wer ist diese Dame?

E' la signora Ferrari.

Das ist Frau Ferrari.

Perché non me la presenta?

Warum stellen Sie sie mir nicht vor?

Signor Bruni, Le presento la signora Ferrari.

Herr Bruni, ich möchte Ihnen Frau Ferrari vorstellen.

Piacere, Luca Bruni. Ma, mi sbaglio o ci siamo già conosciuti?

Angenehm, Lukas Bruni. Aber, irre ich mich, oder kennen wir uns bereits?

Ho anch'io questa impressione, la Sua fisionomia mi è nota.

Ich habe auch den Eindruck, Ihr Gesicht kommt mir bekannt vor.

Ad ogni modo, mi fa piacere rincontrarLa.

Jedenfalls freue ich mich über unsere Begegnung.

1.3 Segnalazione di difficoltà linguistiche	**1.3 Hinweis auf sprachliche Schwierigkeiten**
Parla italiano? Sa l'italiano?	Sprechen Sie Italienisch? Können Sie Italienisch?
Solo un po'; sono ancora un principiante.	Nur ein wenig; ich bin noch Anfänger.
Lo sto imparando ora.	Ich lerne es gerade.
Me la cavo abbastanza bene.	Ich komme ganz gut zurecht.
Mi faccio capire alla meglio.	Ich mache mich verständlich, so gut es geht.
Capisco tutto, ma ho difficoltà ad esprimermi.	Ich verstehe alles, habe aber Schwierigkeiten, mich auszudrükken.
So qualche parola, non di più.	Ich kenne ein paar Wörter, mehr nicht.
Non capisco tutto, ma so afferrare il senso generale di un discorso.	Ich verstehe nicht alles, aber ich kann den allgemeinen Sinn eines Gesprächs erfassen.
So portare avanti una conversazione semplice.	Ich kann eine einfache Unterhaltung führen.
Purtroppo faccio molti errori, spero che mi capisca lo stesso.	Leider mache ich viele Fehler; ich hoffe, Sie verstehen mich trotzdem.
Non so una parola d'italiano.	Ich kann kein Wort Italienisch.
Ho una buona conoscenza passiva, ma mi manca la pratica.	Ich habe gute passive Kenntnisse, aber mir fehlt die Praxis.
Non l'ho parlato per molto tempo e se non si fa pratica, ci si dimentica alla svelta.	Ich habe es lange nicht gesprochen, und wenn man nicht ständig in Übung ist, vergißt man schnell.
L'esercizio è fondamentale per imparare una lingua.	Übung ist das Allerwichtigste, um eine Sprache zu lernen.
Mi capisce se parlo in italiano?	Verstehen Sie mich, wenn ich Italienisch spreche?
Sì, se non parla troppo in fretta.	Ja, wenn Sie nicht zu schnell sprechen.
Scusi, può parlare più lentamente? Ho delle difficoltà con l'italiano.	Entschuldigen Sie, könnten Sie bitte langsamer sprechen? Ich habe Schwierigkeiten mit dem Italienischen.

Scusi, non ho capito, può ripetere, per favore?	Entschuldigen Sie, ich habe nicht verstanden, könnten Sie es bitte wiederholen?
Non ho capito una parola.	Ich habe kein Wort verstanden.
Dove ha imparato l'italiano?	Wo haben Sie Italienisch gelernt?
Ho frequentato dei corsi serali.	Ich habe Abendkurse besucht.
Come Le sembra il mio italiano?	Wie finden Sie mein Italienisch?
Mi sembra che abbia fatto molti progressi dall'ultima volta che ci siamo visti.	Mir scheint, Sie haben seit dem letzten Mal, als wir uns gesehen haben, große Fortschritte gemacht.
Lo parla molto correttamente, deve solo migliorare la pronuncia.	Sie sprechen es sehr korrekt, nur die Aussprache müssen Sie noch verbessern.
Lo parla con molta proprietà: dispone di un vocabolario ricchissimo.	Sie haben eine sehr gewandte Ausdrucksweise: Sie verfügen über ein äußerst reichhaltiges Vokabular.
Non esageri! So di avere ancora molto da imparare.	Übertreiben Sie nicht! Ich weiß, daß ich noch viel zu lernen habe.
Trova difficile l'italiano?	Finden Sie Italienisch schwierig?
La grammatica sì, specialmente i verbi.	Die Grammatik ja, besonders die Verben.
A che livello è?	Welchen Kenntnisstand haben Sie?
Devo rinfrescare alcune cose ed approfondirne delle altre.	Ich muß einige Dinge auffrischen und andere vertiefen.
Devo perfezionare il mio italiano.	Ich muß mein Italienisch vervollkommnen.
Devo assolutamente migliorare il mio italiano, lo parlo da cani.	Ich muß mein Italienisch unbedingt verbessern, ich spreche erbärmlich schlecht.
Studia l'italiano per passione o per motivi di lavoro?	Lernen Sie Italienisch aus Begeisterung oder aus beruflichen Gründen?
Per l'uno e per l'altro. E' una lingua che mi piace e che mi serve anche a livello professionale.	Sowohl als auch. Es ist eine Sprache, die mir gefällt und die ich auch beruflich gebrauchen kann.
Il signor Gori parla correntemente tre lingue.	Herr Gori spricht drei Sprachen fließend.
E' portato per le lingue, ha un buon orecchio.	Er ist sprachbegabt, er hat ein gutes Gehör.
E' intelligente, ma per le lingue è negato!	Er ist intelligent, aber er ist nicht sprachbegabt.
Ha una pronuncia orribile.	Er hat eine schreckliche Aussprache.
Come si pronuncia questa parola?	Wie spricht man dieses Wort aus?

Come si dice in italiano?	Wie heißt das auf italienisch?
Che vuol dire questa parola?	Was bedeutet dieses Wort?
Che cosa significa questa frase?	Was bedeutet dieser Satz?
E' un modo di dire?	Ist das eine Redensart?
Mi può tradurre questa frase?	Können Sie mir diesen Satz übersetzen?
Tradotto letteralmente, vuol dire ...	Wörtlich übersetzt bedeutet er...
Come si scrive il Suo nome?	Wie schreibt sich Ihr Name?
Me lo può ripetere lettera per lettera?	Können Sie ihn mir buchstabieren?
Non è corretto dire così.	So ist es nicht korrekt (ausgedrückt).
E' meglio evitare questa espressione, è molto volgare.	Diesen Ausdruck vermeidet man besser, er ist sehr vulgär.
Questo non è un linguaggio elegante, è gergo giovanile.	Das ist keine elegante Ausdrucksweise, das ist Teenagerjargon.
Questo termine è fuori moda, è obsoleto, non si usa più.	Dieser Begriff ist aus der Mode, er ist veraltet, er ist nicht mehr gebräuchlich.

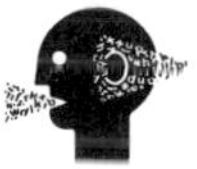

1.4 Inizio di una conversazione / 1.4 Beginn einer Unterhaltung

Vorrei parlare con il signor Genco.	Ich möchte gern mit Herrn Genco sprechen.
Ha un appuntamento?	Haben Sie einen Termin?
Chi devo annunciare?	Wen darf ich melden?
C'è il signor Genco?	Ist Herr Genco da?
Mi dispiace, al momento è fuori.	Tut mir leid, er ist momentan außer Haus.
Quando posso trovarlo?	Wann kann ich ihn antreffen?
Provi a passare domani alla stessa ora.	Versuchen Sie, morgen um die gleiche Zeit vorbeizukommen.
Telefoni prima, per assicurarsi che ci sia.	Rufen Sie vorher an, um sich zu vergewissern, daß er da ist.
Telefoni, così Le potrò dire se può riceverLa.	Rufen Sie an, damit ich Ihnen sagen kann, ob er Sie empfangen kann.
Signor Cioni, La disturbo?	Herr Cioni, störe ich (Sie)?

Potrei parlarLe un momento?	Könnte ich Sie einen Moment sprechen?
Mi dispiace, ho fretta.	Tut mir leid, ich habe es eilig.
Un attimo e sono da Lei.	Einen Augenblick, und ich bin bei Ihnen.
Ora non posso: sono pieno di lavoro fino al collo.	Momentan kann ich nicht: ich stecke bis zum Hals in Arbeit.
Non La tratterrò a lungo, vorrei soltanto un' informazione.	Ich werde Sie nicht lange aufhalten, ich möchte nur eine Auskunft.
Se ha fretta, possiamo rimandare tutto ad un altro giorno.	Wenn Sie es eilig haben, können wir alles auf einen anderen Tag verschieben.
E' un affare urgente, vorrei risolverlo entro oggi.	Es ist eine dringende Angelegenheit, ich möchte sie noch heute erledigen.
Le devo parlare, ha mezz'ora da concedermi?	Ich muß Sie sprechen, haben Sie eine halbe Stunde für mich übrig?
Permette una domanda?	Gestatten Sie eine Frage?
Mi permette di farLe alcune domande?	Erlauben Sie mir, Ihnen einige Fragen zu stellen?
Certo, sono a Sua completa disposizione.	Gewiß, ich stehe Ihnen voll zur Verfügung.
La ascolto, di che cosa si tratta?	Ich höre (Ihnen zu), worum handelt es sich?
Mi dica, che cosa c'è?	Sagen Sie mir, was gibt es?
Ho una buona notizia da darLe.	Ich habe eine gute Nachricht für Sie.
Vorrei comunicarLe qualcosa di importante.	Ich möchte Ihnen etwas Wichtiges mitteilen.
Ho qualcosa di spiacevole da dirLe.	Ich habe Ihnen etwas Unangenehmes zu sagen.
Le vorrei dire una cosa molto confidenziale.	Ich möchte Ihnen etwas sehr Vertrauliches mitteilen.
Le vorrei esporre un problema.	Ich möchte Ihnen ein Problem erläutern.
Ne possiamo parlare un altro giorno, con più calma?	Können wir ein andermal darüber sprechen, mit mehr Ruhe?
Eccomi qua, che c'è? Sono tutto orecchi.	Da bin ich, was gibt's? Ich bin ganz Ohr.
Vorrei confidarti una cosa.	Ich möchte dir etwas anvertrauen.
E' qualcosa di grave?	Ist es etwas Ernstes?
No, ma è molto personale. Ti prego di non andare a raccontarlo in giro.	Nein, aber es ist sehr persönlich. Ich bitte dich, es nicht überall herumzuerzählen.

Figurati, lo sai che so tenere la bocca chiusa.

Ich bitte dich, du weißt doch, daß ich den Mund halten kann.

1.5 Inviti e visite

1.5 Einladungen und Besuche

Quando avrò il piacere di una Sua visita?

Wann werden Sie mir die Freude machen, mich zu besuchen?

Posso invitarLa a cena?

Darf ich Sie zum Abendessen einladen?

Ma no! Non vorrei disturbare!

Aber nein! Ich möchte nicht stören!

Non vorrei procurarLe dei fastidi.

Ich möchte Ihnen keine Unannehmlichkeiten bereiten.

Tutt'altro. Mi farebbe molto piacere, se accettasse.

Ganz im Gegenteil. Es würde mich sehr freuen, wenn Sie annehmen würden.

Se insiste, vengo volentieri.

Wenn Sie darauf bestehen, komme ich gerne.

Facciamo giovedì sera, Le va bene?

Sagen wir Donnerstag abend, paßt es Ihnen?

Purtroppo no, giovedì ho un impegno improrogabile.

Leider nein, Donnerstag habe ich eine unaufschiebbare Verpflichtung.

Allora fissiamo per il fine settimana.

Dann verabreden wir uns für das Wochenende.

Perché non viene a trovarci nella nostra casa di campagna, la prossima settimana?

Warum kommen Sie uns nicht nächste Woche in unserem Landhaus besuchen?

Una proposta così gentile non si può rifiutare. Non mi resta che ringraziarLa in anticipo.

Einen so netten Vorschlag kann man nicht ablehnen. Da kann ich mich nur im voraus bei Ihnen bedanken.

Allora La aspetto. Se ci sono contrattempi, mi telefoni per favore.

Also erwarte ich Sie. Falls etwas dazwischenkommt, rufen Sie mich bitte an.

Certo, Glielo farò sapere.

Sicher, ich werde es Sie wissen lassen.

Hai voglia di uscire?

Hast du Lust auszugehen?

Perché no!

Warum nicht!

Ti passo a prendere o vieni tu da me?

Soll ich dich abholen, oder kommst du zu mir?

A dopo, allora.

Also, bis später.

Signor Rossi, sabato sera diamo una festa; Lei è invitato, naturalmente.	Herr Rossi, Samstag abend geben wir ein Fest; Sie sind natürlich eingeladen.
Mi dispiace, non posso; ho degli ospiti a casa.	Es tut mir leid, ich kann nicht; ich habe Gäste zu Hause.
Ma Lei non può mancare! Faccia una cosa, porti anche i Suoi amici.	Aber Sie dürfen nicht fehlen! Machen Sie es doch so, bringen Sie Ihre Freunde auch mit.
Ma saremmo in troppi!	Aber wir wären zu viele!
Non si preoccupi: ad una festa più gente c'è e più ci si diverte.	Machen Sie sich keine Sorgen: je mehr Leute auf einem Fest sind, desto mehr amüsiert man sich.
Allora ci conto. In quanti sarete?	Also verlasse ich mich darauf. Wie viele werden Sie sein?
In quattro. E' necessario l'abito da sera?	Vier. (Zu viert.) Ist Abendkleidung erforderlich?
No, è una festa informale, fra amici. Non è niente di ufficiale.	Nein, es ist ein zwangloses Fest unter Freunden. Es ist nichts Offizielles.
Signorina, uscirebbe con me stasera?	Mein Fräulein, würden Sie heute abend mit mir ausgehen?
Con piacere.	Mit Vergnügen.
Dove preferirebbe andare?	Wohin würden Sie gern gehen?
Decida Lei, io non so che cosa offre la città.	Entscheiden Sie, ich weiß nicht, was die Stadt zu bieten hat.
Signorina, posso accompagnarLa a casa?	Mein Fräulein, darf ich Sie nach Hause begleiten?
Uffa! Non sia così insistente! Le ho già detto mille volte di no, quindi ora mi lasci in pace per favore!	Uff! Seien Sie doch nicht so aufdringlich! Ich habe Ihnen schon tausendmal nein gesagt, also lassen Sie mich jetzt bitte in Frieden!
Ciao Marco! Permesso?	Hallo Marco! Darf ich? / Du gestattest?
Ciao! Avanti, avanti! Che bella sorpresa; sono contento che tu sia venuta a trovarmi.	Hallo! Nur herein! Was für eine nette Überraschung; ich freue mich, daß du mich besuchen kommst.
Passavo di qui e ho fatto un salto a salutarti.	Ich kam hier vorbei und bin schnell auf einen Sprung zu dir gekommen.
C'è Lucia? – No, è uscita.	Ist Lucia da? – Nein, sie ist ausgegangen.
Peccato! Le dica che sono passato e che si faccia sentire.	Schade! Sagen Sie ihr, daß ich vorbeigekommen bin und daß sie sich bitte einmal melden soll.

Buonasera. Scusate il ritardo. Purtroppo non sono riuscito a liberarmi prima.	Guten Abend. Entschuldigen Sie die Verspätung. Leider konnte ich mich nicht früher freimachen.
Ho portato dei fiori per la signora, spero che le piacciano.	Für die Dame des Hauses habe ich Blumen mitgebracht, hoffentlich gefallen sie ihr.
Che pensiero gentile! Ma non si doveva disturbare!	Was für eine nette Aufmerksamkeit! Aber Sie sollten sich doch keine Umstände machen!
Signor Gozzi, c'è una visita per Lei.	Herr Gozzi, da ist Besuch für Sie.
C'è il dottor Doni che Le vuole parlare.	Da ist Herr Doktor Doni, der Sie sprechen möchte.
Signorina, Le ho già detto che oggi non ci sono per nessuno.	Fräulein, ich habe Ihnen bereits gesagt, daß ich heute für niemanden zu sprechen bin.
Gli dica che non ci sono. Non lo voglio ricevere.	Sagen Sie ihm, daß ich nicht da bin. Ich will ihn nicht empfangen.
Scusa il ritardo, è da tanto che aspetti?	Entschuldige die Verspätung, wartest du schon lange?
Non sapevo che ci volesse tanto tempo per arrivare fin qui.	Ich wußte nicht, daß man so lange brauchen würde, um hierher zu kommen.

1.6 Congedo	1.6 Abschied
Mi dispiace, ma ora devo scappare.	Es tut mir leid, aber ich muß jetzt schnellstens aufbrechen.
Vado di fretta, spero di rincontrarLa presto e con più calma.	Ich gehe schnell, ich hoffe, Sie bald und mit mehr Ruhe wiederzutreffen.
Per ora La saluto, arrivederLa, a presto.	Für heute verabschiede ich mich, auf Wiedersehen, bis bald.
Arrivederci. Saluti Sua moglie, mi raccomando.	Auf Wiedersehen. Grüßen Sie bitte Ihre Frau.
Come passa in fretta il tempo! Vi dobbiamo lasciare!	Wie schnell die Zeit vergeht! Wir müssen Sie verlassen!
Santo cielo! Non mi ero accorto che fosse tanto tardi! Devo andar via.	Lieber Himmel! Ich hatte nicht bemerkt, daß es schon so spät ist! Ich muß ja los/weg.
Si è fatto tardi, me ne devo andare.	Es ist spät geworden, ich muß gehen.
Non è poi così tardi, si fermi ancora un po'.	Es ist doch noch nicht so spät, bleiben Sie noch ein bißchen.

Ci lascia già? Rimanga ancora un po'.	Verlassen Sie uns schon? Bleiben Sie noch ein bißchen.
Purtroppo la giornata non è ancora finita per me; devo fare ancora un mucchio di cose.	Leider ist der Tag für mich noch nicht zu Ende; ich muß noch eine Menge erledigen.
Allora non La trattengo.	Dann will ich Sie nicht aufhalten.
Se deve andare, non insisto.	Wenn Sie gehen müssen, will ich nicht insistieren.
Spero che si sia divertito. – Molto, è stata una serata veramente piacevole.	Hoffentlich haben Sie sich gut amüsiert. – Sehr gut, es war wirklich ein angenehmer Abend.
Grazie per l'ospitalità. – E' stato un piacere avervi da noi.	Danke für die Gastfreundschaft. – Es war ein Vergnügen, Sie bei uns zu haben.
Rimarrei volentieri, ma se non mi sbrigo perdo l'ultimo autobus.	Ich würde gern noch bleiben, aber wenn ich mich nicht beeile, verpasse ich den letzten Bus.
E' un peccato! Siamo sul più bello della festa!	Wie schade! Gerade jetzt, wo das Fest am schönsten ist!
Ciao, stammi bene e fatti vedere.	Tschüs, / Mach's gut, laß dich mal wieder sehen.
Mi raccomando, teniamoci in contatto, non farti sentire fra due anni!	Aber bitte laß uns in Kontakt bleiben, und melde dich nicht erst wieder in zwei Jahren!

1.7 Appuntamenti / 1.7 Verabredungen

Quando ci possiamo incontrare per definire quell'affare?	Wann können wir uns treffen, um das Geschäft abzuschließen?
Possiamo fissare un appuntamento?	Können wir einen Termin festmachen?
Martedì all'una va bene?	Geht es am Dienstag um eins?
Non sarebbe possibile un po' prima?	Ginge es nicht ein bißchen früher?
E' un orario scomodo, possiamo fare un'ora più tardi?	Es ist ein ungünstiger Zeitpunkt, können wir es um eine Stunde verschieben?
Possiamo stabilire un'altra data?	Können wir ein anderes Datum festlegen?
Vorrei prendere un appuntamento con il dottor Russo. Il più presto possibile, per favore.	Ich hätte gern einen Termin bei Doktor Russo. So bald wie möglich, bitte.
Quando ci vediamo?	Wann sehen wir uns?

Diamoci appuntamento per le otto davanti al bar Roma.	Verabreden wir uns für acht Uhr vor dem Café Roma.
Cerca di non arrivare in ritardo come al solito, lo sai che non mi piace aspettare.	Sieh zu, daß du nicht zu spät kommst wie sonst immer, du weißt, daß ich nicht gern warte.
Carla non è ancora arrivata: non è mai puntuale.	Karla ist noch nicht gekommen: nie ist sie pünktlich.
La aspettiamo ancora cinque minuti e poi ci avviamo. Se ha voglia, ci raggiungerà.	Wir warten noch fünf Minuten auf sie, und dann machen wir uns auf den Weg. Wenn sie Lust hat, wird sie uns einholen.
Signora, quando posso rivederLa?	Gnädige Frau, wann darf ich Sie wiedersehen?
Non so. Magari ci sentiamo prima per telefono.	Ich weiß nicht. Vielleicht telefonieren wir vorher miteinander.

1.8 Richieste / 1.8 Bitten

E' permesso? Si può? Disturbo? Posso entrare?	Ist es gestattet? Darf ich? Störe ich? Darf ich eintreten?
Prego, entri pure. Venga pure avanti. Si accomodi.	Bitte, kommen Sie doch herein. Treten Sie nur näher. Nehmen Sie Platz.
Posso chiederLe se . . .	Darf ich Sie fragen, ob . . .
Può essere così gentile da dirmi . . .	Könnten Sie so freundlich sein, mir zu sagen . . .
Avrei una preghiera da rivolgerLe.	Ich hätte eine Bitte an Sie.
Vorrei chiederLe un favore.	Ich möchte Sie um einen Gefallen bitten.
Mi faresti un piacere?	Würdest du mir einen Gefallen tun?
Le sarei molto grato se si incaricasse Lei della faccenda.	Ich wäre Ihnen sehr dankbar, wenn Sie diese Angelegenheit übernehmen würden.
Signorina, faccia la cortesia di . . .	Fräulein, würden Sie bitte . . .
Sia così gentile da battere a macchina questa lettera.	Seien Sie so freundlich, diesen Brief mit der Maschine zu tippen.
Posso fare qualcos'altro per Lei?	Kann ich sonst noch etwas für Sie tun?
No, al momento non c'è altro.	Nein, im Moment gibt es weiter nichts.
Potreste far silenzio?	Könntet ihr euch still verhalten?

Può abbassare la radio? Con questo fracasso non si può lavorare.	Können Sie das Radio leiser stellen? Bei diesem Lärm kann man nicht arbeiten.
Si può chiudere la finestra? C'è corrente.	Dürfen wir das Fenster schließen? Es zieht.
Può parlare più forte, per piacere? Non La sento.	Können Sie bitte lauter sprechen? Ich höre Sie nicht gut.
Fammi il favore di abbassare la voce. Non sono sordo!	Tu mir den Gefallen und sprich leiser. Ich bin nicht taub!
Mi darebbe un passaggio? Sa, oggi sono a piedi.	Würden Sie mich ein Stück mitnehmen? Wissen Sie, ich bin heute zu Fuß.
Non vorrei essere maleducato, ma posso dare un'occhiata al giornale?	Ich möchte nicht unhöflich sein, aber darf ich einen Blick in die Zeitung werfen?
Posso esserLe d'aiuto?	Kann ich Ihnen behilflich sein?
Le serve aiuto?	Brauchen Sie Hilfe?
Ha da accendere, per caso?	Haben Sie zufällig Feuer?
Posso fumare o Le dà fastidio?	Darf ich rauchen, oder stört es Sie?
Le dà noia il fumo?	Stört Sie der Rauch?
Prego, fumi pure; non mi disturba.	Bitte, rauchen Sie nur; es stört mich nicht.
Senta, può smettere di fumare?	Hören Sie bitte, können Sie aufhören zu rauchen?
Il fumo mi dà fastidio, inoltre qui è vietato fumare.	Der Rauch stört mich, außerdem ist Rauchen hier verboten.
Scusi, non ci avevo fatto caso. Spengo subito la sigaretta.	Entschuldigen Sie, ich hatte nicht darauf geachtet. Ich mache die Zigarette sofort aus.
Mi passa quel libro, per favore?	Reichen Sie mir bitte dieses Buch da?
Ci passa o mi devo spostare?	Kommen Sie vorbei, oder soll ich rücken / zur Seite gehen?
No, non si scomodi.	Nein, bemühen Sie sich nicht.

1.9 Assenso

1.9 Zustimmung

Signor Rossi, mi può sistemare quella faccenda?	Herr Rossi, können Sie diese Angelegenheit für mich in Ordnung bringen?

Per Lei faccio di tutto; a Lei non si può dir di no.	Für Sie tue ich alles; bei Ihnen kann man nicht nein sagen.
Sì, se posso.	Ja, wenn ich kann.
Non ha che da chiedere, se posso L'aiuto.	Sie brauchen nur zu fragen; wenn ich kann, helfe ich Ihnen.
Cercherò di aiutarLa come posso.	Ich werde versuchen, Ihnen zu helfen, so gut ich kann.
Farò il possibile per accontentarLa.	Ich werde alles tun, um Sie zufriedenzustellen.
Farò il possibile.	Ich werde tun, was möglich ist.
Se posso fare qualcosa, volentieri.	Wenn ich etwas für Sie tun kann, gern.
Conti su di me, cercherò di aiutarLa in tutti i modi.	Verlassen Sie sich auf mich, ich werde versuchen, Ihnen in jeder Weise behilflich zu sein.
Farò tutto quello che è in mio potere di fare.	Ich werde mein Möglichstes tun.
Per quella questione, non possiamo venirci incontro?	Können wir uns in dieser Frage nicht entgegenkommen?
Sì, un accordo lo troveremo.	Doch, wir werden schon eine Einigung finden.
Ho il piacere di dirLe che la risposta è affermativa.	Ich freue mich, Ihnen mitteilen zu können, daß die Antwort positiv ausgefallen ist.
Perché le hai detto di sì?	Warum hast du ihr zugesagt?
E' stata così insistente che ho dovuto acconsentire anche contro la mia volontà.	Sie war so hartnäckig, daß ich auch gegen meinen Willen zustimmen mußte.

1.10 Rifiuto — 1.10 Ablehnung

Mi dispiace, devo darLe una risposta negativa.	Es tut mir leid, aber ich muß Ihnen eine Absage erteilen.
Non Le posso dare una risposta sicura così, su due piedi; ci devo riflettere.	Ich kann Ihnen so, auf die Schnelle, keine sichere Antwort geben; ich muß darüber nachdenken.
Mi rincresce deluderLa; non posso fare niente per Lei.	Es tut mir leid, Sie zu enttäuschen; ich kann nichts für Sie tun.
Ha opposto un netto rifiuto alla mia richiesta.	Er hat meiner Anfrage eine klare Absage erteilt.
Non se la prenda a male, non dipende da me.	Nehmen Sie es nicht übel, es liegt nicht an mir.

Declino ogni responsabilità: la questione non è di mia competenza. — Ich lehne jegliche Verantwortung ab: für die Angelegenheit bin ich nicht zuständig.

Non si potrebbe fare uno strappo alla regola? — Könnte man nicht eine Ausnahme (von der Regel) machen?

No, è fuori discussione. — Nein, das kommt nicht in Frage.

Guardi, non insista, se Le ho detto di no, è no. — Bitte insistieren Sie nicht, wenn ich einmal nein zu Ihnen gesagt habe, heißt das nein.

1.11 Consigli / 1.11 Ratschläge

Le vorrei chiedere un consiglio su una questione delicata. — Ich möchte Sie in einer heiklen Angelegenheit um Rat bitten.

Lei che farebbe al mio posto? — Was würden Sie an meiner Stelle tun?

Rifletta bene, prima di prendere una decisione. — Überlegen Sie gut, bevor Sie eine Entscheidung treffen.

Consideri bene tutti i pro e i contro. — Wägen Sie alle Vor- und Nachteile gut gegeneinander ab.

Le conviene pensarci bene. — Sie sollten es sich gut überlegen.

Seguirò il Suo consiglio. — Ich werde Ihren Rat befolgen.

Terrò conto dei Suoi consigli. — Ich werde Ihre Ratschläge berücksichtigen.

Che Gliene pare di quella macchina? Mi consiglia di comprarla? — Was halten Sie von diesem Auto? Raten Sie mir, es zu kaufen?

Mi dia un parere, Lei che se ne intende. — Geben Sie mir einen Rat, Sie kennen sich doch damit aus.

Mi dia un consiglio; Lei ne sa più di me. — Geben Sie mir einen Rat; Sie verstehen mehr davon als ich.

Ha considerato la possibilità di comprarne una usata? — Haben Sie die Möglichkeit in Betracht gezogen, einen Gebrauchtwagen zu kaufen?

Le consiglio di comprarla; mi pare che ne valga la pena. — Ich rate Ihnen zum Kauf; mir scheint, es lohnt sich.

Che ne pensa di lui? E' una persona di cui ci si può fidare? — Was halten Sie von ihm? Ist er ein Mensch, auf den man sich verlassen kann?

A vederlo, sembra di sì. Spesso però, le apparenze ingannano.	Es hat den Anschein, wenn man ihn sieht. Aber oft trügt der Schein.
Se vuole un consiglio, si guardi da lui; è una persona poco affidabile.	Wenn Sie einen Rat wollen, nehmen Sie sich vor ihm in acht; er ist nicht sehr vertrauenswürdig.
Non gli dia retta.	Hören Sie nicht auf ihn.
Cosa faccio, accetto o no quel lavoro?	Was soll ich machen, nehme ich diese Arbeit an oder nicht?
Che ti devo dire! Se fa per te o no, lo devi stabilire tu.	Was soll ich dir sagen! Ob sie etwas für dich ist oder nicht, mußt du selbst entscheiden.
Bisogna sempre cogliere l'occasione.	Man muß immer die Gelegenheit ergreifen.
Secondo me, faresti meglio a non accettarlo.	Meiner Meinung nach solltest du sie besser nicht annehmen.
Che dici, ho fatto un buon affare?	Was meinst du, habe ich ein gutes Geschäft gemacht?
Mi sbaglierò, ma mi sa che hai preso una bella fregatura.*	Ich kann mich irren, aber mir scheint, daß man dich ganz schön hereingelegt hat.
Ti posso dare un consiglio?	Darf ich dir einen Rat geben?
No, mi hai stufato con i tuoi consigli, occupati dei fatti tuoi.	Nein, ich habe deine Ratschläge satt, kümmere dich um deine eigenen Angelegenheiten.
Fa come ti pare, allora. Se ti succede qualcosa, però, non venire a piangere da me.	Dann mach, was du für richtig hältst. Wenn dir aber etwas passiert, komm nicht und beklag dich bei mir.

1.12 Scuse / 1.12 Entschuldigungen

La prego di accettare le mie scuse più sincere.	Ich bitte Sie aufrichtig um Entschuldigung.
Mi spiace; non volevo offenderLa.	Es tut mir leid; ich wollte Sie nicht kränken.
Non so come scusarmi.	Ich weiß nicht, wie ich mich entschuldigen soll.
Non intendevo proprio; credo che Lei mi abbia frainteso.	Ich habe es wirklich nicht beabsichtigt; ich glaube, Sie haben mich mißverstanden.
Forse sono stato un po' brusco, ma non me ne voglia: avevo le migliori intenzioni.	Vielleicht war ich ein wenig schroff, aber seien Sie mir bitte nicht böse: ich habe es nur gut gemeint.

* termine volgare, ma molto usato. — (vulgärer Ausdruck, aber sehr gebräuchlich)

E' stato uno spiacevole malinteso.	Es war ein unerfreuliches Mißverständnis.
Non ne parliamo più. Dimentichiamo la cosa e pace fatta.	Sprechen wir nicht mehr darüber. Vergessen wir die Angelegenheit, und der Frieden ist wiederhergestellt.
Stia attento! Guardi cosa ha fatto!	Passen Sie doch auf! Schauen Sie, was Sie angerichtet haben!
Che guaio! Non ho fatto apposta, come posso riparare?	So ein Pech! Ich habe es nicht mit Absicht getan, wie kann ich es wiedergutmachen?
Ma che modi sono! Guardi dove mette i piedi!	Aber was sind das für Manieren! Passen Sie doch auf, wo Sie hintreten!
Le chiedo scusa, non L'avevo vista.	Ich bitte Sie um Vergebung, ich hatte Sie nicht gesehen.
Io delle Sue scuse non me ne faccio niente!	An Ihren Entschuldigungen liegt mir gar nichts.
Non essere arrabbiata con me; non volevo offenderti, l'ho detto per scherzo.	Sei mir doch nicht böse; ich wollte dich nicht beleidigen, ich habe es aus Spaß gesagt.
Non credevo che fosse così imbarazzante per te.	Ich habe nicht geglaubt, daß es für dich so peinlich wäre.
Per questa volta sei perdonato.	Für diesmal bist du entschuldigt.
Voglia scusarmi per ieri; sono dovuto andare urgentemente dal dottore.	Wollen Sie mich bitte wegen gestern entschuldigen; ich mußte dringend zum Arzt.
Lei ha sempre una scusa pronta, ma non mi convince mica!	Sie haben stets eine Entschuldigung parat, aber mich überzeugen Sie doch nicht!
E' la verità! Se non mi crede non posso farci niente.	Es ist die Wahrheit! Wenn Sie mir nicht glauben, kann ich es nicht ändern.
Può presentare le mie scuse al signor Rossi?	Können Sie mich bei Herrn Rossi entschuldigen?

1.13 Auguri

1.13 Glückwünsche

Auguri. – Grazie, altrettanto.	Meinen Glückwunsch / Alles Gute. – Danke, ebenfalls.
Tanti auguri. Rallegramenti.	Herzlichen Glückwunsch. Meine Glückwünsche.
Buon compleanno. Cento di questi giorni!	Herzlichen Glückwunsch zum Geburtstag. Noch viele solche Tage!

Auguri di buon onomastico.	Beste Glückwünsche zum Namenstag.
Ci rallegriamo di potervi annunciare la nascita di nostro figlio Marco.	Wir freuen uns, Ihnen die Geburt unseres Sohnes Markus bekanntgeben zu dürfen.
Le scrivo per felicitarmi per il lieto evento.	Ich möchte Ihnen hiermit zu dem freudigen Ereignis gratulieren.
Mi felicito con Lei.	Ich beglückwünsche Sie.
Vi porgiamo i nostri migliori auguri per le vostre nozze d'argento (o: venticinquesimo anniversario del vostro matrimonio).	Wir gratulieren und wünschen Ihnen viel Glück zu Ihrer silbernen Hochzeit (zum fünfundzwanzigsten Hochzeitstag).
Per il vostro matrimonio, vi auguro tanta felicità.	Zu Ihrer Hochzeit wünsche ich Ihnen viel Glück.
Buon anno. Buon Natale. Buona Pasqua.	Prosit Neujahr. Frohe Weihnachten. Frohe Ostern.
I migliori auguri per l'anno nuovo. Buon capodanno.	Alles Gute zum neuen Jahr. Frohes Neues Jahr.
Buone feste.	Frohe Feiertage.
Le auguro ogni bene.	Ich wünsche Ihnen alles Gute.
Buona fortuna.	Viel Glück.
In bocca al lupo per l'esame.	Toi, toi, toi fürs Examen.
Crepi il lupo.	Hals- und Beinbruch.
Datti da fare e auguri di buona riuscita.	Gib dir Mühe, und viel Erfolg.
Congratulazioni per la promozione. Le auguro tanto successo.	Herzlichen Glückwunsch zur Beförderung. Ich wünsche Ihnen viel Erfolg.
Mi congratulo con Lei per il felice esito degli esami.	Ich gratuliere Ihnen zum bestandenen Examen.
Buona guarigione.	Gute Besserung.
Auguri di pronta guarigione.	Beste Wünsche für baldige Genesung.

1.14 Ringraziamenti — 1.14 Dank

Tante grazie. – Prego, non c'è di che.	Vielen Dank. – Bitte, keine Ursache.
Infinite grazie. Lei mi ha reso un gran servigio. Come posso ricompensarLa?	Unendlichen Dank. Sie haben mir einen großen Dienst erwiesen. Wie kann ich mich Ihnen erkenntlich zeigen?

Si figuri! Non ha bisogno di ringraziarmi, sono io che Le sono debitore.	Aber ich bitte Sie! Sie brauchen mir nicht zu danken, ich bin doch in Ihrer Schuld.
Come posso ricambiare il favore? – Ma non ne parliamo neanche!	Wie kann ich mich für den Gefallen revanchieren? – Aber sprechen wir doch nicht mehr davon!
La ringrazio vivamente. – Di nulla! E' stato un piacere poterLa aiutare.	Ich danke Ihnen vielmals. – Keine Ursache! Es war mir ein Vergnügen, Ihnen helfen zu können.
Lei è stato di una gentilezza squisita, non ho parole per ringraziarLa.	Sie waren ausgesprochen freundlich, ich kann meinen Dank nicht in Worte fassen.
Mille grazie. Le sono molto obbligato.	Tausend Dank. Ich bin Ihnen sehr zu Dank verpflichtet.
Grazie di cuore; non so come avrei fatto senza di Lei.	Herzlichen Dank; ich weiß nicht, was ich ohne Sie getan hätte.
Accetti i miei più sentiti ringraziamenti.	Empfangen Sie meinen aufrichtigsten Dank.
Non so come ringraziarti; sei stato insostituibile.	Ich weiß nicht, wie ich dir danken soll; du warst einfach unersetzlich.
Grazie e scusi il disturbo.	Danke, und entschuldigen Sie die Störung.
La ringrazio per la gentile accoglienza. Accetti questo piccolo regalo come segno della mia riconoscenza.	Ich danke Ihnen für den freundlichen Empfang. Nehmen Sie dieses kleine Geschenk als Zeichen meiner Dankbarkeit entgegen.
Le sono molto riconoscente. Come posso sdebitarmi?	Ich bin Ihnen sehr dankbar. Wie kann ich mich revanchieren?
Ti ringrazio, mi sei stato di grande aiuto.	Ich danke dir, du warst mir eine große Hilfe.

2. Sentimenti ed opinioni

2. Gefühle und Meinungen

2.1 Opinioni

2.1 Meinungen

2.1.1 Accordo

2.1.1 Einverständnis

Esaminando bene i fatti, credo che non si possa giungere ad altra conclusione; ne conviene anche Lei?	Bei genauer Prüfung der Fakten kann man, glaube ich, zu keinem anderen Ergebnis gelangen; sind Sie mit mir darin einig?
Sono d'accordo con Lei.	Ich stimme mit Ihnen überein.
La penso anch'io così.	Ich denke auch so darüber.
Condivido la Sua opinione.	Ich teile Ihre Meinung.
Non posso darLe torto.	Ich kann Ihnen nicht Unrecht geben.
Le dò ragione.	Ich gebe Ihnen recht.
Approvo incondizionatamente.	Ich stimme bedingungslos zu.
Lei ha la mia piena approvazione.	Sie haben mein volles Einverständnis.
Lei mi toglie le parole di bocca.	Sie nehmen mir die Worte aus dem Mund.
E' evidente! Non capisco come si possa sostenere il contrario.	Das liegt klar auf der Hand! Ich verstehe nicht, wie man das Gegenteil behaupten kann.
Ne sono convinto anch'io.	Auch ich bin davon überzeugt.
Non ho obiezioni da fare.	Ich habe keine Einwände zu machen.
I Suoi argomenti sono veramente validi.	Ihre Argumente sind wirklich stichhaltig.
E' un ragionamento ineccepibile; non fa una grinza.	Das ist eine einwandfreie Argumentation; sie stimmt haargenau.
Devo ammetterlo; è un'argomentazione pienamente convincente.	Ich muß zugeben, es ist eine vollkommen überzeugende Argumentation.
Questo è il nocciolo della questione.	Das ist der Kern der Frage.
Senza dubbio; Lei ha individuato bene qual è il punto.	Ohne Zweifel; Sie haben gut erkannt, wo das Problem liegt.

Lei ha colpito nel segno.	Sie haben ins Schwarze getroffen.
Sono felice che Lei sia del mio stesso avviso.	Ich freue mich, daß Sie derselben Meinung sind wie ich.

### *2.1.2 Disaccordo*	### *2.1.2 Uneinigkeit*
Non sono d'accordo.	Ich bin nicht einverstanden.
Disapprovo vivamente.	Ich bin entschieden dagegen.
Sono di un'altra opinione.	Ich bin anderer Meinung.
Mi dispiace contraddirLa, ma . . .	Es tut mir leid, Ihnen zu widersprechen, aber. . .
Lei fa delle affermazioni gratuite.	Sie stellen grundlose Behauptungen auf.
E' un ragionamento che non sta in piedi.	Das ist eine Überlegung, die auf schwachen Füßen steht.
Basta un po' di buonsenso per capire che sono sciocchezze.	Es genügt ein bißchen gesunder Menschenverstand, um zu begreifen, daß das Unsinn ist.
E' un discorso che non ha né capo né coda.	Das ist eine Rede, die weder Hand noch Fuß hat.
Sono delle supposizioni infondate.	Das sind unbegründete Vermutungen.
Mi sembra che Lei non accetti critiche; non crede che potrebbe sbagliarsi?	Mir scheint, Sie akzeptieren keine Kritik; glauben Sie nicht, daß Sie sich irren könnten?
Lei non prende in considerazione le ragioni degli altri.	Sie ziehen die Gründe der anderen nicht in Betracht.
Lei si contraddice: ieri ha sostenuto il contrario.	Sie widersprechen sich: gestern haben Sie das Gegenteil behauptet.
Si deve decidere! Non può cambiare idea ogni cinque minuti.	Sie müssen sich entscheiden! Sie können es sich nicht alle fünf Minuten anders überlegen.
E' inutile che stiamo a perdere tempo; non ci metteremo mai d'accordo.	Es ist zwecklos, daß wir weitere Zeit verschwenden; wir werden uns nie einigen.
Se parte da questi presupposti, non ci intenderemo mai.	Wenn Sie von diesen Voraussetzungen ausgehen, werden wir uns nie verstehen.
Quand'è così, non abbiamo più niente da dirci.	Wenn es so ist, haben wir uns nichts mehr zu sagen.
Parli sul serio o per scherzo?	Meinst du es ernst, oder machst du einen Witz?

Con te non si può parlare seriamente. Butti tutto sullo scherzo.	Mit dir kann man nicht ernsthaft reden. Du machst dich über alles lustig.
Tu prendi tutto alla leggera, ma queste non sono cose da ridere.	Du nimmst alles auf die leichte Schulter, aber diese Dinge sind nicht zum Lachen.

2.1.3 Compromesso / *2.1.3 Kompromiß*

In linea di massima trovo la Sua idea interessante, ma . . .	Grundsätzlich finde ich Ihre Idee interessant, aber . . .
Su alcuni punti devo esprimere le mie riserve.	Bezüglich einiger Punkte muß ich meine Vorbehalte äußern.
Mi esponga le Sue vedute, forse troveremo un punto d'incontro.	Erläutern Sie mir ihre Ansichten, vielleicht finden wir einen Annäherungspunkt.
E' possibile trovare una via di mezzo?	Ist es möglich, einen Mittelweg zu finden?
Non lo so; mi lasci del tempo per rifletterci.	Ich weiß es nicht; lassen Sie mir Zeit, darüber nachzudenken.
Questo argomento mi sta a cuore; non sarà difficile mettersi d'accordo.	Dieses Thema liegt mir am Herzen; es wird nicht schwierig sein, sich einig zu werden.
Possiamo riesaminare insieme la questione.	Wir können die Angelegenheit noch einmal gemeinsam prüfen.
Visto sotto questo aspetto, tutto acquista una nuova luce.	Unter diesem Aspekt erscheint alles in einem neuen Licht.
Devo rivedere la mia posizione.	Ich muß meinen Standpunkt überdenken.
Credo che non sarà difficile appianare tutte le divergenze.	Ich glaube, daß es nicht schwierig sein wird, alle Meinungsverschiedenheiten zu beseitigen.

2.2 Preoccupazione / 2.2 Sorge

Sono molto preoccupata per te.	Ich bin sehr besorgt um dich.
Ho mille preoccupazioni per la testa.	Mir gehen tausend Sorgen durch den Kopf.
Mia madre si preoccupa da morire. E' molto ansiosa, pensa sempre al peggio.	Meine Mutter sorgt sich zu Tode. Sie ist sehr ängstlich und denkt immer gleich ans Schlimmste.
Sta in ansia, se non torno a casa presto.	Sie ist in Sorge, wenn ich nicht gleich nach Hause komme.

Come mai è così pensieroso?	Weshalb sind Sie so nachdenklich?
Ho tanti di quei pensieri, che neanche se lo immagina.	Ich mache mir solche Sorgen, Sie können es sich gar nicht vorstellen.
Mio figlio mi fa stare in pensiero.	Mein Sohn bereitet mir Sorgen.
Sto in pensiero per lui.	Ich mache mir Sorgen um ihn.
Sto in pena per mio marito: Spero che non sia successo niente.	Ich bin besorgt um meinen Mann, ich hoffe, es ist nichts passiert.
Mi mette pensiero il fatto che non abbia telefonato.	Ich bin in Sorge, weil er nicht angerufen hat.
Non stia in ansia, avrà avuto un contrattempo.	Machen Sie sich keine Sorgen, es wird ihm etwas dazwischen gekommen sein.
Lei si preoccupa per ogni nonnulla!	Sie machen sich Gedanken wegen jeder Kleinigkeit!
Non sia così pessimista!	Seien Sie nicht so pessimistisch!
Non sia così apprensivo!	Seien Sie nicht so ängstlich!

2.3 Tristezza

2.3 Traurigkeit

Sono molto triste per quel che è successo.	Ich bin sehr traurig über das, was geschehen ist.
Quello che mi ha raccontato mi ha reso molto triste.	Was Sie mir berichtet haben, hat mich sehr traurig gemacht.
Queste cose mi rattristano.	Diese Dinge stimmen mich traurig.
Perché sei così triste? Dovresti rallegrarti, invece!	Warum bist du so traurig? Du solltest dich lieber freuen!
Che cos'è quell'aria triste? Che hai?	Was hat diese Trauermiene zu bedeuten? Was hast du?
Sono un po' depresso.	Ich bin ein bißchen deprimiert.
Sono scoraggiato; oggi non me ne va bene una.	Ich habe den Mut verloren; heute klappt überhaupt nichts.
Sono avvilito; dopo tutti i miei tentativi, sono ancora al punto di partenza.	Ich bin völlig entmutigt; nach allem, was ich versucht habe, stehe ich wieder am Anfang.
Non ce la faccio più, non ne posso più di lavorare qui.	Ich schaffe es nicht mehr, ich halte es nicht mehr aus, hier zu arbeiten.
Sono disperato; non ne posso più di questa situazione.	Ich bin verzweifelt; ich kann diesen Zustand nicht mehr ertragen.
Ho il morale a terra.	Ich bin am Boden zerstört.
Sono a terra.	Ich bin völlig am Boden.

2.4 Conforto

Non si abbatta; la situazione non è poi così grave come sembra.

Capisco il Suo stato d'animo.

Lei ha tutta la mia comprensione e simpatia.

Non si disperi; si faccia animo.

Non si perda d'animo; vedrà che le cose si sistemeranno.

Non ci pensi più; è acqua passata.

Non si arrenda, vedrà che una soluzione si trova.

Vedrà che questo brutto momento passerà.

Lei mi ha tirato su il morale.

Le Sue parole mi sono state di gran conforto.

Se non ci si aiuta al momento del bisogno, a cosa servono gli amici!

2.4 Trost

Lassen Sie sich nicht unterkriegen; die Lage ist doch gar nicht so ernst wie sie aussieht.

Ich habe Verständnis für Ihre seelische Verfassung.

Sie haben mein volles Verständnis und Mitgefühl.

Verzweifeln Sie nicht; fassen Sie Mut!

Verlieren Sie nicht den Mut; Sie werden sehen, es wird sich alles regeln.

Denken Sie nicht mehr daran; die Sache ist den Bach hinab.

Geben Sie nicht auf, Sie werden sehen, daß sich eine Lösung findet.

Sie werden sehen, auch diese schlimme Zeit geht vorüber.

Sie haben mich moralisch aufgerichtet.

Ihre Worte waren für mich ein großer Trost.

Wenn man sich in Augenblicken der Not nicht gegenseitig hilft, wozu hat man dann Freunde?

2.5 Rincrescimento

Non può immaginare quanto mi dispiaccia averLa fatta aspettare.

Mi rincresce cha abbiate fatto il viaggio per niente.

Mi spiace che non si senta bene; spero che si ristabilisca al più presto.

Sono addolorata per come si sono svolte le cose.

2.5 Bedauern

Sie können sich nicht vorstellen, wie leid es mir tut, daß ich Sie warten ließ.

Es tut mir wirklich sehr leid, daß Sie die Reise umsonst gemacht haben.

Es tut mir leid, daß Sie sich nicht wohlfühlen; ich hoffe, Sie erholen sich recht bald.

Ich bin bestürzt darüber, welchen Verlauf die Dinge genommen haben.

Che situazione imbarazzante! Mi sono ficcato in un bel pasticcio!

Was für eine peinliche Lage! Da habe ich mir ja etwas Schönes eingebrockt!

Ho appreso con molto dispiacere la notizia del vostro incidente.

Mit großem Bedauern erhielt ich die Nachricht von Ihrem Unfall.

Quella signora è veramente da compiangere.

Diese Dame ist wirklich zu bedauern.

Poverina, la compatisco; non ha avuto fortuna nella vita.

Die Ärmste, ich habe Mitleid mit ihr; sie hat im Leben kein Glück gehabt.

Peccato! Mi addolora vederla in quello stato.

Ein Jammer! Es tut mir in der Seele weh, sie in diesem Zustand zu sehen.

E' ridotta proprio male; fa compassione a vederla.

Sie ist richtig heruntergekommen; man bekommt Mitleid bei ihrem Anblick.

2.6 Condoglianze

2.6 Beileid

Ho saputo dell'improvvisa morte del signor Neri.

Ich hörte von Herrn Neris plötzlichem Tod.

E' una notizia che mi ha profondamente toccato.

Es war eine Nachricht, die mich tief getroffen hat.

E' una vera disgrazia! Un uomo che era ancora nel fior degli anni!

Es ist wirklich ein Unglück! Er war ein Mann in den besten Jahren!

E' morto di infarto. La famiglia è annientata dal dolore.

Er starb an Herzinfarkt. Die Familie ist vom Schmerz überwältigt.

Ha lasciato due bambini piccoli.

Er hinterläßt zwei kleine Kinder.

Ha mandato un biglietto di condoglianze alla moglie?

Haben Sie der Frau schriftlich konduliert?

No, sono andata da lei e le ho fatto le mie condoglianze di persona.

Nein, ich bin hingegangen und habe ihr persönlich konduliert.

Domani ci sarà il funerale. Verrà sepolto al cimitero di S. Giovanni nella tomba di famiglia.

Morgen ist die Beerdigung. Er wird auf dem Johannes-Friedhof in der Familiengruft bestattet.

Le più sincere condoglianze per la perdita di Suo marito.

Mein aufrichtigstes Beileid zu diesem schweren Verlust (Ihres Gatten).

Vorrei esprimerLe tutto il mio cordoglio per il lutto che L'ha colpita.

Ich möchte Ihnen mein aufrichtiges Beileid zu diesem schweren Schicksalsschlag aussprechen.

Non mi posso rassegnare alla sua morte.

Ich kann mich mit seinem Tod nicht abfinden.

Cerchi di superare questo momento di dolore. La vita deve andare avanti.	Versuchen Sie, diesen Augenblick des Schmerzes zu überwinden. Das Leben muß weitergehen.
Capisco il Suo immenso dolore; Le sono vicino in quest'ora così triste.	Ich verstehe Ihren übergroßen Schmerz; ich stehe Ihnen bei in dieser so schmerzlichen Stunde.
So che le parole non servono in queste circostanze, ma cerchi di farsi coraggio.	Ich weiß, daß Worte in dieser Situation nichts ausrichten können, aber versuchen Sie, Mut zu fassen.

2.7 Speranze / 2.7 Hoffnungen

Spero di rivederLa presto.	Ich hoffe, Sie bald wiederzusehen.
Spero che le cose vadano per il meglio.	Ich hoffe, daß alles sich zum besten wendet.
Spero che tutto fili liscio.	Hoffentlich verläuft alles glatt.
Speriamo che le cose non peggiorino.	Hoffen wir, daß es nicht schlimmer wird.
Ho ancora un filo di speranza.	Ich habe noch einen Funken Hoffnung.
C'è ancora un raggio di speranza.	Es gibt noch einen Hoffnungsschimmer.
Non bisogna mai disperare nella vita.	Man soll im Leben nie verzweifeln.
Ho riposto tutte le mie speranze in lui.	Ich habe alle meine Hoffnungen auf ihn gesetzt.
Le mie speranze si sono avverate; non avrei osato pensarlo!	Meine Hoffnungen haben sich erfüllt; ich hätte es nicht zu denken gewagt!
Che delusione! Ci avevo sperato tanto!	Welche Enttäuschung! Ich hatte so darauf gehofft!
Io avevo ben altre speranze!	Ich hatte ganz andere Hoffnungen!
Non si lamenti! Poteva andare peggio.	Beklagen Sie sich nicht! Es hätte schlimmer kommen können.
Questo distrugge tutte le mie speranze.	Das zerstört alle meine Hoffnungen.
Ho abbandonato ogni speranza.	Ich habe jede Hoffnung aufgegeben.

2.8 Soddisfazione

Sono molto soddisfatto: tutto procede nel migliore dei modi.

Non potrei essere più soddisfatto di così.

Questo lavoro mi dà molte soddisfazioni.

Che bellezza! Ho passato l'esame a pieni voti!

Sono proprio contento! Ho finalmente ottenuto quel che volevo.

Mi hanno fatto delle lodi sperticate. Quasi non credevo ai miei orecchi.

Non faccio per lodarmi, ma il mio lavoro è stato un successone.

La mia proposta ha riscosso un consenso che è andato ben oltre le mie aspettative.

E' stato un successo insperato; non riesco ancora a capacitarmene.

2.8 Zufriedenheit

Ich bin sehr zufrieden: alles läuft bestens.

Ich könnte gar nicht zufriedener sein.

Diese Arbeit befriedigt mich sehr.

Herrlich! Ich habe die Prüfung mit der besten Note bestanden.

Ich bin wirklich froh! Endlich habe ich erreicht, was ich wollte.

Man hat mich in übertriebener Weise gelobt. Ich traute fast meinen Ohren nicht.

Ich sage das nicht, um mich zu loben, aber meine Arbeit war ein großer Erfolg.

Mein Vorschlag hat eine solche Zustimmung gefunden, daß meine Erwartungen bei weitem übertroffen wurden.

Es war ein unerwarteter Erfolg; ich kann es noch gar nicht fassen.

2.9 Insoddisfazione

Ho appreso la notizia con estrema insoddisfazione.

Non sono per niente contento di come sono andate le cose.

Sono frustrata da questi continui fallimenti!

E' scoraggiante ricevere sempre rifiuti!

L'insuccesso negli affari mi ha buttato a terra.

2.9 Unzufriedenheit

Ich habe die Nachricht mit äußerster Unzufriedenheit zur Kenntnis genommen.

Ich bin mit dem Ablauf der Dinge keineswegs zufrieden.

Ich bin von diesen ständigen Mißerfolgen frustriert!

Es ist entmutigend, ständig Absagen zu erhalten!

Der geschäftliche Mißerfolg hat mich zu Boden geworfen.

Mi fa rabbia che tutti cerchino di mettermi i bastoni fra le ruote.

Es ärgert mich, daß alle versuchen, mir Knüppel zwischen die Beine zu werfen.

Più ci penso e più non mi va giù. Questa faccenda non la digerisco proprio.

Je mehr ich darüber nachdenke, desto weniger kann ich es verwinden. Mit dieser Sache werde ich einfach nicht fertig.

2.10 Simpatia

2.10 Sympathie

Che impressione Le ha fatto il signor Rossi?

Welchen Eindruck hat Herr Rossi auf Sie gemacht?

Mi ha fatto un'ottima impressione.

Er hat auf mich einen hervorragenden Eindruck gemacht.

Mi sembra una persona molto gradevole.

Er scheint mir ein sehr angenehmer Mensch zu sein.

Mi è piaciuto a prima vista.

Er hat mir auf den ersten Blick gefallen.

Ci siamo intesi dal primo momento che ci siamo visti.

Wir haben uns verstanden vom ersten Augenblick an, da wir uns sahen.

E' un tipo molto socievole e cordiale, non si dà arie di superiorità.

Er ist ein sehr geselliger und herzlicher Typ, er spielt sich nicht als der Überlegene auf.

Ti sta simpatico Giovanni?

Ist dir Johannes sympathisch?

Mi sta un sacco simpatico.

Er ist mir jede Menge sympathisch.

Ha una faccia che ispira simpatia.

Er hat ein Gesicht, das Sympathie erweckt.

E' molto spiritoso, mi trovo molto bene con lui.

Er ist sehr geistreich, ich bin gern mit ihm zusammen.

Ci intendiamo a meraviglia.

Wir verstehen uns ausgezeichnet.

Abbiamo molte cose in comune.

Wir haben sehr vieles gemeinsam.

Siamo molto amici.

Wir sind eng befreundet.

Quella signora è una donna affascinante.

Diese Dame ist eine faszinierende Frau.

E' una persona incantevole; ha proprio un bel carattere.

Sie ist ein bezaubernder Mensch; sie hat wirklich ein nettes Wesen.

E' dotata di un notevole senso dell'umorismo ed è anche colta.

Sie besitzt einen bemerkenswerten Sinn für Humor und ist auch gebildet.

Con lei si possono passare delle ore senza pericolo che ci si annoi.	Mit ihr kann man Stunden verbringen, ohne daß man Gefahr liefe, sich zu langweilen.

2.11 Antipatia / 2.11 Antipathie

Come trova il signor Fedi?	Wie finden Sie Herrn Fedi?
Lo trovo decisamente antipatico.	Ich finde ihn entschieden unsympathisch.
Mi sta antipatico. Si dà un mucchio di arie.	Er ist mir unsympathisch. Er gibt unheimlich an.
Non mi piace per niente; crede di essere chissà chi.	Er gefällt mir ganz und gar nicht; er hält sich für wer weiß wen.
Non lo posso soffrire.	Ich kann ihn nicht ausstehen.
Non lo sopporto. E' un arrivista; vuole fare strada a tutti i costi.	Ich ertrage ihn nicht. Er ist ein Streber; er will um jeden Preis Karriere machen.
Lo trovo freddo e troppo sicuro di sé.	Ich finde ihn kalt und zu selbstsicher.
E' un egocentrico; vuole stare sempre al centro dell'attenzione.	Er ist ein Egozentriker; er will immer im Mittelpunkt der Aufmerksamkeit stehen.
Che caratteraccio che ha!	Was für einen miesen Charakter er hat!
Non lo reggo quell'ipocrita!	Ich ertrage diesen Heuchler nicht!
Quando fa quei sorrisetti falsi lo ammazzerei!	Wenn er dieses falsche Lächeln aufsetzt, könnte ich ihn umbringen!
Che impressione Le fa il signor Landi?	Welchen Eindruck haben Sie von Herrn Landi?
Mi sta del tutto indifferente.	Er ist mir völlig gleichgültig.
Mi lascia indifferente, non mi dice niente.	Er läßt mich kalt, er bedeutet mir nichts.
E' troppo timido: non apre mai bocca.	Er ist zu schüchtern: er macht nie den Mund auf.
A me pare un po' tonto!	Mir kommt er ein bißchen blöd vor!
Gli manca un venerdì.	Bei ihm ist eine Schraube locker.
Non ha tutte le rotelle a posto.	Er hat nicht alle Tassen im Schrank.

3. Dati personali / 3. Persönliche Daten

3.1 Nome, cognome, indirizzo, luogo di nascita, cittadinanza / 3.1 Vorname, Nachname, Adresse, Geburtsort, Staatsangehörigkeit

Favorisca le Sue generalità: nome e cognome; luogo e data di nascita; residenza, stato di famiglia. E' coniugato?	Ihre Personalien bitte: Vor- und Nachname; Geburtsort und -datum; Wohnsitz, Familienstand. Sind Sie verheiratet?
Come si chiama?	Wie heißen Sie?
Qual è il Suo nome?	Wie ist Ihr Name?
Mi chiamo Mario Rossi.	Ich heiße Mario Rossi.
Il mio nome è Mario Rossi.	Mein Name ist Mario Rossi.
Ha un biglietto da visita?	Haben Sie eine Visitenkarte?
E' di Firenze?	Sind Sie aus Florenz?
No, sono di Genova. Mi sono trasferito qui dieci anni fa.	Nein, ich bin aus Genua. Ich bin vor zehn Jahren hierhergezogen.
Sono fiorentino di adozione; per me questa è la mia città.	Ich bin Wahl-Florentiner; für mich ist dies meine Heimatstadt.
I miei figli sono nati qui; loro sono fiorentini a tutti gli effetti.	Meine Kinder sind hier geboren; sie sind in jeder Hinsicht Florentiner.
Di dov'è?	Woher sind Sie?
Di nascita sono tedesco.	Von Geburt bin ich Deutscher.
Ho la cittadinanza italiana.	Ich besitze die italienische Staatsbürgerschaft.
Sono tedesco, ma sono residente a Milano.	Ich bin Deutscher, aber ich lebe in Mailand.
Si trova bene qui?	Fühlen Sie sich hier wohl?
Si sente più italiano o più tedesco?	Fühlen Sie sich eher als Italiener oder als Deutscher?
Mi sono ambientato bene qui, tanto che mi considero italiano.	Ich habe mich hier gut eingewöhnt, so daß ich mich als Italiener betrachte.

Mio fratello è un tedesco naturalizzato. E' emigrato tanti anni fa in Germania ed è rimasto lì.	Mein Bruder hat die deutsche Staatsangehörigkeit. Er ist vor vielen Jahren nach Deutschland ausgewandert und dort geblieben.
In Germania ci sono tanti immigrati italiani.	In Deutschland gibt es viele italienische Einwanderer.

3.2 Stato civile / 3.2 Personenstand

E' sposato?	Sind Sie verheiratet?
No, sono celibe. Sono uno scapolo impenitente!	Nein, ich bin ledig. Ich bin eingefleischter Junggeselle!
No, sono nubile.	Nein, ich bin ledig. *[bei Frauen]*
Sono sposato da più di trent'anni.	Ich bin seit mehr als dreißig Jahren verheiratet.
Ho due figli, un figlio e una figlia.	Ich habe zwei Kinder, einen Sohn und eine Tochter.
Mio figlio ha già messo su famiglia.	Mein Sohn hat bereits eine Familie gegründet.
Mia figlia non accenna a volersi sistemare. Ho paura che rimanga zitella.	Meine Tochter scheint nicht unter die Haube kommen zu wollen. Ich fürchte, sie bleibt eine alte Jungfer.
Mio figlio si è sposato da poco, non ha ancora bambini.	Mein Sohn hat vor kurzem geheiratet, er hat noch keine Kinder.
E' fidanzato? – Ho la ragazza.	Sind Sie verlobt? – Ich habe eine Freundin.
Stiamo insieme da tre anni.	Wir sind seit drei Jahren zusammen.
Il nostro è un rapporto abbastanza stabile.	Unsere Beziehung ist ziemlich stabil.
Convivo con il mio ragazzo.	Ich lebe mit meinem Freund zusammen.
Sto con un uomo da diversi anni.	Ich bin seit mehreren Jahren mit jemandem zusammen.
Il mio fidanzato ed io abbiamo celebrato il fidanzamento ufficiale una settimana fa.	Mein Verlobter und ich haben vor einer Woche unsere offizielle Verlobung gefeiert.
Ora ci vogliamo sposare.	Jetzt wollen wir heiraten.
Vi sposate in chiesa o in comune?	Heiratet Ihr in der Kirche oder standesamtlich?

Avrei preferito in comune, ma i miei ed i suoceri volevano un matrimonio tradizionale.

Mir wäre standesamtlich lieber, aber meine Angehörigen und die Schwiegereltern wollten eine traditionelle Hochzeit.

Faremo una cerimonia alla grande, con pranzo, invitati etc.

Wir werden eine Feier im großen Stil veranstalten, mit Mittagessen, geladenen Gästen usw.

Avete invitato solo i parenti stretti o tutta la parentela?

Haben Sie nur die engsten Angehörigen eingeladen oder die ganze Verwandtschaft?

Abbiamo invitato tutti: i nonni e le nonne, gli zii e le zie, i cugini e persino tutti i nipoti*.

Wir haben alle eingeladen: Großväter und Großmütter, Onkeln und Tanten, Cousins und Cousinen und sogar alle Neffen, Nichten und Enkel*.

Mia sorella è separata da tre anni; fra poco otterrà il divorzio.

Meine Schwester lebt seit drei Jahren getrennt; sie wird in Kürze geschieden.

Mio fratello è divorziato.

Mein Bruder ist geschieden.

Non andava più d'accordo con sua moglie; si sono separati per incompatibilità di carattere.

Er verstand sich nicht mehr mit seiner Frau; sie haben sich wegen Unvereinbarkeit der Charaktere getrennt.

Si sono separati di comune accordo.

Sie haben sich in beiderseitigem Einvernehmen getrennt.

I bambini sono stati affidati alla madre.

Die Kinder sind der Mutter zugesprochen worden.

3.3 Età

3.3 Alter

Quanti anni ha?

Wie alt sind Sie?

Quando è nato?

Wann sind Sie geboren?

Sono nato nel millenovecentocinquantotto, il dieci dicembre.

Ich bin 1958 geboren, am zehnten Dezember.

Qual è la Sua data di nascita?

Wie lautet Ihr Geburtsdatum?

Sono nata il trenta ottobre millenovecentosessanta.

Ich bin am dreißigsten Oktober 1960 geboren.

Di che anno è? – Sono del ventitré.

Welcher Jahrgang sind Sie? – Ich bin Jahrgang dreiundzwanzig.

Quand'è il Suo compleanno? – L'otto aprile.

Wann haben Sie Geburtstag? – Am achten April.

* I nipoti sono sia i figli dei figli, sia i figli di sorelle o fratelli.

* Nipoti sind sowohl die Enkelkinder als auch die Kinder der Geschwister (Neffen und Nichten).

Quanti anni compie? – Ne compio trenta.	Wie alt werden Sie? – Ich werde dreißig.
Scusi l'indiscrezione; so che a una signora non si chiede l'età, ma quanti anni ha?	Entschuldigen Sie die Indiskretion; ich weiß, daß man eine Dame nicht nach ihrem Alter fragt, aber wie alt sind Sie?
Ho cinquant'anni.	Ich bin fünfzig Jahre alt.
Complimenti! Li porta bene, non dimostra la Sua età.	Mein Kompliment! Sie sehen gut aus dafür, man sieht Ihnen Ihr Alter überhaupt nicht an.
L'avrei fatta molto più giovane.	Ich hätte Sie für weitaus jünger gehalten.
Quanti anni avrà quell'uomo / quella donna?	Wie alt wird dieser Mann / diese Frau wohl sein?
Quanti anni gli/le darebbe?	Für wie alt würden Sie ihn / sie halten?
Ne avrà una cinquantina, però sembra più giovane.	Er/sie wird etwa fünfzig sein, sieht aber jünger aus.
E' sui cinquanta, ma si mantiene molto bene.	Er/sie ist um die Fünfzig, aber er/sie hält sich sehr gut.
Ha pressappoco la mia età.	Sie ist ungefähr in meinem Alter.
Abbiamo la stessa età. Siamo coetanee.	Wir haben das gleiche Alter. Wir sind gleichaltrig.
Vado verso la vecchiaia; mia figlia è già maggiorenne.	Ich werde allmählich alt; meine Tochter ist schon volljährig.
Mio figlio è ancora minorenne, ma è molto maturo per la sua età.	Mein Sohn ist noch minderjährig, aber für sein Alter ist er sehr erwachsen.
Quanti figli siete? – Siamo quattro fratelli.	Wie viele Kinder seid ihr? – Wir sind vier Geschwister.
Lei è la figlia maggiore?	Sind Sie die älteste Tochter?
No, ho una sorella più grande, una più piccola e l'ultimo è mio fratello.	Nein, ich habe eine größere und eine kleinere Schwester, und der jüngste ist mein Bruder.
Tra me e lui corrono otto anni.	Er und ich, wir sind acht Jahre auseinander.
Mia sorella minore ha tre anni meno di me.	Meine kleinere Schwester ist drei Jahre jünger als ich.
E' un signore di mezz'età.	Er ist ein Herr mittleren Alters.
Mio padre è piuttosto anziano.	Mein Vater ist schon ziemlich alt.
E' una signora di una certa età.	Sie ist eine ältere Dame.
E' invecchiata precocemente.	Sie ist vorzeitig gealtert.

Mio nonno ha più di ottant'anni, ma è ancora molto arzillo.

Mein Großvater ist über achtzig, aber er ist noch sehr rüstig.

La mia bisnonna è morta alla rispettabile età di novant'anni.

Meine Urgroßmutter ist im respektablen Alter von neunzig Jahren gestorben.

La nostra è un'amicizia di vecchia data: ci siamo conosciuti da piccoli.

Unsere Freundschaft ist ältesten Datums: wir kennen uns von Kindheit an.

4. Istruzione

4. Ausbildung

4.1 Periodo prescolare

4.1 Vorschulalter

L'educazione prescolare comprende l'asilo nido e l'asilo infantile (più semplicemente: asilo) o scuola materna.

Die Vorschulerziehung umfaßt die Kinderkrippe und den Kindergarten.

All'asilo nido vengono accolti bambini che hanno un'età compresa tra i tre mesi e i tre anni.

In die Kinderkrippe werden Kinder im Alter zwischen drei Monaten und drei Jahren einschließlich aufgenommen.

Mando mio figlio all'asilo nido perché lavoro fuori casa e non ho potuto prolungare il periodo di maternità.

Ich bringe meinen Sohn in die Kinderkrippe, weil ich außer Haus arbeite und meinen Mutterschaftsurlaub nicht verlängern konnte.

Mi dispiace stare lontano da mio figlio, ma sono tranquilla, perché i bambini vengono accuditi da personale specializzato (maestre d'asilo).

Ich bin nicht gern von meinem Sohn getrennt, aber ich bin beruhigt, weil die Kinder von Fachpersonal (Kindergärtnerinnen) beaufsichtigt werden.

All'asilo infantile possono andare bambini di età compresa tra i tre e i sei anni.

In den Kindergarten können Kinder im Alter von drei bis sechs Jahren einschließlich gehen.

Mio figlio ci va volentieri; si diverte ed ha imparato a socializzare con gli altri bambini.

Mein Sohn geht gern hin; er hat seinen Spaß und hat gelernt, mit den anderen Kindern auszukommen.

Le maestre d'asilo inventano giochi che stimolano la creatività e la fantasia dei bambini.

Die Kindergärtnerinnen erfinden Spiele, die die Kreativität und die Phantasie der Kinder anregen.

Gli piace molto disegnare e fare pupazzi con la cartapesta.

Er zeichnet sehr gern und bastelt gern Figuren aus Pappmaché.

Con queste attività i bambini sviluppano le loro capacità mentali divertendosi.

Bei diesen Beschäftigungen entwickeln die Kinder spielerisch ihre geistigen Fähigkeiten.

L'asilo è aperto tutti i giorni tranne il sabato e la domenica.

Der Kindergarten ist jeden Tag geöffnet, außer samstags und sonntags.

4.2 Scuola dell'obbligo

4.2 Pflichtschule

In Italia la scuola dell'obbligo, uguale per tutti, ha una durata di otto anni.

In Italien beträgt die Pflichtschulzeit, die für alle gleich ist, acht Jahre.

Si frequenta la scuola elementare per cinque anni e poi si passa alla scuola media, che dura tre anni.

Man besucht die Grundschule fünf Jahre lang, kommt dann in die Mittelschule, die drei Jahre dauert.

Alle elementari il maestro o la maestra insegna agli scolari a leggere e a scrivere.

In den Grundschulen unterrichtet der Lehrer oder die Lehrerin die Schüler in Lesen und Schreiben.

Più avanti l'insegnamento comprende l'aritmetica, l'italiano, la storia e la geografia.

Im weiteren Verlauf umfaßt der Unterricht Rechnen, Italienisch, Geschichte und Erdkunde.

La scuola c'è tutti i giorni esclusa la domenica.

Die Schule findet täglich außer sonntags statt.

Ci sono anche scuole a tempo pieno dove i bambini restano fino alle quattro e mezzo del pomeriggio.

Es gibt auch Ganztagsschulen, in denen die Kinder bis halb fünf Uhr nachmittags bleiben.

Le vacanze estive cominciano intorno alla metà di giugno e finiscono verso la metà di settembre.

Die Sommerferien beginnen ungefähr Mitte Juni und enden gegen Mitte September.

Le vacanze natalizie e quelle pasquali durano al massimo due settimane.

Die Weihnachts- und Osterferien dauern höchstens zwei Wochen.

Alla scuola media si studiano diverse materie con diversi insegnanti.

In der Mittelschule werden diverse Fächer von verschiedenen Lehrern unterrichtet.

Gli anni scolastici sono divisi in due quadrimestri.

Die Schuljahre sind in zwei Abschnitte von je vier Monaten unterteilt.

Al termine di ogni quadrimestre l'alunno riceve dei giudizi sul suo rendimento nelle diverse materie.

Am Schluß eines jeden Viermonatsabschnitts erhält der Schüler Noten über seine Leistungen in den verschiedenen Fächern.

Alla fine della terza media si deve sostenere un esame con il quale si consegue la licenza media.

Am Ende der dritten Mittelschulklasse muß man eine Prüfung ablegen, durch die man die mittlere Reife erwirbt.

Va già a scuola Suo figlio?

Geht Ihr Sohn schon zur Schule?

Sì, fa la prima elementare.

Ja, er ist in der ersten Grundschulklasse.

E' contento di andare a scuola, ha una maestra molto brava.

Er geht gern in die Schule, er hat eine sehr tüchtige Lehrerin.

Va a scuola con il pulmino scolastico, perché abitiamo fuori città.

Er fährt mit dem Schulbus zur Schule, weil wir außerhalb der Stadt wohnen.

Che classe frequenta Sua figlia?

Welche Klasse besucht Ihre Tochter?

Fa la seconda media.

Sie ist in der zweiten Mittelschulklasse.

Deve studiare molto a casa?

Muß sie zu Hause viel lernen?

Sì, deve fare un mucchio di compiti.

Ja, sie muß eine Menge Hausaufgaben machen.

Qual è la materia che le piace di più?

Welches Fach gefällt ihr am besten?

Ha dei buoni giudizi in tutte le materie.

Sie hat in allen Fächern gute Noten.

4.3 Scuola media superiore

4.3 Höhere Schule

Una volta conseguita la licenza media, si ha la possibilità di scegliere fra vari tipi di scuola superiore: il Liceo classico, il Liceo scientifico, quello artistico, l'Istituto magistrale (che forma i maestri per le scuole elementari) o i diversi Istituti tecnici.

Nach Abschluß der mittleren Reife kann man zwischen verschiedenen Typen von höherer Schule wählen: dem humanistischen, dem mathematisch-naturwissenschaftlichen, dem musischen Gymnasium, der Pädagogischen Hochschule oder den diversen technischen Fachschulen.

Le scuole superiori durano cinque anni (l'Istituto magistrale dura però quattro anni) e finiscono con l'esame di Stato o di maturità.

Die Schulzeit an höheren Schulen beträgt fünf Jahre (die Pädagogische Hochschule allerdings dauert vier Jahre) und endet mit der Staatsprüfung oder dem Abitur.

Per chi vuole entrare direttamente nella vita professionale, ci sono scuole che durano tre anni, ad es. gli Istituti professionali di Stato.	Wer direkt in das Berufsleben eintreten will, für den gibt es Schulen von dreijähriger Dauer, wie z. B. die staatlichen Berufsfachschulen.
In Italia il sistema scolastico è centralizzato; questo comporta un'uniformità a livello nazionale sia per quanto riguarda i programmi, che la durata dell'anno scolastico.	In Italien ist das Schulsystem zentralisiert; dies bewirkt eine Einheitlichkeit auf Landesebene sowohl in bezug auf die Unterrichtsprogramme als auch bezüglich der Dauer des Schuljahres.
Che scuola frequenta Sua figlia?	Welche Schule besucht Ihre Tochter?
Fa il Liceo scientifico.	Sie geht auf das mathematisch-naturwissenschaftliche Gymnasium.
Come mai ha scelto questa scuola?	Warum hat sie denn diese Schule gewählt?
Le piace molto la matematica.	Sie interessiert sich sehr für Mathematik.
Finita la scuola può entrare subito nel mondo del lavoro?	Kann sie nach Beendigung der Schule gleich in das Arbeitsleben eintreten?
In genere chi frequenta il Liceo prosegue gli studi all'università.	Wer das Gymnasium besucht, setzt im allgemeinen sein Studium an der Universität fort.
Mio figlio frequenta il terzo Istituto Commerciale.	Mein Sohn besucht die höhere Handelsschule.
Con il titolo di ragioniere può entrare a lavorare in una banca.	Mit der abgeschlossenen Ausbildung als Buchhalter kann er eine Tätigkeit an einer Bank aufnehmen.
Mia figlia ha fatto l'Istituto tecnico industriale. Ora ha il diploma di perito industriale.	Meine Tochter hat die Technische Fachschule absolviert. Jetzt hat sie das Diplom eines Gewerbetechnikers.
Ci sono molte ragazze che frequentano questa scuola?	Wird diese Schule von vielen Mädchen besucht?
Al contrario! Sono quasi tutti ragazzi.	Im Gegenteil! Es sind fast alles Jungen.
Altre scuole, come l'Istituto magistrale, sono frequentate quasi esclusivamente da ragazze.	Andere Schulen, wie die Pädagogische Hochschule, werden fast ausschließlich von Mädchen besucht.
E' facile trovare un posto di lavoro con il diploma di perito?	Ist es leicht, mit dem Technikerdiplom eine Stellung zu finden?

Dipende dall'indirizzo che si è scelto. In genere, però, non è facile: ci sono troppi diplomati.

Das hängt von der gewählten Fachrichtung ab. Im allgemeinen ist es jedoch nicht einfach: es gibt zu viele Diplominhaber.

Quest'anno mia figlia ha gli esami di maturità.

In diesem Jahr legt meine Tochter ihre Reifeprüfung ab.

Deve fare due prove scritte: un tema d'italiano e un compito di matematica.

Sie muß zwei schriftliche Tests anfertigen: einen Aufsatz in Italienisch und eine Mathematikarbeit.

C'è poi una prova orale su due materie, una scelta da lei e una scelta dalla commissione d'esame.

Dann gibt es eine mündliche Prüfung in zwei Fächern, von denen eines von ihr und eines von der Prüfungskommission ausgewählt wird.

Si parla da lungo tempo della riforma della scuola, con la quale cambierebbero sia i programmi che le modalità degli esami di maturità.

Man spricht schon lange von der Schulreform, durch die sich sowohl die Lehrprogramme als auch das Verfahren für die Reifeprüfung ändern sollen.

Negli ultimi anni sono sorte diverse scuole sperimentali in cui sono stati introdotti nuovi metodi e programmi alternativi.

In den letzten Jahren sind diverse experimentelle Schulen eröffnet worden, an denen neue Methoden und alternative Lehrprogramme eingeführt worden sind.

Questa scuola è molto selettiva, ha un'alta percentuale di bocciati.

An dieser Schule herrscht ein strenges Auswahlverfahren, sie hat einen hohen Prozentsatz an Durchgefallenen.

L'insegnante di italiano è molto esigente: pretende il massimo dai suoi alunni.

Der Italienischlehrer fordert viel: er verlangt das Äußerste von seinen Schülern.

E' un'insegnante bravissima; spiega bene malgrado non sia severa, viene seguita con molta attenzione dai suoi alunni.

Sie ist eine sehr tüchtige Lehrerin; sie kann gut erklären; obwohl sie nicht streng ist, folgen ihr die Schuler mit großer Aufmerksamkeit.

Le scuole private sono spesso tenute da ordini religiosi.

Die Privatschulen werden häufig von religiösen Ordensgemeinschaften geleitet.

Sono care?

Sind sie teuer?

No, perché normalmente sono sovvenzionate dallo Stato. Bisogna comunque pagare una retta mensile.

Nein, weil sie normalerweise vom Staat subventioniert werden. Man muß auf jeden Fall ein monatliches Schulgeld zahlen.

4.4 Rendimento scolastico

4.4 Schulische Leistungen

Nelle scuole superiori i voti vanno dallo zero al dieci. Lo zero è il voto più basso; la sufficienza si ha con sei.	In den höheren Schulen gibt es Zensuren von null bis zehn. Null ist die schlechteste Note; ein Ausreichend bekommt man mit der Note Sechs.
I voti vengono riportati nelle pagelle, che si ricevono due volte all'anno.	Die Zensuren werden in die Schulzeugnisse übertragen, die zweimal im Jahr ausgegeben werden.
Come va a scuola Sua figlia?	Wie steht Ihre Tochter in der Schule?
E' brava, va bene in quasi tutte le materie.	Sie ist tüchtig, sie steht in fast allen Fächern gut.
Va benissimo, è la prima della classe.	Sie steht sehr gut, sie ist Klassenbeste.
E' diligente ed apprende tutto con facilità.	Sie ist fleißig und lernt alles mühelos.
E' brava soprattutto nelle materie scientifiche.	Gut ist sie vor allem in den naturwissenschaftlichen Fächern.
La settimana scorsa è stata interrogata in storia.	Vergangene Woche wurde sie in Geschichte abgefragt.
All'interrogazione di geografia ha preso otto.	Im Geographietest hat sie eine Acht bekommen (*entspricht etwa der deutschen Note 1–2*).
E' stata promossa con la media dell'otto.	Sie ist mit dem Notendurchschnitt Acht versetzt worden.
Ha superato gli esami di maturità a pieni voti.	Sie hat die Reifeprüfung mit der besten Note bestanden.
Ha avuto la pagella Suo figlio?	Hat Ihr Sohn ein Zeugnis bekommen?
Sì, ha la sufficienza in tutte le materie.	Ja, er hat in allen Fächern ausreichend.
Ha l'insufficienza in inglese.	In Englisch hat er ungenügend.
In inglese ha delle difficoltà.	In Englisch hat er Schwierigkeiten.
In italiano ha avuto cinque allo scritto e sei all'orale.	In Italienisch erhielt er im Schriftlichen mangelhaft und im Mündlichen ausreichend.
Purtroppo ha tre insufficienze.	Leider hat er dreimal ungenügend.
Spero che recuperi, altrimenti deve fare l'esame di riparazione in /a settembre.	Hoffentlich holt er es wieder auf, andernfalls muß er im September die Nachprüfung machen.

L'anno scorso è stato rimandato in biologia e in fisica.

Letztes Jahr hat er Nachprüfungen in Biologie und Physik machen müssen.

Quel ragazzo è ripetente; è stato bocciato perché aveva quattro insufficienze.

Dieser Junge wiederholt die Klasse; er ist sitzengeblieben, weil er vier Ungenügend hatte.

Gli converrebbe cambiare scuola, non è portato per le materie letterarie.

Er würde besser die Schule wechseln, er ist für die geisteswissenschaftlichen Fächer nicht begabt.

E' stato assente per un mese a causa di una malattia ed ha avuto difficoltà a rimettersi in pari.

Wegen Krankheit hat er einen Monat gefehlt und hatte Schwierigkeiten, den Lehrstoff nachzuholen.

Quel ragazzo è scarso in tutte le materie.

Dieser Junge ist in allen Fächern schwach.

Ha un rendimento sufficiente solo in disegno.

Nur im Fach Zeichnen zeigt er eine ausreichende Leistung.

Non sta mai attento in classe; sembra sempre che abbia la testa fra le nuvole.

Er paßt im Unterricht nie auf; es scheint immer so, als sei er mit den Gedanken ganz woanders.

All'interrogazione ha fatto scena muta.

Beim Abfragen brachte er keinen Ton heraus.

4.5 Università

4.5 Universität

All'università può iscriversi chiunque abbia portato a termine una scuola superiore della durata di cinque anni.

An einer Universität darf sich jeder einschreiben, der eine fünfjährige höhere Schule abgeschlossen hat.

Chi ha frequentato l'Istituto magistrale deve fare un anno integrativo o può iscriversi alla facoltà di Magistero.

Wer die Pädagogische Hochschule besucht hat, muß ein Jahr Aufbaustudium absolvieren oder kann sich an der pädagogischen Fakultät einschreiben.

Il sistema universitario italiano è diverso da quello tedesco; per questo motivo i titoli e lo svolgimento degli studi non corrispondono esattamente.

Das italienische Universitätssystem ist anders als das deutsche; aus diesem Grund stimmen akademische Titel und Studienverlauf nicht genau überein.

In Italia tutte le università sono statali?

Sind alle Universitäten in Italien staatlich?

No, ce ne sono anche di private, come la Bocconi di Milano, famosa per la sua facoltà di Economia.	Nein, es gibt auch private, wie die Bocconi-Universität in Mailand, die für ihre wirtschaftswissenschaftliche Fakultät berühmt ist.
Esiste il numero chiuso?	Gibt es einen Numerus clausus?
No, però vogliono introdurlo, specialmente nelle facoltà sovraffollate come Medicina.	Nein, aber er soll eingeführt werden, besonders in den überfüllten Fakultäten wie Medizin.
Quindi non è difficile ottenere un posto in un'università come lo è in Germania.	Also ist es nicht so schwierig wie in Deutschland, einen Studienplatz zu bekommen.
No, tranne in alcune istituzioni come la Scuola Normale di Pisa, dove per iscriversi bisogna superare durissimi esami di ammissione.	Nein, außer an einigen Institutionen wie der Scuola Normale in Pisa, wo man für die Einschreibung äußerst schwierige Aufnahmeprüfungen bestehen muß.
Faccio l'università.	Ich gehe auf die Universität. / Ich studiere.
Che cosa studi? – Studio Ingegneria.	Was studierst du? – Ich studiere Ingenieurwissenschaften.
Che facoltà fai?	An welcher Fakultät bist du?
Mi sono iscritto alla facoltà di Lettere e Filosofia. Ho scelto il corso di laurea in Storia dell'Arte.	Ich habe mich an der philosophischen Fakultät eingeschrieben. Ich habe den Studiengang Magister in Kunstgeschichte gewählt.
A che anno sei? Che anno fai?	In welchem Studienjahr bist du?
Sono una matricola: faccio il primo anno di Giurisprudenza.	Ich bin Studienanfängerin: ich studiere Jura in ersten Studienjahr.
Sono al secondo anno di Farmacia.	Ich studiere Pharmazie im zweiten Studienjahr.
Quanto dura la facoltà di Architettura?	Wie lange dauert ein Architekturstudium?
Cinque anni. In questo arco di tempo si dovrebbero sostenere tutti gli esami previsti dal piano di studi e preparare la tesi di laurea.	Fünf Jahre. In diesem Zeitraum sollte man alle im Studienplan vorgesehenen Prüfungen ablegen und die Abschlußarbeit vorbereiten.
Solo pochi studenti finiscono i loro studi negli anni di corso.	Nur wenige Studenten beenden ihr Studium in der Regelstudienzeit.
Mi sono iscritto al secondo fuori corso.	Ich habe mich für den zweiten Kurs außerhalb der Regelstudienzeit eingeschrieben.
Le tasse di iscrizione sono aumentate ultimamente.	Die Gebühren für die Einschreibung sind kürzlich erhöht worden.

Ho avuto il presalario, perché i miei genitori hanno un reddito piuttosto basso.	Ich habe Studienbeihilfe erhalten, weil meine Eltern ein ziemlich niedriges Einkommen haben.
Ho fatto domanda per una borsa di studio.	Ich habe ein Stipendium beantragt.
Domani ho l'esame di chimica organica. Ho una fifa! Non mi sento molto preparato.	Morgen habe ich Prüfung in organischer Chemie. Ich habe einen Bammel! Ich fühle mich nicht gut vorbereitet.
Questo è l'ultimo appello; se non supero l'esame perdo il presalario.	Das ist der letzte Examenstermin; wenn ich das Examen nicht bestehe, verliere ich die Studienbeihilfe.
Come ti è andato l'esame?	Wie ist dein Examen gelaufen?
Quanto hai preso all'esame?	Wie viele Punkte hast du beim Examen bekommen?
Mi è andato benissimo: ho preso trenta e lode (il massimo).	Es ist bei mir hervorragend gelaufen: ich habe mit einer Eins und Auszeichnung *(beste Note, vgl. summa cum laude)* bestanden.
Mi è andato male: mi hanno buttato fuori.	Mir ist es schlecht ergangen: ich bin durchgefallen.
Quando finisci l'università?	Wann bist du mit dem Studium fertig?
Su che cosa fai la tesi?	Worüber schreibst du deine Diplomarbeit?
Mi sono laureato il mese scorso con il punteggio di centodieci e lode (il massimo).	Vergangenen Monat habe ich meine Diplomprüfung mit einhundertzehn Punkten und Auszeichnung (höchste Punktzahl) gemacht.
Sono laureato in Fisica.	Ich bin Diplomphysiker.
Ci sono prospettive di lavoro con questa laurea?	Hat man mit diesem Hochschulabschluß Berufsaussichten?
Sì, perché ci sono pochi laureati in questo campo.	Ja, weil es auf diesem Gebiet wenige Hochschulabsolventen gibt.
I seminari in genere durano un anno accademico, cioè dall'inizio di novembre alla fine di maggio.	Die Seminare dauern in der Regel ein Studienjahr, d. h. von Anfang November bis Ende Mai.
Devo fare un seminario di filologia germanica.	Ich muß an einem Seminar über germanische Philologie teilnehmen.
Alle tre ho una lezione di anatomia umana.	Um drei habe ich eine Anatomie-Vorlesung.
Devo andare in facoltà.	Ich muß in die Fakultät gehen.
Ci vediamo più tardi alla mensa.	Wir sehen uns später in der Mensa.

Sono uno studente fuori sede, abito alla casa dello studente.

Ich bin ein auswärtiger Student *(d. h. für das Studium aus einer anderen Stadt zugereist)*, ich wohne im Studentenwohnheim.

5. Lavoro

5. Arbeit

5.1 Mestieri e professioni

5.1 Handwerke und Berufe

Qual è la sua professione?

Was sind Sie von Beruf?

Faccio l'ingegnere.

Ich bin Ingenieur.

Allora siamo colleghi, anche io sono un ingegnere! Dove lavora?

Dann sind wir ja Kollegen, ich bin auch Ingenieur! Wo arbeiten Sie?

Sono un libero professionista, ho uno studio ben avviato in centro.

Ich bin Freiberufler, ich habe ein gutgehendes Büro in der Innenstadt.

Io, invece, lavoro presso una impresa di costruzioni.

Ich dagegen arbeite bei einem Bauunternehmen.

Mio fratello lavora alle Poste, sta allo sportello raccomandate.

Mein Bruder arbeitet bei der Post, er ist am Schalter für Einschreiben.

E' un impiegato statale, quindi.

Er ist also Beamter.

E' contento del suo impiego?

Ist er mit seiner Stellung zufrieden?

Lui dice di sì, ma è un lavoro un po' troppo sedentario, e stare a contatto con il pubblico spesso è faticoso.

Er sagt ja, aber es ist eine Tätigkeit, bei der man etwas zuviel sitzen muß, und der Publikumsverkehr ist oft anstrengend.

Che orario fa?

Was für eine Arbeitszeit hat er?

Fa l'orario continuato, lavora dalle sette e mezzo alle due.

Er hat durchgehende Arbeitszeit, er arbeitet von halb acht bis zwei.

Guadagna bene?

Verdient er gut?

Non prende un gran stipendio, ma ha un posto sicuro.

Er bekommt kein hohes Gehalt, aber er hat einen sicheren Arbeitsplatz.

Si dice che gli statali non si ammazzino dal lavoro, è vero?

Man sagt, daß die Beamten sich bei der Arbeit nicht gerade umbringen, ist das wahr?

Mah, diciamo che non sono efficientissimi, ma si devono dar da fare anche loro.

Na ja, sagen wir, sie sind vielleicht nicht übermäßig effektiv, aber auch sie müssen sich Mühe geben.

Lavora anche sua moglie?

Arbeitet seine Frau auch?

E' chiaro, per mantenere una famiglia uno stipendio solo non basta.	Ja klar, um eine Familie zu unterhalten, reicht ein Gehalt allein nicht aus.
Che lavoro fa?	Was arbeitet sie?
Fa la commessa in un negozio di tessuti. Si trova bene, è molto portata per questo tipo di lavoro.	Sie ist Verkäuferin in einem Stoffgeschäft. Es gefällt ihr gut, sie ist sehr begabt für diese Art Arbeit.
Gli insegnanti sono dei dipendenti dello Stato?	Sind Lehrer Staatsbedienstete?
Quelli che lavorano nelle scuole pubbliche, sì.	Diejenigen, die an öffentlichen Schulen arbeiten, ja.
Ricevono un buon trattamento economico?	Beziehen sie ein gutes Gehalt?
Questo non si può proprio dire; in compenso, però, hanno molto tempo libero a disposizione.	Das kann man nicht gerade behaupten; dafür haben sie aber viel Freizeit zur Verfügung.
E' vero che Gianni ha cambiato lavoro?	Stimmt es, daß Hans die Stelle gewechselt hat?
Si, è stato assunto come programmatore in un centro di elaborazione dati.	Ja, er ist als Programmierer in einem Zentrum für Datenverarbeitung eingestellt worden.
E' proprio quello che fa per lui, perché ha avuto sempre una passione per i computer.	Genau das paßt zu ihm, weil er sich schon immer für Computer begeistert hat.
Con l'introduzione dei computer la contabilità è stata notevolmente semplificata.	Mit der Einführung der Computer ist die Buchhaltung erheblich vereinfacht worden.
Al giorno d'oggi, con tutte le innovazioni tecnologiche che ci sono, bisogna tenersi costantemente aggiornati.	Heutzutage, bei all den technologischen Neuerungen, die es gibt, muß man ständig auf dem laufenden bleiben.
Per tenersi al corrente delle novità o per apprendere il funzionamento dei nuovi strumenti di lavoro, molti frequentano corsi di aggiornamento e di perfezionamento.	Um sich laufend über die Neuheiten zu informieren oder um zu lernen, wie die neuen Arbeitsgeräte funktionieren, besuchen viele Auffrischungs- und Fortbildungskurse.
Che cosa fa il signor Rosi?	Was macht Herr Rosi beruflich?
E' un commerciante, ha un negozio al dettaglio di articoli da regalo.	Er ist Kaufmann, er hat ein Einzelhandelsgeschäft mit Geschenkartikeln.
Ma non ne aveva uno all'ingrosso?	Aber hatte er nicht einen Großhandel?

Sì, ma per motivi di salute ha preferito ridurre il volume degli affari.

Doch, aber aus Gesundheitsgründen hat er es vorgezogen, den Geschäftsumfang zu reduzieren.

Che attività svolge?

Was ist Ihr Betätigungsfeld?

Ho un ufficio di consulenza finanziaria; se tutto procede bene, aprirò anche una filiale.

Ich habe ein Büro für Finanzberatung; wenn alles gut läuft, werde ich auch eine Filiale eröffnen.

Che mestiere fa?

Welchen Beruf üben Sie aus?

Faccio il falegname.

Ich bin Tischler.

Come vanno le cose in questo settore?

Wie laufen die Dinge in dieser Branche?

L'artigianato è in crisi, da una parte perché non riesce a sostenere la concorrenza dell'industria, dall'altra perché è difficile reperire la manodopera.

Das Handwerk befindet sich in der Krise, einerseits weil es der Konkurrenz der Industrie nicht standhalten kann, andererseits weil es schwierig ist, Arbeitskräfte zu finden.

Ma con la disoccupazione che c'è, non ci sono giovani disposti a fare gli apprendisti?

Aber gibt es bei der herrschenden Arbeitslosigkeit keine Jugendlichen, die bereit sind, eine Lehre zu machen?

Purtroppo no, perché molti considerano il lavoro manuale poco dignitoso.

Leider nein, weil viele die handwerkliche Arbeit nicht besonders hoch einschätzen.

Il signor Rossi si è fatto proprio una bella posizione!

Herr Rossi hat sich wirklich eine tolle Stellung verschafft!

Eh sì! E' uno che si è fatto da sé, ha cominciato dal niente.

Oh ja! Er ist jemand, der sich aus eigener Kraft emporgearbeitet hat, er hat mit nichts angefangen.

Vedo che ti sei sistemato bene!

Ich sehe, daß du dich gut etabliert hast!

Non mi lamento; mi sono messo in proprio, ho aperto un'officina meccanica che va a gonfie vele.

Ich kann mich nicht beklagen; ich habe mich selbständig gemacht, ich habe eine Mechanikerwerkstatt eröffnet, die bestens floriert.

Per fare il rappresentante occorrono attitudini particolari?

Braucht man für den Vertreterberuf besondere Begabungen?

Certo; bisogna saper parlare e convincere il cliente, ma conta molto anche la serietà della ditta e la qualità del prodotto che si offre.

Sicherlich; man muß reden und den Kunden überzeugen können, aber es zählen auch viel die Seriosität der Firma und die Qualität des Produktes, das man anbietet.

Le piace il suo lavoro?

Gefällt Ihnen Ihre Arbeit?

Sì. E' un lavoro difficile, ma interessante; si incontra sempre gente nuova, ci si muove, insomma, non è il solito tran-tran dell'ufficio.	Ja. Es ist eine schwierige, aber interessante Arbeit; man begegnet immer neuen Leuten, man kommt viel herum, kurzum, es ist nicht der übliche Bürotrott.
Viaggia molto per lavoro?	Sind Sie beruflich viel unterwegs?
Sì, vado spesso in trasferta.	Ja, ich gehe oft auf Dienstreise.
Sono un operaio metalmeccanico, lavoro alla catena di montaggio.	Ich bin Metallarbeiter, ich arbeite am Fließband.
E' un lavoro faticoso e molto ripetitivo, non credo che resisterò a lungo.	Es ist eine anstrengende und sehr eintönige Arbeit, ich glaube nicht, daß ich es lange aushalten werde.
Faccio i turni, sia diurni, sia notturni.	Ich mache Schichtdienst, mal Tag- und mal Nachtschicht.
Per arrotondare il salario faccio molti straordinari.	Um meinen Lohn aufzubessern, mache ich viele Überstunden.
Al momento di entrare o di lasciare il posto di lavoro, bisogna timbrare il cartellino.	Beim Betreten oder Verlassen des Arbeitsplatzes muß man ein- bzw. ausstempeln (die Zeitkontokarte stempeln).
Ho l'opportunità di entrare in una piccola industria come operaio specializzato.	Ich habe die Gelegenheit, als Facharbeiter in einen kleinen Betrieb einzutreten.
Ci sono possibilità di avanzamento?	Gibt es Aufstiegsmöglichkeiten?
Sì, perché nell'azienda c'è molta mobilità di personale.	Ja, denn in dem Unternehmen herrscht eine große personelle Mobilität.
Un lavoratore dipendente non può facilmente evadere il fisco: dalla busta paga vengono direttamente detratti i contributi per la pensione, quelli per la mutua, i versamenti per l'assicurazione contro gli infortuni e le tasse vere e proprie.	Ein Arbeitnehmer kann sich der Steuerbehörde nur schwer entziehen: Rentenabgaben, Kranken- und Unfallversicherungsbeiträge sowie reine Steuern werden direkt vom Lohn abgezogen.
Il lavoro a cottimo non è ben retribuito, ma è ancora molto diffuso, specialmente tra le donne.	Akkordarbeit wird nicht gut bezahlt, ist aber noch weit verbreitet, besonders bei den Frauen.
Nella nostra ditta c'è un clima molto disteso; fra i dipendenti regna uno spirito di collaborazione e con i superiori c'è un rapporto di fiducia.	In unserer Firma ist ein sehr entspanntes Betriebsklima; unter der Belegschaft herrscht Teamgeist, und zu den Vorgesetzten besteht ein Vertrauensverhältnis.

I posti a livello dirigenziale sono in genere occupati da uomini. Per le donne purtroppo è molto più difficile ottenere incarichi ad alto livello.

Die Führungspositionen sind im allgemeinen von Männern besetzt. Für die Frauen ist es leider viel schwieriger, anspruchsvollere Aufgaben zu erhalten.

Mi voglio licenziare, perché qui non ci sono prospettive, non è possibile fare carriera.

Ich möchte kündigen, weil es hier keine Perspektiven gibt; man kann keine Karriere machen.

Hai già dato il preavviso?

Hast du schon gekündigt?

Ho spedito la lettera di licenziamento ieri.

Ich habe das Kündigungsschreiben gestern abgeschickt.

Hai ottenuto quella promozione in cui speravi?

Bist du befördert worden, so wie du gehofft hattest?

No; ora se non mi concedono un aumento me ne vado.

Nein; wenn sie mir jetzt keine Gehaltserhöhung bewilligen, gehe ich.

Non ne posso più di lavorare, non vedo l'ora di andare in ferie.

Ich halte die Arbeit nicht mehr aus, ich kann es nicht erwarten, in Urlaub zu gehen.

Quanti giorni di ferie hai all' anno?
26 giorni; purtroppo li ho consumati già tutti.

Wie viele Urlaubstage hast du im Jahr?
26 Tage; leider habe ich sie schon alle verbraucht.

5.2 Disoccupazione

5.2 Arbeitslosigkeit

Anche nel Suo paese c'è un tasso di disoccupazione alto? – Sì, è un fenomeno che colpisce soprattutto i giovani e le donne.

Gibt es auch in Ihrem Land eine hohe Arbeitslosenrate? – Ja, das ist ein Phänomen, von dem vor allem Jugendliche und Frauen betroffen sind.

Hai già trovato un lavoro?

Hast du schon Arbeit gefunden?

Ancora no; ora è uscito un concorso per quattro posti di impiegato; farò domanda di ammissione.

Noch nicht; gerade ist ein Wettbewerb für vier Angestelltenposten ausgeschrieben worden; ich werde mich um die Zulassung bewerben.

Anche tu stai cercando lavoro?

Suchst du auch gerade Arbeit?

Sì, ho fatto domande su domande, leggo gli annunci sui giornali e mi sono iscritto alle liste di collocamento.

Ja, ich habe eine Bewerbung nach der anderen geschrieben, lese Zeitungsannoncen und habe mich in die Listen der Stellenvermittlung eingetragen.

E' saltato fuori qualcosa?

Ist etwas dabei herausgekommen?

In verità, no. Alcune ditte presso cui ho fatto domanda mi hanno invitato ad un colloquio, ma tutti cercano persone con esperienza.

Ehrlich gesagt, nein. Einige Firmen, bei denen ich mich beworben habe, haben mich zu einem Gespräch eingeladen, aber es werden nur Leute mit Erfahrung gesucht.

Io per ora sto facendo pratica nello studio di un avvocato. Non guadagni niente, ma mi serve per il curriculum e come referenza.

Ich mache gerade ein Praktikum in einer Anwaltskanzlei. Man verdient nichts, aber es ist für meinen Lebenslauf und als Referenz nützlich.

Io, invece, nell'attesa di trovare un'occupazione, frequento dei corsi di dattilografia e di stenografia.

Ich dagegen besuche in der Zeit, bis ich eine Anstellung finde, Kurse in Schreibmaschine und Stenographie.

Bisognerebbe saper usare il computer, perché spesso costituisce un titolo di preferenza.

Man müßte mit einem Computer umgehen können, weil dies oft einen Grund zur Bevorzugung darstellt.

Domani comincio un periodo di prova in un'industria chimica.

Morgen beginne ich eine Probezeit in einem Chemieunternehmen.

Sono stato licenziato perché ho superato i limiti di età che consentono l'assunzione con un contratto di formazione. Adesso vivo con il sussidio di disoccupazione.

Ich bin entlassen worden, weil ich die Altersgrenze überschritten habe, die eine Einstellung mit einem Ausbildungsvertrag erlaubt. Jetzt lebe ich von der Arbeitslosenunterstützung.

6. La casa

6. Das Haus

6.1 Appartamento

6.1 Wohnung

L'appartamento in cui abitate è vostro o siete in affitto?

Gehört Ihnen die Wohnung, in der Sie wohnen, oder wohnen Sie zur Miete?

L'abbiamo preso in affitto.

Wir haben sie gemietet.

E' un bell'appartamento; in tutto sono centoventi metri quadrati.

Es ist eine schöne Wohnung; insgesamt sind es einhundertzwanzig Quadratmeter.

C'è una cucina-tinello, un soggiorno (o: salotto), due camere da letto, un piccolo studio, doppi servizi e un ripostiglio.

Wir haben eine Wohnküche, ein Wohnzimmer, zwei Schlafzimmer, ein kleines Arbeitszimmer, zwei Bäder und einen Abstellraum.

C'è molto traffico nella via in cui abitate?	Ist viel Verkehr in der Straße, in der Sie wohnen?
No, è una via laterale molto tranquilla.	Nein, es ist eine sehr ruhige Seitenstraße.
L'unico problema è il parcheggio, non si trova mai un posto libero.	Das einzige Problem ist das Parken, man findet nie einen (freien) Parkplatz.
Nel nostro palazzo c'è un parcheggio sotterraneo per gli inquilini.	In unserem Mietshaus gibt es eine Tiefgarage für die Mieter.
Abitate in una bella zona?	Wohnen Sie in einer schönen Gegend?
Sì, in un quartiere residenziale molto tranquillo.	Ja, in einem sehr ruhigen Wohnviertel.
Non è centralissimo, ma è ben servito dai mezzi pubblici.	Es liegt nicht sehr zentral, aber es ist gut an die öffentlichen Verkehrsmittel angeschlossen.
La fermata dell'autobus è sotto casa.	Die Bushaltestelle ist direkt vor dem Haus.
Viviamo in centro, in una palazzina dei primi del novecento.	Wir wohnen in der Innenstadt, in einem Wohnhaus aus den Anfängen des zwanzigsten Jahrhunderts.
Abbiamo fatto installare il riscaldamento singolo (o: autonomo).	Wir haben eine Etagenheizung installieren lassen.
Funziona a metano, è pratico e non inquina.	Sie läuft mit Erdgas, das ist praktisch und umweltfreundlich.
La porta d'ingresso è blindata; in questa zona i furti sono all'ordine del giorno.	Die Eingangstür ist gepanzert; in dieser Gegend sind Diebstähle an der Tagesordnung.
Questa finestra non chiude bene, lascia passare degli spifferi!	Dieses Fenster schließt nicht richtig, es läßt Zugluft durch!
Il pavimento della camera matrimoniale è in parquet.	Der Fußboden des Elternschlafzimmers ist mit Parkett ausgelegt.
Nella camera degli ospiti abbiamo fatto mettere la moquette.	Im Gästezimmer haben wir Teppichboden legen lassen.
In cucina abbiamo le mattonelle, sono pratiche e facili da pulire.	In der Küche haben wir Fliesen, sie sind praktisch und leicht zu reinigen.
Ti piace di più il pavimento in cotto o in marmo?	Gefällt dir Backsteinboden oder Marmorfußboden besser?
Vorremmo cambiare la carta da parati (o: la tappezzeria).	Wir würden gern neu tapezieren lassen.
Abbiamo imbiancato l'anno scorso.	Letztes Jahr haben wir neu gestrichen.
Il bagno è rivestito di piastrelle.	Das Bad ist gekachelt.

La vasca da bagno è piccola, ma noi usiamo quasi sempre la doccia.
Die Badewanne ist klein, aber wir benutzen fast immer die Dusche.

La soffitta e la cantina sono in comune con gli altri inquilini.
Dachboden und Keller werden gemeinsam mit den anderen Mietern benutzt.

I lavori di manutenzione li fa il portiere.
Wartungsarbeiten erledigt der Hausmeister.

Siamo in buoni rapporti con il padrone di casa.
Wir haben ein gutes Verhältnis zum Hausbesitzer.

Nel monolocale in cui abito c'è un angolo cottura, il bagno e un'unica grande stanza.
In dem Appartement, in dem ich wohne, gibt es eine Kochnische, ein Bad und ein einziges großes Zimmer.

Mia figlia vive in una stanza ammobiliata con uso di cucina.
Meine Tochter wohnt in einem möblierten Zimmer mit Küchenbenutzung.

Mio figlio divide un appartamento con altri studenti.
Mein Sohn teilt eine Wohnung mit anderen Studenten.

6.2 Arredamento

6.2 Einrichtung

Sono stanca di questi vecchi mobili! Sono ridotti malissimo.
Ich bin diese alten Möbel leid! Sie sind schon ganz unansehnlich.

Vorrei rinnovare l'arredamento di tutta la casa.
Ich möchte das ganze Haus neu möblieren.

Abbiamo comprato due nuove poltrone; quelle vecchie erano in condizioni pietose.
Wir haben zwei neue Sessel gekauft; die alten waren in erbärmlichem Zustand.

Il divano lo teniamo ancora, è comodissimo.
Das Sofa behalten wir noch, es ist sehr bequem.

E' un divano letto, lo utilizziamo per gli ospiti.
Es ist eine Bettcouch, wir benutzen sie für Gäste.

Il tappeto è un persiano autentico?
Ist der Teppich ein echter Perser?

Vorrei togliere l'armadio a quattro stagioni dalla camera da letto, porta via troppo spazio.
Ich möchte den großen Kleiderschrank aus dem Schlafzimmer entfernen, er nimmt zuviel Platz weg.

Abbiamo fatto costruire un armadio a muro.
Wir haben einen Einbauschrank anfertigen lassen.

Abbiamo un letto a due piazze / a una piazza e mezza.
Wir haben ein Doppelbett / ein französisches Bett.

In cucina abbiamo tutti gli elettrodomestici indispensabili: il frigorifero, la lavatrice, la cucina a gas e ora anche un forno a microonde.

In der Küche haben wir alle unentbehrlichen Elektrogeräte: Kühlschrank, Waschmaschine, Gasherd und jetzt auch einen Mikrowellenherd.

La lavastoviglie non ce l'abbiamo.

Eine Spülmaschine haben wir nicht.

Sopra il lavandino ci sono degli armadietti pensili in cui teniamo le pentole e le stoviglie.

Über dem Spülbecken sind Hängeschränke, in denen wir Töpfe und Geschirr aufbewahren.

Nel mobiletto su cui è poggiata la televisione teniamo i piccoli elettrodomestici, come il mixer, il frullatore, l'affettatrice, il tostapane, etc.

In dem Schränkchen, auf dem der Fernseher steht, verwahren wir die kleineren Elektrogeräte wie Küchenmaschine, Mixer, Wurstschneidemaschine, Toaster usw.

Nel mio studio ho solo una scrivania e una libreria.

In meinem Arbeitszimmer habe ich nur einen Schreibtisch und einen Bücherschrank.

Gli altri libri li ho sistemati negli scaffali che sono in corridoio.

Die anderen Bücher habe ich in Regalen auf dem Flur untergebracht.

Questo cassettone di noce l'ho ereditato da mio nonno.

Diese Nußbaumkommode habe ich von meinem Großvater geerbt.

6.3 Affitti

6.3 Miete

Al giorno d'oggi è difficile trovare un'abitazione in affitto ad un prezzo ragionevole.

Heutzutage ist es schwierig, eine Mietwohnung zu einem vernünftigen Preis zu finden.

Sono stato sfrattato.

Mir ist gekündigt worden.

Devo traslocare entro tre mesi.

Ich muß binnen drei Monaten umziehen.

Noi abbiamo trovato l'appartamento tramite un'agenzia immobiliare.

Wir haben die Wohnung mit Hilfe einer Immobilienagentur gefunden.

Io metterò un annuncio sul giornale; vorrei fare a meno di pagare salate provvigioni ad agenti immobiliari.

Ich werde eine Anzeige in die Zeitung setzen; ich verzichte darauf, gesalzene Provisionen an Immobilienmakler zu zahlen.

Domani andiamo a vedere l'appartamento.

Morgen gehen wir die Wohnung besichtigen.

Si può subaffittare solo con il consenso del proprietario.

Man darf nur mit Zustimmung des Eigentümers untervermieten.

Non possiamo tenere né cani né altri animali domestici.

Wir dürfen weder Hunde noch andere Haustiere halten.

L'affitto deve essere pagato in anticipo.
Die Miete muß im voraus gezahlt werden.

La disdetta deve essere notificata mediante lettera raccomandata.
Die Kündigung muß durch eingeschriebenen Brief erfolgen.

Pagate molto di affitto?
Zahlen Sie viel Miete?

Le spese condominiali sono a vostro carico?
Gehen die Gebäudeabgaben und Gebühren zu Ihren Lasten?

Le bollette della luce e del gas sono esagerate questo mese!
Die Strom- und Gasrechnungen sind in diesem Monat übertrieben hoch!

Le spese di mantenimento sono altissime.
Die Nebenkosten sind sehr hoch.

Il mese scorso abbiamo dovuto chiamare l'idraulico; si era rotta la tubatura dell'acqua.
Vergangenen Monat mußten wir den Installateur rufen; die Wasserleitung war kaputt.

Dobbiamo lavorare in due perché fra l'affitto e le bollette se ne va la metà del mio stipendio.
Wir müssen zu zweit arbeiten, weil die Hälfte meines Gehalts für Miete und Nebenkosten draufgeht.

L'appartamento è diventato piccolo per noi, ma non possiamo permettercene uno più grande.
Die Wohnung ist für uns zu klein geworden, aber wir können uns keine größere leisten.

7. Vita quotidiana / 7. Tägliches Leben

7.1 Negozi / 7.1 Geschäfte

7.1.1 Alimentari / *7.1.1 Lebensmittel*

Devo andare a fare la spesa.
Ich muß einkaufen gehen.

Al supermercato o dal salumiere?
Zum Supermarkt oder zum Wurstwarenhändler?

Vado al negozio di generi alimentari.
Ich gehe zum Lebensmittelgeschäft.

E' più caro del supermercato, ma ha dei prodotti buonissimi.
Es ist teurer als der Supermarkt, aber es führt ausgezeichnete Produkte.

E' un negozio di specialità gastronomiche.
Es ist ein Delikatessengeschäft.

Desidera? A chi tocca? Chi devo servire?
Was wünschen Sie? Wer ist an der Reihe? Wen darf ich bedienen?

Tocca a me.
Ich bin dran.

No, guardi, ci sono prima io.	Nein, schauen Sie, ich bin zuerst dran.
Vorrei un etto di prosciutto crudo e due etti e mezzo di sottaceti.	Ich hätte gern hundert Gramm rohen Schinken und zweihundertfünfzig Gramm Mixpickles.
Il prosciutto che sia magro e tagliato sottile.	Den Schinken bitte mager und fein geschnitten.
Mi dia anche due etti di prosciutto cotto senza conservanti e un pezzo di pancetta da un etto.	Geben Sie mir auch zweihundert Gramm gekochten Schinken ohne Konservierungsmittel und hundert Gramm durchwachsenen Speck am Stück.
Mi può macinare due etti di caffè, per favore?	Können Sie mir bitte zweihundert Gramm Kaffee mahlen?
Mi servirebbe un pacco di spaghetti, due scatole di pelati e una bottiglia di olio extra vergine di oliva.	Ich bräuchte eine Packung Spaghetti, zwei Dosen geschälte Tomaten und eine Flasche kaltgepreßtes Olivenöl.
Ha anche i surgelati?	Haben Sie auch Tiefkühlkost?
Abbiamo solo latte a lunga conservazione. Quello fresco lo trova in latteria.	Wir führen lediglich H-Milch. Frische Milch finden Sie im Milchgeschäft.
Mi dia una dozzina di uova.	Geben Sie mir ein Dutzend Eier.
Le bottiglie della birra sono con il vuoto a rendere o a perdere?	Sind die Bierflaschen Pfand- oder Einwegflaschen?
Andiamo ora in un negozio di formaggi e latticini.	Gehen wir jetzt in ein Geschäft für Käse und Molkereiprodukte.
Vorrei del parmigiano ben stagionato.	Ich hätte gern gut gereiften Parmesankäse.
Poi mi dia una mezza forma di pecorino da grattugiare.	Dazu geben Sie mir einen halben Laib Schafskäse zum Reiben.
Signora, provi queste mozzarelle di bufala; sono freschissime, sono arrivate questa mattina.	Gnädige Frau, probieren Sie diese Mozzarella aus Büffelmilch; sie sind ganz frisch, sie wurden erst heute morgen geliefert.
La ricotta è di pecora o di mucca?	Ist der Ricotta aus Schafs- oder Kuhmilch?
Questo jogurt è scaduto.	Bei diesem Joghurt ist das Verfallsdatum abgelaufen.
Quant'è tutto? Quanto spendo?	Wieviel macht alles zusammen? Wieviel habe ich zu zahlen?

7.1.2 Macelleria, polleria	*7.1.2 Metzgerei (Fleischerei), Geflügelhandlung*
Devo andare dal macellaio / in macelleria.	Ich muß zum Metzger / in die Metzgerei (gehen).
Quanto costano le fettine al chilo?	Was kosten die Schnitzel pro Kilo?
Di manzo o di vitello?	Rinder- oder Kalbsschnitzel?
Di manzo, ma che siano tenere, mi raccomando. L'ultima volta erano talmente dure che non si masticavano.	Rinderschnitzel, aber zarte, bitte. Letztes Mal waren sie so zäh, daß man sie nicht kauen konnte.
Vorrei mezzo chilo di carne macinata, magra, e quattro bistecche di maiale.	Ich hätte gern 500 g mageres Hackfleisch und vier Schweinesteaks.
Oggi abbiamo anche il fegato e gli ossi buchi.	Heute haben wir auch Leber und Kalbshaxen.
Per sei persone quanto spezzatino devo prendere?	Wieviel Gulasch brauche ich für sechs Personen?
Quanto pesa quel pezzo di arrosto di maiale?	Wieviel wiegt dieses Stück Schweinebraten?
Ce l'ha oggi l'agnello?	Haben Sie heute Lammfleisch da?
Sono fresche le salsiccie?	Sind die Würstchen frisch?
Signora, Le consiglio questi spiedini, sono ottimi.	Gnädige Frau, ich empfehle Ihnen diese Spießchen, sie sind ausgezeichnet.
Passo un attimo in polleria.	Ich gehe mal für einen Moment in das Geflügelgeschäft.
Vorrei un bel pollo ruspante da fare arrosto.	Ich möchte ein schönes Freilandhuhn zum Braten.
Me lo spezza, per favore?	Können Sie es mir bitte tranchieren?
Vorrei tre petti di pollo. – Mi dispiace, sono finiti; va bene il petto di tacchino?	Ich hätte gern drei Hähnchenbrüste. – Es tut mir leid, sie sind ausverkauft; kann es auch Puterbrust sein?
Quanto vengono le anitre al chilo?	Was kosten die Enten pro Kilo?
7.1.3 Fornaio	*7.1.3 Bäcker*
Da quale fornaio ti servi?	Bei welchem Bäcker kaufst du ein?
Qui vicino c'è un forno dove fanno un pane molto buono.	Hier in der Nähe ist eine Bäckerei, in der sehr gutes Brot gebacken wird.

In Italia ci sono moltissimi tipi di pane, che si distinguono sia per la forma, sia per gli ingredienti. I tipi ed i nomi variano da regione a regione.	In Italien gibt es sehr viele Brotsorten, die sich durch Form oder Zutaten voneinander unterscheiden. Die Sorten und Bezeichnungen sind von Region zu Region verschieden.
Vorrei un filoncino da mezzo chilo di pane toscano (senza sale).	Ich hätte gern einen Halbkilolaib toskanisches Brot (ungesalzen).
Mi può dare la metà di quel filone di pane pugliese?	Können Sie mir einen halben Laib von diesem apulischen Brot geben?
Vorrei cinque panini all'olio.	Ich hätte gern fünf Ölbrötchen.
Ha del pane integrale?	Haben Sie Vollkornbrot?
Vedo che fate anche dei dolci.	Ich sehe, Sie stellen auch Kuchen her.
Sì, ma pochi: qualche crostata e alcune torte molto semplici.	Ja, aber nur wenige: ein paar Mürbeteigkuchen (mit Obst oder Marmelade) und einige ganz einfache Torten.
Vorrei mezz'etto di lievito di birra e una bustina di lievito per dolci.	Ich hätte gern 50 g Bierhefe und ein Tütchen Backpulver.
Questa farina è di grano duro o di grano tenero?	Ist dies Hartweizen- oder Weichweizenmehl?

7.1.4 Frutta e verdura / *7.1.4 Obst und Gemüse*

Per la frutta ho un mio ortolano di fiducia.	Für Obst habe ich einen zuverlässigen Gemüsehändler.
Non conviene andare al mercato?	Ist es nicht besser, auf den Markt zu gehen?
Sì, è più conveniente, ma è lontano.	Ja, es ist günstiger, aber es ist zu weit.
Vorrei un chilo di pesche ben mature e delle prugne.	Ich möchte ein Kilo gut gereifte Pfirsiche und Pflaumen.
Vediamo come sono queste albicocche.	Wie sind denn diese Aprikosen?
Signora, La servo io, è vietato toccare la merce.	Gnädige Frau, Sie werden von mir bedient, es ist verboten, die Ware zu berühren.
Mi dia un cestino di fragole, un chilo di mele e un cesto d'insalata.	Geben Sie mir ein Körbchen Erdbeeren, ein Kilo Äpfel und einen Kopf Salat.
E' dolce quest'uva nera?	Sind diese blauen Trauben süß?
La frutta fuori stagione preferisco non comprarla, non sa di niente.	Obst außerhalb der Saison kaufe ich lieber nicht, es schmeckt nach nichts.

Vorrei un mazzetto di odori.	Ich hätte gern ein Sträußchen Gewürzkräuter.
Mi sembra che questi funghi siano andati a male e le pere sono quasi marce.	Mir scheint, daß diese Pilze schlecht geworden sind, und die Birnen sind fast faul.
Si sbaglia, signora; nel nostro negozio ci sono solo prodotti di prima qualità.	Sie irren sich, gnädige Frau; in unserem Geschäft gibt es nur erstklassige Produkte.

7.1.5 Abbigliamento femminile	*7.1.5 Damenbekleidung*
Devo comprarmi qualcosa da vestire, non ho più niente da mettermi.	Ich muß mir etwas Kleidung kaufen, ich habe nichts mehr anzuziehen.
Vada in un negozio del centro; hanno dei modelli esclusivi e di ottima qualità.	Gehen Sie in ein Geschäft in der Innenstadt; sie haben exklusive Modelle von bester Qualität.
Alle svendite di fine stagione si possono trovare delle vere occasioni.	Bei den Ausverkaufen am Saisonende kann man wahre Schnäppchen machen.
Hanno già esposto i modelli della collezione invernale.	Die Modelle der Winterkollektion sind schon ausgestellt.
Che bel vestito che ha! Dove l'ha comprato?	Was für ein schönes Kleid haben Sie! Wo haben Sie es gekauft?
Me lo sono cucito io.	Ich habe es mir selbst genäht.
E' un vestito su misura; me lo sono fatto fare dalla sarta.	Es ist maßgeschneidert; ich habe es mir von der Schneiderin machen lassen.
Lei veste sempre all'ultima moda.	Sie sind immer nach der neuesten Mode gekleidet.
Vorrei provare quel vestito che è in vetrina.	Ich möchte das Kleid aus dem Schaufenster anprobieren.
Che taglia ha / porta?	Welche Größe haben / tragen Sie?
Si accomodi in cabina, così si può guardare allo specchio.	Gehen Sie bitte in die Umkleidekabine, dann können Sie sich im Spiegel betrachten.
Come mi sta?	Wie steht es mir?
Le sta benissimo, sembra fatto su misura per Lei.	Es steht Ihnen ausgezeichnet, es scheint für Sie nach Maß gemacht zu sein.

Anch'io mi ci vedo bene.	Auch ich finde mich gut darin.
E' troppo piccolo, non mi entra.	Es ist zu klein, es paßt mir nicht.
Mi faccia provare una taglia più grande.	Lassen Sie mich die nächste Größe probieren.
Mi sta stretto di spalle ed è troppo corto.	Es sitzt mir an den Schultern zu eng, und es ist zu kurz.
Non mi sta bene; è troppo vistoso e la scollatura è esagerata.	Es kleidet mich nicht; es ist zu auffallend und viel zu weit ausgeschnitten.
Mi sta troppo grande.	Es ist mir zu groß.
Questo vestito firmato è molto bello.	Dieses Designerkleid ist sehr schön.
E' un capo elegante e nello stesso tempo pratico: va bene per tutte le occasioni.	Es ist ein elegantes und zugleich praktisches Kleidungsstück: es paßt zu allen Gelegenheiten.
La lunghezza è sopra il ginocchio, come va di moda ora.	Die Länge geht bis übers Knie, wie es jetzt Mode ist.
Mi fa vedere qualche gonna?	Zeigen Sie mir bitte ein paar Röcke?
Come deve essere, in tinta unita, fantasia, a righe, a quadri, a fiori?	Wie soll er aussehen, einfarbig, bunt gemustert, gestreift, kariert, geblümt?
Vuole una gonna a tubo con lo spacco, dritta o a campana?	Wollen Sie einen engen Rock mit Schlitz, einen geraden oder einen Glockenrock?
Ecco una bella gonna a pieghe.	Hier ist ein schöner Faltenrock.
Questo maglione è di pura lana vergine?	Ist dieser Pullover aus reiner Schurwolle?
Di che stoffa è questo tailleur? – E' di misto lino.	Aus was für Stoff ist dieses Kostüm? – Es ist aus einem Leinenmischgewebe.
Vorrei una camicetta da combinare con questi pantaloni.	Ich möchte eine Bluse, passend zu dieser Hose.
Abbiamo delle bluse di seta grezza ricamate a mano.	Wir führen handgestickte Blusen aus Rohseide.
Vorrei una giacca leggera da indossare con questa gonna.	Ich hätte gerne eine leichte Jacke, die man zu diesem Rock tragen kann.
Preferisco qualcosa di sportivo, da portare tutti i giorni, tipo una giacca a vento.	Ich möchte lieber etwas Sportliches, für alle Tage, so eine Art Anorak / Windjacke.
Il cappotto mi piace, ma è troppo lungo. E' possibile farlo accorciare?	Der Mantel gefällt mir, aber er ist zu lang. Kann man ihn kürzen lassen?

C'è un reparto per la biancheria intima?	Gibt es eine Abteilung für Unterwäsche?
Vorrei un reggiseno della terza misura e una canottiera di cotone.	Ich möchte einen BH Größe drei und ein Unterhemd aus Baumwolle.
Non porto mai la sottoveste.	Ich trage nie einen Unterrock.
Vorrei un paio di mutande di materiale non sintetico.	Ich hätte gern ein Paar Unterhosen aus nicht synthetischem Material.
Abbiamo questi bellissimi slip di pizzo.	Wir haben diese wunderschönen Slips aus Spitze.
Che bella questa camicia da notte!	Was für ein hübsches Nachthemd!
Vorrei un paio di collant.	Ich hätte gern eine Strumpfhose.
Sono tornate di moda le calze con la giarrettiera o il reggicalze, ma io le trovo poco pratiche.	Strümpfe mit Strumpfband oder Strumpfhalter sind wieder in Mode, aber ich finde sie nicht so praktisch.
Accidenti! Mi si è smagliata una calza.	Verflixt! Ich habe eine Laufmasche!

7.1.6 Abbigliamento maschile — *7.1.6 Herrenbekleidung*

Devo rinnovare il mio guardaroba.	Ich muß meine Garderobe erneuern.
Questo vestito è passato di moda, bisogna che me ne compri un altro.	Dieser Anzug ist aus der Mode, ich muß mir einen neuen kaufen.
Compro sempre abiti confezionati; è difficile trovare un buon sarto.	Ich kaufe immer Konfektionsanzüge; es ist schwierig, einen guten Schneider zu finden.
Vorrei un abito estivo dal taglio classico.	Ich möchte einen Sommeranzug in klassischem Schnitt.
La giacca deve essere a doppio petto?	Soll das Sakko ein Zweireiher sein?
Provi quest'abito di lino, vedrà che figura Le fa addosso.	Probieren Sie diesen Leinenanzug, Sie werden sehen, wie gut er Ihnen steht.
Preferirei un'altra stoffa, il lino si sgualcisce troppo facilmente.	Ich hätte lieber einen anderen Stoff, Leinen knittert zu leicht.
Questo spezzato è un capo da mezza stagione, ma il tessuto è molto leggero.	Dies ist eine Übergangskombination, aber der Stoff ist sehr leicht.

E' troppo chiaro, io preferisco i colori scuri.	Er ist zu hell, ich habe lieber dunkle Farben.
Quest'abito invernale è di lana pettinata.	Dieser Winteranzug ist aus Kammgarnwolle.
La giacca è foderata?	Ist das Jackett gefüttert?
Mi sta a pennello!	Es paßt mir wie angegossen!
Non casca bene sulle spalle: fa delle pieghe e il collo è troppo largo.	An den Schultern fällt es nicht gut: es wirft Falten, und der Kragen ist zu weit.
Vuolo dei pantaloni con i risvolti o senza?	Wollen Sie eine Hose mit oder ohne Aufschläge?
I pantaloni troppo larghi in fondo sono fuori moda.	Hosen mit zu weitem Schlag sind aus der Mode.
Belli, questi pantaloni di velluto a coste.	Schön, diese Kordsamthosen.
L'orlo lo fate voi?	Nähen Sie den Saum um?
Quanto costano le modifiche?	Was kostet die Änderung?
Ho bisogno di una cravatta da abbinare a questo vestito.	Ich brauche eine Krawatte zu diesem Anzug.
Guardi questa: è di seta pura e il disegno è molto fine.	Schauen Sie einmal diese: sie ist aus reiner Seide, und das Muster ist sehr geschmackvoll.
Avete un buon assortimento di camicie con le maniche corte?	Haben Sie eine große Auswahl an kurzärmeligen Hemden?
Che misura ha di collo?	Welche Kragenweite haben Sie?
Di che colore la vuole?	In welcher Farbe wünschen Sie es?
Manca un bottone, lo fa attaccare Lei?	Es fehlt ein Knopf, lassen Sie ihn annähen?
Sono indeciso, non so se comprare un pullover con il collo a V (a punta) o con il collo alto.	Ich bin noch unentschlossen, ich weiß nicht, ob ich einen Pullover mit V-Ausschnitt (spitzem Ausschnitt) oder einen Rollkragenpullover kaufen soll.
Ci sono dei maglioni a dolce vita a prezzi stracciati.	Hier gibt es Rollis zu Schleuderpreisen.
Mi faccia vedere un modello più sportivo, da indossare nel tempo libero.	Zeigen Sie mir ein sportlicheres Modell, das man in der Freizeit tragen kann.
Si può lavare in lavatrice o bisogna lavarlo a mano?	Kann man ihn in die Waschmaschine stecken, oder muß man ihn mit der Hand waschen?
Si restringe al lavaggio?	Läuft er beim Waschen ein?

E' meglio portarlo a ripulire in una lavanderia a secco.	Es ist besser, ihn in die chemische Reinigung zu geben.
Mio figlio va sempre in giro in jeans, meglio se sdruciti, maglietta e giubbotto.	Mein Sohn läuft ständig in möglichst zerrissenen Jeans, T-Shirt und Blouson herum.

## *7.1.7 Calzature*	## *7.1.7 Schuhe*
a) Da uomo	a) Für Herren
Avrei bisogno di un paio di scarpe estive, forse dei mocassini.	Ich bräuchte ein Paar Sommerschuhe, vielleicht Mokassins.
Che numero porta / calza?	Welche Schuhgröße tragen / haben Sie?
Dipende dalla forma della scarpa; alle volte il quaranta, alle volte il quarantuno.	Das hängt von der Schuhform ab; manchmal vierzig, manchmal einundvierzig.
Questi sono di vitello, una pelle morbidissima.	Diese hier sind aus sehr weichem Kalbsleder.
Se li metta e ci cammini, per vedere se Le stanno bene.	Ziehen Sie sie an und gehen Sie etwas darin, damit Sie sehen, ob sie passen.
Mi stanno un po' stretti, ha anche il mezzo numero?	Sie sind mir etwas eng, haben Sie auch die Zwischengröße da?
Ora Le sembrano stretti, ma si allargano, è una pelle che cede molto.	Jetzt kommen sie Ihnen eng vor, aber sie weiten sich noch, es ist ein Leder, das sehr nachgibt.
Ha delle scarpe che vadano bene per la pioggia?	Führen Sie Schuhe, die sich gut für Regenwetter eignen?
Abbiamo queste con la suola di gomma; hanno delle scanalature, in modo che non si scivoli.	Wir haben diese hier mit Gummisohle; sie haben Rillen, damit man nicht rutscht.
Vorrei un paio di scarpe chiuse con le stringhe (o: i lacci).	Ich möchte ein Paar geschlossene Schuhe mit Schnürsenkeln.
La suola è sintetica o di cuoio?	Ist die Sohle aus Kunststoff oder Leder?
Mi sembrano troppo a punta; preferisco una punta più arrotondata.	Sie erscheinen mir zu spitz; ich möchte sie vorn lieber etwas runder.
Queste hanno il plantare ortopedico, sono perfette per chi ha un piede delicato.	Diese hier sind mit orthopädischem Fußbett, sie sind optimal für jemanden mit empfindlichen Füßen.
Mi calzano alla perfezione.	Sie sitzen perfekt.

b) Da donna	b) Für Damen
Che tipo di scarpe desidera, signora?	Welche Art Schuhe wünschen Sie, gnädige Frau?
Delle scarpe invernali, che siano robuste ed eleganti nello stesso tempo.	Winterschuhe, die strapazierfähig und elegant zugleich sind.
L'importante è che siano comode, se non sono all'ultima moda non fa niente.	Hauptsache, sie sind bequem, es macht nichts, wenn sie nicht nach der neuesten Mode sind.
Le preferisce con il tacco basso o con il tacco alto?	Möchten Sie sie lieber mit flachem oder mit hohem Absatz?
Con il mezzo tacco.	Mit halbhohem Absatz.
Mi stanno larghe, ha un numero più piccolo?	Sie sind mir zu weit, haben Sie sie eine Nummer kleiner?
Sono troppo accollate, non mi piace come mi stanno.	Sie sind zu hochgeschlossen, sie gefallen mir nicht an mir.
Provi queste decolleté marrone oppure queste francesine scamosciate.	Probieren Sie einmal diese ausgeschnittenen braunen Schuhe oder diese Stiefeletten aus Veloursleder.
Potrei provare quel paio di scarpe da sera?	Könnte ich dieses Paar Abendschuhe anprobieren?
Quelle di vernice nera con il tacco a spillo.	Diese schwarzen Lackschuhe da mit dem Pfennigabsatz.
Le stanno benissimo, Le slanciano la gamba.	Sie stehen Ihnen ausgezeichnet, sie machen ein schlankes Bein.
Vuole degli stivali foderati o sfoderati? – Sfoderati e senza chiusura lampo.	Möchten Sie gefütterte oder ungefütterte Stiefel? – Ungefütterte und ohne Reißverschluß.
Prenda questi foderati di pelle di coniglio, sono caldissimi.	Nehmen Sie diese mit einem Futter aus Kaninchenfell, sie sind sehr warm.

7.1.8 Dal calzolaio — *7.1.8 Beim Schuhmacher*

C'è un calzolaio qui vicino che è bravo e veloce.	Hier in der Nähe gibt es einen tüchtigen und flinken Schuhmacher.
Vorrei far riparare queste scarpe.	Ich möchte diese Schuhe reparieren lassen.
Si sono scucite qui, è possibile ricucirle?	Sie haben sich hier aufgetrennt, kann man das wieder zusammennähen?

Si è strappato il cinturino dei sandali, può rimetterlo?	Der Riemen an den Sandalen ist abgerissen, können Sie ihn wieder befestigen?
Queste scarpe si sono scollate sulla punta; le potrebbe rincollare?	Bei diesen Schuhen hat sich die Sohle an der Spitze gelöst; könnten Sie sie wieder ankleben?
E' possibile tingere di nero queste scarpe chiare?	Kann man diese hellen Schuhe schwarz färben?
Vorrei far risuolare questi stivali.	Ich möchte diese Stiefel neu besohlen lassen.
Quanto costa far rifare i tacchi?	Was kostet es, die Absätze erneuern zu lassen?
Quanto costano le riparazioni?	Was kostet die Reparatur?
Non vale la pena ripararle, verrebbe a costare troppo. Le conviene comprarsene un altro paio.	Es lohnt nicht, sie zu reparieren, es käme zu teuer. Sie kaufen sich besser ein Paar neue.
Mi si è rotta la cerniera di questa borsa, può cambiarla?	Der Verschluß dieser Tasche ist mir kaputtgegangen, können Sie ihn auswechseln?
Vorrei un paio di solette di feltro numero trentasei.	Ich hätte gerne ein Paar Filzsohlen Größe sechsunddreißig.
Mi servirebbero un paio di stringhe nere e del lucido da scarpe neutro.	Ich bräuchte ein Paar schwarze Schnürsenkel und farblose Schuhcreme.
Quando saranno pronte le scarpe?	Wann werden die Schuhe fertig sein?
Quando posso venire a ritirarle?	Wann kann ich sie abholen kommen?

### *7.1.9 Pelletteria*	### *7.1.9 Lederwaren*
Mi fa vedere dei guanti da uomo? La tinta deve essere piuttosto chiara.	Zeigen Sie mir bitte Herrenhandschuhe? Die Farbe soll eher hell sein.
Di quale misura?	In welcher Größe?
Li vuole di pelle di cinghiale, di camoscio, di marocchino?	Wollen Sie welche aus Schweins-, Wild- oder Maroquinleder?
Non me ne intendo, l'importante è che siano morbidi e caldi.	Ich verstehe nichts davon, wichtig ist, daß sie weich und warm sind.
Se la misura non dovesse andare bene, potrei cambiarli?	Könnte ich sie umtauschen, falls die Größe nicht passen sollte?

Vorrei una cintura da mettere sopra questo maglione.	Ich möchte einen Gürtel, den ich über diesem Pullover tragen kann.
La fibbia non mi piace.	Die Schnalle gefällt mir nicht.
Quanto costa questo borsellino?	Was kostet dieses Portemonnaie?
Avete dei portafogli con scomparti per le carte da credito e i documenti?	Führen Sie Brieftaschen mit Fächern für Kreditkarten und Papiere?
Quelle borsette di nappa ci sono solo di quel colore?	Gibt es die Handtaschen aus Nappaleder nur in dieser Farbe?
Questa borsetta di coccodrillo è molto elegante.	Diese Krokoledertasche ist sehr elegant.
Preferirei una borsa capiente per tutti i giorni.	Ich hätte lieber eine geräumige Tasche für jeden Tag.
Questa ha la tracolla regolabile.	Diese hat einen verstellbaren Schulterriemen.
E' una borsa che sopporta tutti gli strapazzi, è in pelle antigraffio.	Es ist eine Tasche, die alle Strapazen aushält, sie ist aus kratzfestem Leder.
Che tipo di borselli ha?	Welche Art Herrentaschen führen Sie?
Abbiamo delle valigette ventiquattrore a prezzi favolosi.	Wir führen Aktenkoffer zu märchenhaften Preisen.
Quella borsa da viaggio mi sembra molto bella.	Diese Reisetasche sieht sehr schön aus.
E' pratica e meno ingombrante delle solite valigie.	Sie ist praktisch und nicht so sperrig wie die üblichen Koffer.
Avete ombrelli da donna?	Haben Sie Damenschirme?
Pieghevole o no?	Soll es ein Knirps sein oder nicht?

7.1.10 Articoli sportivi — *7.1.10 Sportartikel*

Questo negozio di articoli sportivi è molto rifornito: ha attrezzi e abbigliamento per quasi tutti gli sport.	Dieses Geschäft für Sportartikel ist bestens sortiert: es führt Geräte und Kleidung für fast alle Sportarten.
Non so se prendere un costume da bagno intero o un due pezzi.	Ich weiß nicht, ob ich einen einteiligen Badeanzug oder einen Bikini nehmen soll.
Vorrei vedere delle cuffie di gomma.	Ich möchte mir gern Gummibadekappen ansehen.

Avete dei materassini da spiaggia e dei salvagente per i bambini?	Haben Sie Luftmatratzen für den Strand und Schwimmgürtel für Kinder?
Per quante persone è questo gommone?	Für wie viele Personen ist dieses Schlauchboot?
Queste pinne non sono della mia misura.	Diese Schwimmflossen sind nicht meine Größe.
Di che materiale sono queste tavole da surf?	Aus was für einem Material sind diese Surfbretter?
Quanto costa un equipaggiamento da sub?	Was kostet eine Taucherausrüstung?
Tra la muta subacquea, la maschera e le bombole, viene a spendere una bella cifra.	Mit Taucheranzug, Tauchermaske und Gasflaschen kommen Sie auf eine ganz hübsche Summe.
Quanto vengono quegli sci da discesa?	Wie teuer kommen diese Abfahrtskier?
Le racchette sono incluse nel prezzo?	Sind die Skistöcke im Preis inbegriffen?
Vorrei della sciolina.	Ich hätte gern Skiwachs.
Devo rifare gli attacchi degli sci.	Ich muß die Skibindungen erneuern lassen.
Questi scarponi da sci sono troppo cari!	Diese Skischuhe sind zu teuer!
Questo completo da sci è un'occasione: i pantaloni sono imbottiti e impermeabili; la giacca, benchè leggera, tiene molto caldo.	Dieser Skianzug ist eine Gelegenheit: die Hose ist wattiert und wasserundurchlässig; die Jacke ist leicht und hält dennoch sehr warm.
Sono leggeri questi sci da fondo?	Sind diese Langlaufskier leicht?
Mi fa vedere quel paio di doposci foderati di lana?	Zeigen Sie mir bitte dieses Paar Après-Ski-Schuhe mit dem Wollfutter?
Queste giacche a vento sono imbottite di piume d'oca.	Diese Anoraks sind mit Gänsedaunen gefüttert.
Vorrei uno slittino di legno per mio figlio.	Ich hätte für meinen Sohn gern einen Schlitten aus Holz.
Ha dei pattini per ghiaccio?	Haben Sie Schlittschuhe?
Ci sono delle tute da ginnastica di felpa coloratissime.	Hier gibt es ganz bunte Gymnastikanzüge aus Nickistoff.
C'è un reparto per gli attrezzi da ginnastica?	Gibt es eine Abteilung für Turngeräte?
Questo pallone di cuoio è di peso regolamentare?	Hat dieser Lederfußball das vorschriftsmäßige Gewicht?

Sono di cuoio o di gomma i tacchetti di queste scarpe da calciatore?	Sind die Stollen dieser Fußballschuhe aus Leder oder aus Gummi?
E' robusto questo zaino?	Ist dieser Rucksack strapazierfähig?
Sì, è molto resistente. Vuole vedere anche dei sacchi a pelo?	Ja, er ist sehr haltbar. Wollen Sie auch Schlafsäcke sehen?
Avrei bisogno di una nuova corda da ascensione e di due moschettoni.	Ich bräuchte ein neues Kletterseil und zwei Karabinerhaken.
Guarda! I pattini a rotelle sono in offerta speciale!	Sieh mal! Die Rollschuhe sind im Sonderangebot!
Ci sono degli sconti anche sulle ginocchiere.	Auch auf die Knieschoner gibt es Rabatt.
Abbiamo tutto per gli appassionati di equitazione: stivali da cavallerizzo, selle, frustini, briglie, etc.	Wir haben alles für Reitsportfans: Reitstiefel, Sättel, Reitpeitschen, Zügel usw.
Avete un buon assortimento di bastoni da golf?	Haben Sie ein großes Sortiment an Golfschlägern?
Abbiamo mazze di legno, di metallo, di legno con la testa di metallo, e ne facciamo addirittura su misura.	Wir führen Schläger aus Holz, aus Metall, aus Holz mit Metallkopf, und wir fertigen sie sogar nach Maß an.
Che belle quelle sacche portabastoni!	Wie schön sind diese Schlägertaschen!
Mi servono delle palle da golf.	Ich brauche Golfbälle.
C'è una vasta scelta di scarpe da tennis.	Es gibt eine große Auswahl an Tennisschuhen.
Queste racchette da tennis sono care, ma di ottima qualità.	Diese Tennisschläger sind teuer, aber von bester Qualität.
Il telaio è in grafite.	Der Rahmen ist aus Graphit.
Quanto costa non incordata?	Was kostet er ohne Bespannung?
Vorrei far incordare questa racchetta.	Ich möchte diesen Schläger bespannen lassen.
Bisogna che ricompri delle palle da tennis.	Ich muß neue Tennisbälle kaufen.

7.1.11 Elettrodomestici	*7.1.11 Elektrogeräte*
C'è un negozio di elettrodomestici qui vicino?	Gibt es hier in der Nähe ein Elektrogeschäft?
Vorrei una prolunga e una spina multipla.	Ich hätte gern eine Verlängerungsschnur und einen Mehrfachstecker.
Queste lampadine sono da quaranta o da sessanta watt?	Sind dies 40- oder 60-Watt-Glühbirnen?
Va a pile o a corrente questa radiosveglia?	Läuft dieser Radiowecker auf Batterie oder mit Strom?
Avrei bisogno di sei pile per questa torcia elettrica.	Ich bräuchte sechs Batterien für diese Stablampe.
Ho comprato questo rasoio elettrico una settimana fa e già non funziona più.	Ich habe diesen Rasierapparat vor einer Woche gekauft, und schon funktioniert er nicht mehr.
Se è un difetto di produzione, glielo cambiamo subito.	Falls es ein Herstellungsfehler ist, tauschen wir ihn Ihnen sofort um.
Quel televisore portatile è in bianco e nero o a colori?	Ist dieser tragbare Fernseher in Schwarzweiß oder in Farbe?
Quanto tempo dura la garanzia?	Wie lange läuft die Garantie?
Avete asciugacapelli da viaggio?	Haben Sie Haartrockner für die Reise?
Che differenza c' è fra queste cassette?	Was ist für ein Unterschied zwischen diesen Kassetten?
Queste sono ad alta fedeltà, i fruscii sono ridotti al minimo.	Dies sind Hi-Fi-Kassetten, das Rauschen ist auf ein Minimum reduziert.
Mi può mandare un elettricista?	Können Sie mir einen Elektriker schicken?
Siamo rimasti al buio, c'è stato un corto circuito.	Wir sitzen im Dunkeln, es gab einen Kurzschluß.
Forse c'è qualche filo scoperto.	Vielleicht liegt irgendein Draht blank.
Mandiamo subito qualcuno, faremo controllare tutte le prese e gli interruttori.	Wir schicken sofort jemanden vorbei, wir werden alle Steckdosen und Schalter überprüfen lassen.
Dov'è l'interruttore generale?	Wo ist der Hauptschalter?
E' saltata la valvola di sicurezza.	Die Sicherung ist herausgesprungen.

7.1.12 Libreria	*7.1.12 Buchhandlung*
In questa libreria c'è di tutto: opere di narrativa, saggi, testi tecnici e scientifici, libri di storia, libri di testo per le scuole, dizionari e una vasta scelta di libri per il tempo libero.	In dieser Buchhandlung gibt es alles: Erzählwerke, Essays, technische und wissenschaftliche Werke, Geschichtsbücher, Lehrbücher für die Schule, Wörterbücher und eine breite Auswahl an Freizeitliteratur.
Cerco un testo di italiano in cui ci siano letture piuttosto facili ed esercizi di grammatica.	Ich suche ein Italienischbuch, das relativ einfache Lesetexte sowie grammatische Übungen enthält.
Vorrei un dizionario italiano-tedesco e viceversa.	Ich hätte gern ein Wörterbuch Italienisch–Deutsch / Deutsch–Italienisch.
Avete libri in tedesco?	Führen Sie Bücher in deutscher Sprache?
Sì, nel reparto di letteratura straniera.	Ja, in der Abteilung für ausländische Literatur.
Vorrei l'ultimo romanzo di X.	Ich hätte gern den neuesten Roman von X.
Mi dispiace, non ne abbiamo più neanche una copia.	Tut mir leid, wir haben auch nicht ein Exemplar mehr.
E' andato a ruba; la prima edizione si è esaurita in poche settimane.	Er/es hat reißenden Absatz gefunden; die erste Auflage war in wenigen Wochen vergriffen.
La seconda edizione è in corso di stampa (in ristampa).	Die zweite Auflage befindet sich gerade im Druck.
E' possibile ordinarlo? Quanto si dovrà aspettare?	Kann man ihn/es bestellen? Wie lange wird man warten müssen?
Arriverà nel giro di due settimane.	Er/es wird im Laufe von zwei Wochen eintreffen.
Vorrei questo libro, ma non so qual è la casa editrice che lo ha pubblicato.	Ich hätte gern dieses Buch, aber ich weiß nicht, in welchem Verlag es erschienen ist.
Se mi dice il nome dello scrittore, guardo nell'indice per autori.	Wenn Sie mir den Namen des Schriftstellers nennen, schaue ich im Autorenverzeichnis nach.
Il titolo di questo libro promette bene.	Der Titel dieses Buches ist vielversprechend.

Il testo è corredato da un'ottima introduzione e da una bibliografia molto esauriente.

Das Werk ist mit einer ausgezeichneten Einleitung und einem sehr ausführlichen Literaturverzeichnis versehen.

Questo libro è disponibile anche in edizione economica (o: tascabile)? – No, fa parte di una collana di testi rilegati.

Ist dieses Buch auch in einer Taschenbuchausgabe erhältlich? – Nein, es gehört zu einer gebundenen Textreihe.

Com'è questo libro?

Wie ist dieses Buch?

Non l'ho ancora cominciato, ma ho letto delle ottime critiche sui giornali.

Ich habe es noch nicht angefangen, aber in den Zeitungen habe ich die besten Kritiken darüber gelesen.

L'ho sfogliato e m'è parso interessante.

Ich habe es durchgeblättert, und es erschien mir interessant.

I libri di fotografia sono carissimi.

Bildbände sind sehr teuer.

Vorrei un libro di cucina.

Ich hätte gern ein Kochbuch.

Mi piace molto la fantascienza. – Io preferisco i gialli.

Ich interessiere mich sehr für Science-fiction. – Ich lese lieber Kriminalromane.

Vorrei fare un regalo ad un amico appassionato di biografie. E' uscito qualcosa di nuovo recentemente?

Ich möchte einem Freund, der sich für Biographien begeistert, ein Geschenk machen. Ist kürzlich etwas Neues herausgekommen?

Vorremmo una guida ai monumenti di Roma.

Wir hätten gern einen Reiseführer über die Denkmäler von Rom.

7.1.13 Dal barbiere

7.1.13 Beim Herrenfriseur

Buongiorno, vorrei tagliarmi i capelli.

Guten Tag, ich möchte mir die Haare schneiden lassen.

Che tipo di taglio vorrebbe?

Was für einen Schnitt hätten Sie gern?

Li vorrei piuttosto corti, ma non a spazzola.

Ich hätte die Haare gern ziemlich kurz, aber keinen Bürstenschnitt.

Cortissimi. Non abbia paura di tagliare, tanto mi ricrescono molto rapidamente.

Ganz kurz. Keine Angst, schneiden Sie nur, sie wachsen ja bei mir sehr schnell nach.

Vorrei una spuntatina.

Bitte das Haar etwas stutzen/kürzen.

Li sfoltisca ai lati.

Dünnen Sie sie an den Seiten aus.

Mi raccomando, non mi lasci la zazzera.	Bitte lassen Sie mir ja keine Mähne stehen.
Va bene la sfumatura sulla nuca?	Ist Ihnen ein Fassonschnitt im Nakken recht?
Lasciamo un po' di basette?	Lassen wir die Koteletten ein wenig stehen?
Sposti lo specchio, non riesco a vedermi dietro.	Verstellen Sie den Spiegel, ich kann mich von hinten nicht sehen.
Vuole la riga in mezzo o da una parte?	Wollen Sie einen Mittel- oder einen Seitenscheitel?
Tenga dritta la testa, non si muova.	Halten Sie den Kopf gerade, bewegen Sie sich nicht.
Pieghi la testa in avanti.	Beugen Sie den Kopf nach vorne.
Ho un inizio di calvizie, che cosa posso fare contro la caduta dei capelli?	Ich habe eine beginnende Glatze, was kann ich gegen den Haarausfall tun?
Ora è possibile fare il trapianto, oppure bisogna ricorrere ai prodotti tradizionali.	Heute ist es möglich, eine Transplantation vorzunehmen, oder man muß auf die herkömmlichen Produkte zurückgreifen.
Che cosa posso fare per eliminare la forfora?	Was kann ich tun, um meine Schuppen loszuwerden?
Usi uno shampoo delicato e sciacqui bene i capelli.	Benutzen Sie ein mildes Shampoo und spülen Sie die Haare gut aus.
Facciamo anche la barba.	Bitte auch rasieren.
Stia attento a non tagliarmi.	Passen Sie auf, daß Sie mich nicht schneiden.
Attenzione, qui ho un foruncolo.	Vorsicht, hier habe ich ein Furunkel.
Dia una spuntatina ai baffi.	Stutzen Sie auch den Schnurrbart um eine Idee.
Mi pareggi la barba con le forbici.	Bitte begradigen Sie mir den Bart mit der Schere.
Ha delle lamette da vendere?	Führen Sie Rasierklingen?
Il profumo di questo dopobarba non mi piace.	Der Duft dieses Rasierwassers gefällt mir nicht.

7.1.14 Dal parrucchiere per signora / *7.1.14 Beim Damenfriseur*

Desidera un taglio o solo il lavaggio e la messa in piega?	Wünschen Sie einen Haarschnitt oder nur Waschen und Legen?
Mi faccia un taglio giovanile, ma non troppo sbarazzino.	Machen Sie mir einen jugendlichen Schnitt, aber nicht zu burschikos.
Vorrei i capelli un po' più corti, ma sempre lo stesso taglio.	Ich hätte die Haare gern ein bißchen kürzer, aber den gleichen Schnitt.
Mi faccia un taglio che non richieda troppe cure e che si mantenga per un paio di mesi.	Machen Sie mir einen Schnitt, der nicht zuviel Pflege erfordert und der ein paar Monate hält.
Vorrei i capelli tre dita più corti, in modo che spariscano le doppie punte.	Ich möchte die Haare drei Fingerbreit kürzer, so daß die gespaltenen Spitzen verschwinden.
Mi tagli la frangetta.	Schneiden Sie mir den Pony.
Vorrei cambiare pettinatura, ma non ho in mente niente di preciso.	Ich möchte eine andere Frisur, aber ich habe noch keine genaue Vorstellung.
Mi vorrei tingere i capelli, che colore mi consiglia?	Ich möchte mir die Haare färben lassen, welche Farbe empfehlen Sie mir?
Cosa mi consiglia, i colpi di sole o le mèches?	Wozu raten Sie mir, zu Glanzlichtern oder Strähnchen?
Mi faccia una permanente molto leggera.	Machen Sie mir eine ganz leichte Dauerwelle.
I capelli così sottili non tengono la piega, mettiamo un fissatore?	Bei so feinem Haar halten die Locken nicht, nehmen wir etwas Haarfestiger?
I Suoi capelli sono secchi, sfibrati e molto fragili. Usi questo trattamento all'ortica; vedrà che riacquisteranno forza e lucentezza.	Ihre Haare sind trocken, brüchig und sehr spröde. Benutzen Sie diese Brennesselkur; Sie werden sehen, daß die Haare wieder Kraft und Glanz bekommen.
L'acqua è troppo calda. Ora è tiepida.	Das Wasser ist zu heiß. Jetzt ist es lauwarm.
Sotto il casco mi viene il mal di testa.	Unter der Trockenhaube bekomme ich Kopfschmerzen.
Preferisco che mi asciughi i capelli con la spazzola e il fon.	Trocknen Sie mir die Haare lieber mit Bürste und Fön.
Non mi gonfi i capelli e niente lacca.	Toupieren Sie mir die Haare nicht, und kein Haarspray.
E' libera la manicure?	Ist die Maniküre frei?

Mi lasci le unghie lunghe, ma le arrotondi un po'.	Lassen Sie meine Fingernägel lang, aber feilen Sie sie ein wenig rund.
Questo smalto rosso non mi piace, preferisco un colore più discreto.	Dieser rote Nagellack gefällt mir nicht, ich ziehe eine dezentere Farbe vor.
Ha dei rossetti da farmi vedere?	Können Sie mir Lippenstifte zeigen?
Vorrei un fondo tinta piuttosto chiaro.	Ich möchte ein ziemlich helles Make-up.
Questo ombretto verde è troppo forte.	Dieser grüne Lidschatten ist zu kräftig.

7.1.15 Dal fioraio / *7.1.15 Beim Blumenhändler*

Vorrei un mazzo di rose; ci metta anche un po' di verde, per favore.	Ich hätte gern einen Strauß Rosen; geben Sie bitte auch etwas Grün dazu.
I tulipani sembrano appassiti.	Die Tulpen sehen verwelkt aus.
Vorrei regalare dei fiori ad una signora, che cosa mi consiglia?	Ich möchte einer Dame Blumen schenken, was empfehlen Sie mir?
Quanto vuole spendere? – Sulle ventimila lire. Preferirei dei fiori a stelo lungo.	Wieviel möchten Sie anlegen? – Um die 20000 Lire. Ich hätte gern langstielige Blumen.
I garofani e le margherite non le piacciono.	Nelken und Margeriten gefallen ihr nicht.
Va bene questa composizione di fresie e di giaggioli o preferisce dei fiori di campo?	Gefällt Ihnen diese Zusammenstellung aus Freesien und Iris, oder möchten Sie lieber Feldblumen?
In Italia i crisantemi si usano quasi esclusivamente per adornare le tombe.	In Italien verwendet man Chrysanthemen fast ausschließlich als Grabschmuck.
Le dalie sono belle, ma non profumano.	Dahlien sind schön, aber sie duften nicht.
Vorrei una pianta grassa da mettere in salotto.	Ich möchte eine Fettpflanze fürs Wohnzimmer.
Deve stare all'ombra o direttamente alla luce?	Muß sie im Schatten stehen oder direkt im Licht?
La devo innaffiare spesso?	Muß ich sie oft gießen?

7.2 Grandi magazzini / 7.2 Kaufhäuser

Vado ai grandi magazzini a fare delle spese per la casa, mi accompagni?	Ich gehe ins Kaufhaus, um Haushaltseinkäufe zu machen, begleitest du mich?
Qui hanno di tutto, dall'arredamento per giardino ai cosmetici.	Hier haben sie alles, von Gartenmöbeln bis zu Kosmetika.
Ecco la lista delle compere che devo fare.	Hier ist die Liste für meine Einkäufe.
Andiamo nel reparto casalinghi, devo comprare una padella e forse un servizio di piatti.	Gehen wir in die Haushaltswarenabteilung, ich muß eine Bratpfanne und vielleicht ein Eßservice kaufen.
Prendiamo l'ascensore o la scala mobile?	Nehmen wir den Aufzug oder die Rolltreppe?
Questa pentola a pressione è di acciaio inossidabile?	Ist dieser Schnellkochtopf aus rostfreiem Edelstahl?
Posso esserLe d'aiuto, signora? – Sì, non vedo dove sono i piatti di carta.	Kann ich Ihnen behilflich sein, gnädige Frau / meine Dame? – Ja, ich finde die Pappteller nicht.
Scusi, dov'è il reparto biancheria?	Entschuldigen Sie, wo ist die Wäscheabteilung?
Che bei colori che hanno questi asciugamani di spugna!	Was für hübsche Farben haben diese Frotteehandtücher!
Sono ricamate a mano o a macchina queste lenzuola?	Sind diese Bettücher hand- oder maschinengestickt?
Gli strofinacci da cucina ci sono solo in confezioni da tre.	Küchentücher gibt es nur in der Dreierpackung.
Il reparto giocattoli è al terzo piano.	Die Spielzeugabteilung befindet sich auf der dritten Etage.
Al pianterreno ci sono le offerte speciali, andiamo a vedere se c'è qualcosa di conveniente.	Im Erdgeschoß gibt es die Sonderangebote, gehen wir mal nachsehen, ob es etwas Günstiges gibt.
Le sciarpe ed i foulard sono a prezzi ridottissimi.	Schals und Halstücher gibt es zu stark herabgesetzten Preisen.
Passiamo anche al piano di sotto, ci sono articoli di drogheria.	Gehen wir auch ins Tiefgeschoß, dort gibt es Drogerieartikel.
Devo prendere dei rotoli di carta igienica e un flacone di shampoo.	Ich muß ein paar Rollen Toilettenpapier und eine Flasche Shampoo besorgen.

Non ti dimenticare dei pannolini per il bambino.
Vergiß die Windeln für das Kind nicht.

Questa crema abbronzante è ad alta protezione?
Hat diese Bräunungscreme einen hohen Lichtschutzfaktor?

Mi servirebbe del latte detergente e una crema fluida per il corpo.
Ich bräuchte Reinigungsmilch und eine Körperlotion.

Scusi, dov'è la cassa? – E' vicino all'uscita.
Verzeihung, wo ist die Kasse? – Sie ist neben dem Ausgang.

7.3 Mercati

7.3 Märkte

Il mercato della frutta e della verdura è aperto tutti i giorni?
Ist jeden Tag Obst- und Gemüsemarkt?

Sì, ma solo di mattina.
Ja, aber nur vormittags.

Il venerdì c'è il mercato del pesce.
Freitags ist Fischmarkt.

Il mercato coperto è in piazza Dante.
Die Markthalle ist auf dem Danteplatz.

E' conveniente fare la spesa al mercato? – Sì, la roba non è cara, è fresca e si può scegliere bene.
Lohnt es sich, auf dem Markt einzukaufen? – Ja, die Ware ist preiswert und frisch, und man kann gut auswählen.

Prima di comprare conviene fare il giro delle bancarelle e confrontare i prezzi e la qualità.
Bevor man kauft, sollte man die Marktstände abgehen und Preise und Qualität vergleichen.

I prezzi sono fissi, ma verso l'orario di chiusura è possibile tirare sul prezzo ed avere degli sconti.
Die Preise sind fest, aber gegen Ende des Marktes ist es möglich, bei den Preisen zu handeln und Rabatt zu bekommen.

Una volta alla settimana in tutte le città e cittadine c'è il mercato.
Einmal pro Woche ist in allen größeren und kleineren Städten Markt.

Al mercato si trova di tutto: alimentari, vestiti, scampoli, fiori di plastica, etc.
Auf dem Markt gibt es alles: Lebensmittel, Kleidung, Stoffreste, Plastikblumen usw.

A Firenze il mercato c'è di martedì.
In Florenz ist dienstags Markt.

Le fiere sono dei grossi mercati che hanno luogo una o due volte l'anno, spesso in concomitanza con feste religiose o paesane.
Jahrmärkte sind große Märkte, die ein- oder zweimal jährlich stattfinden, oft in Verbindung mit religiösen oder ländlichen Festen.

Al mercato delle pulci si trova solo roba vecchia?
Findet man auf dem Flohmarkt nur altes Zeug?

Si trovano vestiti di seconda mano, libri usati ed anche oggetti di antiquariato.

Man findet dort Second-hand-Kleidung, antiquarische Bücher sowie Antiquitäten.

7.4.1 Alla posta

7.4.1 Auf der Post

Scusi, c'è un ufficio postale qui vicino? – Sì, ma a quest'ora è chiuso. Deve andare alla posta centrale.

Verzeihung, gibt es hier in der Nähe ein Postamt? – Ja, aber um diese Zeit ist es geschlossen. Sie müssen zur Hauptpost gehen.

Devo imbucare una lettera, dov'è la cassetta (o: buca) delle lettere più vicina?

Ich muß einen Brief einwerfen, wo ist der nächste Briefkasten?

Per i francobolli non occorre andare alla posta, si comprano in qualsiasi tabaccheria.

Wegen Briefmarken braucht man nicht zur Post zu gehen, man kann sie in jedem Tabakladen kaufen.

Dal tabaccaio si trovano anche le carte bollate e le marche da bollo.

Beim Tabakwarenverkäufer erhält man auch das Stempelpapier und die Stempelmarken.

Vorrei tre francobolli da 800 lire.

Ich möchte drei Briefmarken zu 800 Lire.

Questa busta non è della misura regolamentare.

Dieser Briefumschlag hat nicht die vorschriftsmäßige Größe.

La lettera non è sufficientemente affrancata; se la spedisce così, il destinatario dovrà pagare una soprattassa.

Der Brief ist nicht ausreichend frankiert; wenn Sie ihn so abschicken, wird der Empfänger Nachporto zahlen müssen.

Vorrei spedire questa lettera per raccomandata.

Ich möchte diesen Brief per Einschreiben verschicken.

Semplice o con ricevuta di ritorno?

Einfach oder gegen Rückschein?

Deve compilare la ricevuta. Scriva in stampatello il nome e l'indirizzo del mittente e del destinatario.

Sie müssen den Rückschein ausfüllen. Schreiben Sie Namen und Adresse des Absenders und des Empfängers in Druckbuchstaben.

Non dimentichi il codice di avviamento postale.

Vergessen Sie die Postleitzahl nicht.

Quanto costa mandare questa lettera per via aerea?

Was kostet es, diesen Brief per Luftpost aufzugeben?

Avete delle emissioni speciali di francobolli?

Haben Sie Sondermarken?

Dov'è lo sportello accettazione pacchi?
Wo ist die Paketannahme?

Vorrei mandare questo pacchetto all'estero.
Ich möchte dieses Päckchen ins Ausland schicken.

Lo posso spedire con le spese a carico del destinatario?
Kann ich es so verschicken, daß die Gebühr zu Lasten des Empfängers geht?

Vorrei fare un vaglia postale.
Ich möchte eine Postüberweisung vornehmen.

A quale sportello posso riscuotere questo vaglia telegrafico?
An welchem Schalter kann ich diese telegrafische Postanweisung einlösen?

Devo inviare un telegramma, mi dà un modulo?
Ich muß ein Telegramm aufgeben, geben Sie mir ein Formular?

Quanto costa a parola?
Was kostet es pro Wort?

Verrà consegnato entro oggi?
Wird es noch heute zugestellt?

Devo vedere se c'è posta per me al fermo posta.
Ich muß nachsehen, ob eine postlagernde Sendung für mich da ist.

A che ora passa il postino?
Um welche Zeit kommt der Briefträger (vorbei)?

7.4.2 Telefoni

7.4.2 Telefon

Posso usare il telefono?
Darf ich das Telefon benutzen?

C'è una cabina telefonica qui vicino?
Gibt es hier in der Nähe eine Telefonzelle?

Preferirei un telefono a scatti, perché non ho né gettoni né monete.
Ich hätte lieber ein Telefon mit Gebührenzähler, denn ich habe weder Telefonmünzen noch Kleingeld.

Quanti scatti ho fatto?
Wie viele Einheiten hatte ich?

Dov'è la SIP?
Wo ist das Telefonamt? (SIP = Società Italiana per l'Esercizio Telefonico / *italienische Telefongesellschaft)*

Devo telefonare in Germania, posso chiamare direttamente?
Ich muß nach Deutschland telefonieren, kann ich durchwählen?

Vorrei una scheda telefonica.
Ich hätte gern eine Telefon(magnet)-karte.

Potrei consultare l'elenco telefonico o le pagine gialle?
Dürfte ich etwas im Telefonbuch oder in den gelben Seiten nachschlagen?

Devo chiedere un'informazione al centralino.	Ich muß die Telefonvermittlung um eine Auskunft bitten.
Mi può dare il numero di un abbonato di Palermo?	Können Sie mir die Nummer eines Fernsprechteilnehmers in Palermo geben?
Qual è il prefisso di Roma?	Wie ist die Vorwahl von Rom?
Devo fare una chiamata in Australia, c'è il collegamento diretto o devo farla tramite centralino?	Ich muß nach Australien telefonieren, gibt es eine Direktverbindung oder geht es nur über die Telefonvermittlung?
Ho fatto una telefonata interurbana.	Ich habe ein Ferngespräch geführt.
Ieri ho telefonato a Giovanni; era tanto che non lo sentivo.	Gestern habe ich Johannes angerufen; ich habe so lange nichts von ihm gehört.
Mi dia un colpo di telefono, quando arriva.	Rufen Sie mich kurz an, wenn Sie ankommen.
Pronto? Vorrei parlare con il signor Bianchi.	Hallo? Ich möchte Herrn Bianchi sprechen.
Glielo passo subito; non riattacchi, attenda in linea.	Ich verbinde Sie sofort (mit ihm); legen Sie nicht auf, bleiben Sie am Apparat.
Signor Bianchi, La desiderano al telefono.	Herr Bianchi, Sie werden am Telefon verlangt.
C'è una telefonata per Lei.	Da ist ein Gespräch für Sie.
E' una chiamata a carico del ricevente, la accetta?	Es ist ein R-Gespräch, nehmen Sie es an?
Se telefona qualcuno per me, ditegli di lasciare il suo numero; lo richiamerò appena possibile.	Falls jemand für mich anruft, sagt ihm, er möchte seine Nummer hinterlassen; ich werde so bald wie möglich zurückrufen.
Carlo, ti vogliono al telefono.	Karl, du wirst am Telefon verlangt.
Credo che abbia sbagliato numero, qui è casa Ferri.	Ich glaube, Sie sind falsch verbunden, hier ist Ferri.
Sta squillando il telefono, vai a rispondere tu?	Das Telefon klingelt, gehst du dran?
Non sento niente, la linea è disturbata.	Ich höre nichts, die Verbindung ist gestört.
Riattacchi e provi a rifare il numero.	Legen Sie auf und versuchen Sie, neu zu wählen.
E' caduta la linea.	Die Verbindung ist weg.
La linea è occupata.	Die Leitung ist besetzt.

Il numero è sempre occupato, forse hanno staccato il telefono.

Die Nummer ist immer besetzt, vielleicht haben sie den Hörer abgenommen.

Faccia il numero delle chiamate urgenti, entrerà direttamente in comunicazione.

Wählen Sie die Notrufnummer, Sie werden direkt verbunden.

La linea è libera, ma non risponde nessuno. Riproverò più tardi.

Die Leitung ist frei, aber es meldet sich niemand. Ich werde es später nochmal versuchen.

Il signor X non era in casa, ho lasciato un messaggio sulla segreteria telefonica.

Herr X war nicht zu Hause, ich habe eine Nachricht auf dem Anrufbeantworter hinterlassen.

7.5.1 In banca

7.5.1 In der Bank

Qual è l'orario di apertura delle banche?

Wie sind die Öffnungszeiten der Banken?

Questa banca ha agenzie in tutte le città italiane ed alcune sedi all'estero.

Diese Bank hat in allen italienischen Städten Filialen und einige Auslandsniederlassungen.

Ha già un conto in banca? – No, vorrei aprire un conto corrente o un libretto di risparmio. Che interessi praticate?

Haben Sie schon ein Bankkonto? – Nein, ich möchte ein Girokonto oder ein Sparbuch eröffnen. Welche Zinsen gewähren Sie?

Se apre un libretto di risparmio percepirà un interesse del 4%.

Wenn Sie ein Sparbuch eröffnen, erhalten Sie 4% Zinsen.

Con il Bancomat può prelevare il Suo denaro a qualsiasi ora in ogni cassa continua.

Mit der Eurocheque-Karte können Sie jederzeit an jedem Geldautomaten Geld abheben.

Quali sono le spese di commissione per i diversi servizi?

Wie hoch sind die Bearbeitungsgebühren für die verschiedenen Dienstleistungen?

Preferisce ricevere l'estratto conto dopo ogni operazione o una volta al mese?

Möchten Sie den Kontoauszug nach jedem Buchungsvorgang oder einmal im Monat bekommen?

L'importo delle bollette viene detratto dal mio conto.

Der Rechnungsbetrag wird von meinem Konto abgebucht.

Vorrei fare un prelievo / un versamento.

Ich möchte gern Geld abheben / einzahlen.

Compili questo modulo e poi vada alla cassa.

Füllen Sie dieses Formular aus und gehen Sie damit zur Kasse.

Vorrei depositare questo denaro sul mio conto.
Ich möchte dieses Geld auf meinem Konto anlegen.

I rimborsi vengono fatti solo all' intestatario del conto.
Rückzahlungen erfolgen nur an den Kontoinhaber.

Vorrei riscuotere questo assegno circolare.
Ich möchte diesen Orderscheck einlösen.

E' possibile girare questo assegno?
Ist es möglich, diesen Scheck zu übertragen?

Questo assegno è scoperto, non lo possiamo cambiare.
Dieser Scheck ist ungedeckt, wir können ihn nicht einlösen.

Versi questo assegno sul mio conto.
Verbuchen Sie diesen Scheck auf meinem Konto.

L'ha già firmato sul retro?
Haben Sie ihn bereits auf der Rückseite unterschrieben?

Che possibilità ci sono di ottenere un prestito?
Welche Möglichkeiten gibt es, ein Darlehen zu erhalten?

Per ottenere una carta di credito bisogna offrire delle solide garanzie.
Um eine Kreditkarte zu bekommen, muß man feste Sicherheiten bieten.

Vorrei prendere in affitto una cassetta di sicurezza.
Ich möchte gern ein Schließfach mieten.

Vorrei estinguere (o: chiudere) il mio conto.
Ich möchte mein Konto auflösen.

7.5.2 Cambio

7.5.2 Geldwechsel

Dov'è lo sportello del cambio?
Wo ist der Schalter für Geldwechsel?

Qual è la quotazione del marco?
Wie ist die Kursnotierung für die D-Mark?

A quanto sta il franco svizzero?
Wie steht der Schweizer Franken?

Qual è il corso dello scellino austriaco?
Wie ist der Kurs des österreichischen Schillings?

Il cambio non è molto favorevole, ma purtroppo non posso aspettare che il valore del marco salga.
Der Kurs ist nicht sehr günstig, aber leider kann ich nicht warten, bis der Wert der D-Mark steigt.

Quanto trattenete di commissione?
Wie viele Gebühren ziehen Sie ab?

Vorrei cambiare mille marchi, quanto fanno in lire?
Ich möchte tausend Mark wechseln, wieviel sind das in Lire?

700000 lire. Come le vuole? In banconote da 100000 o da 50000?	700000 Lire. Wie möchten Sie sie? In 100000- oder 50000-Lire-Scheinen?
Mi dia sei biglietti da 100000 e il resto in biglietti da 10000.	Geben Sie mir sechs 100000-Lire-Scheine und den Rest in 10000-Lire-Scheinen.
Il marco è in discesa sui mercati valutari.	An den Devisenmärkten fällt die D-Mark.
La quotazione dello scellino è salita di alcuni punti.	Die Kursnotierung des Schillings ist um einige Punkte gestiegen.
Il franco svizzero ha registrato un nuovo aumento.	Der Schweizer Franken verzeichnete erneut einen Kursanstieg.

7.6 Prezzi / 7.6 Preise

Il costo della vita è molto alto in questo paese.	Die Lebenshaltungskosten sind in diesem Land sehr hoch.
I prezzi sono in continuo aumento.	Die Preise steigen ständig.
Il prezzo dell'oro è salito alle stelle.	Der Goldpreis ist astronomisch gestiegen.
I prezzi stanno calando.	Die Preise fallen gerade.
E' diminuito il prezzo del petrolio.	Der Erdölpreis ist gefallen.
Il prezzo di alcune materie prime è crollato.	Der Preis einiger Rohstoffe ist zusammengebrochen.
Il prezzo di queste merci è controllato, rimarrà stabile fino all'anno prossimo.	Der Preis dieser Waren ist unter Kontrolle, er wird bis zum nächsten Jahr stabil bleiben.
L'inflazione è scesa al 3%.	Die Inflation ist auf 3% gesunken.
Negli ultimi mesi il tasso di inflazione è aumentato del 2%.	In den letzten Monaten ist die Inflationsrate um 2% gestiegen.
Non conviene fare acquisti qui; questa è la via più cara del centro.	Hier kauft man besser nichts; dies ist die teuerste Straße der Innenstadt.
Mi chiedo chi può permettersi di spendere certe cifre.	Ich frage mich, wer es sich leisten kann, solche Summen auszugeben.
Questo negozio non è caro, ha prezzi alla portata di tutti.	Dieses Geschäft ist nicht teuer, es hat Preise, die für jeden erschwinglich sind.
Ho comprato queste scarpe ad un prezzo irrisorio.	Ich habe diese Schuhe zu einem Spottpreis gekauft.
Questo frigorifero viene venduto a prezzo di realizzo.	Dieser Kühlschrank wird zu einem Schleuderpreis verkauft.

Qual è il prezzo di questa macchina?	Was kostet dieses Auto?
L'IVA (imposta sul valore aggiunto) è inclusa nel prezzo?	Ist die MWSt. (Mehrwertsteuer) im Preis inbegriffen?
Mi fa un prezzo di favore o uno sconto?	Machen Sie mir einen Sonderpreis oder bekomme ich Rabatt?
Ci sono modalità di acquisto più favorevoli?	Gibt es günstigere Kaufbedingungen?
Accettate un pagamento a rate?	Akzeptieren Sie Ratenzahlung?
Il pagamento è alla consegna o bisogna pagare in anticipo?	Soll die Bezahlung bei Lieferung erfolgen, oder muß man im voraus zahlen?
Si deve pagare un anticipo?	Muß eine Vorauszahlung geleistet werden?
Devo lasciare un acconto?	Muß ich eine Anzahlung leisten?
Posso pagare con la carta di credito? – No, deve pagare in contanti.	Kann ich mit Kreditkarte bezahlen? – Nein, Sie müssen bar bezahlen.
In questo negozio non si accettano assegni e non si fa credito.	In diesem Geschäft werden keine Schecks angenommen, und es wird kein Kredit gewährt.
Con questa casa mi sono indebitato fino al collo: mi è costata quasi mezzo miliardo.	Mit diesem Haus habe ich mich bis zum Hals verschuldet: es hat mich fast eine halbe Milliarde (Lire) gekostet.
Devo fare economia, sono sommerso dai debiti.	Ich muß sparen, ich werde von den Schulden erdrückt.
Per comprare la macchina ho firmato delle cambiali.	Um das Auto zu kaufen, habe ich Wechsel unterschrieben.
Non ho i mezzi per permettermi certi lussi.	Ich habe nicht die Mittel, um mir einen solchen Luxus leisten zu können.
Vive al di sopra dei suoi mezzi.	Er/sie lebt über seine/ihre Verhältnisse.
Che conto salato! Non credevo che qui si spendesse così tanto!	Was für eine gesalzene Rechnung! Ich habe nicht geglaubt, daß man hier soviel ausgeben würde!
Deve essersi sbagliato: credo di aver pagato più del dovuto.	Sie müssen sich verrechnet haben: Ich glaube, daß ich mehr gezahlt habe, als der Betrag ausmacht.
Si è dimenticata di darmi il resto.	Sie haben vergessen, mir den Rest herauszugeben.
Ho speso un sacco di soldi per questo vestito.	Ich habe einen Haufen Geld für dieses Kleid ausgegeben.

Per il mangiare spendo 200000 lire alla settimana.

Für das Essen gebe ich pro Woche 200000 Lire aus.

8. Mangiare e bere

8. Essen und Trinken

8.1 Cibi

8.1 Speisen

8.1.1 Pasta e riso

8.1.1 Nudeln und Reis

L'acqua bolle, è ora di buttare la pasta.

Das Wasser kocht, es ist Zeit, die Nudeln hineinzugeben.

Non far scuocere la pasta, a me piace al dente.

Laß die Nudeln nicht verkochen, ich mag sie gern al dente *(beißfest)*.

Hai già scolato la pasta?

Hast du die Nudeln schon abgegossen?

La ripassiamo in padella o ciascuno la condisce nel suo piatto?

Schwenken wir sie in der Pfanne, oder richtet jeder sie sich auf seinem Teller an?

Vuoi il formaggio grattugiato sulla pasta?

Willst du geriebenen Käse über die Nudeln?

Mangiare gli spaghetti con il cucchiaio e la forchetta non è molto elegante.

Es ist nicht sehr fein, Spaghetti mit Löffel und Gabel zu essen.

Che differenza c'è fra i vari tipi di pasta?

Welcher Unterschied besteht zwischen den verschiedenen Nudelsorten?

Per quel che riguarda gli ingredienti, nessuna: è tutta fatta con grano duro ed acqua (ad eccezione di quella all'uovo).

Was die Zutaten anbelangt, keiner: alle Nudeln (außer den Eiernudeln) werden aus Hartweizen und Wasser hergestellt.

Alcuni tipi di pasta sono più adatti a certi sughi: le penne si fanno spesso all'arrabbiata, i bucatini all'amatriciana, le fettuccine al ragù, etc.

Einige Nudelsorten passen zu bestimmten Soßen am besten: „Penne" bereitet man oft mit einer sehr pikanten Soße zu, „Bucatini" mit einer Tomaten-Specksoße, Bandnudeln mit Fleischsoße usw.

Questo sugo è molto piccante, quanti peperoncini ci hai messo?

Diese Soße ist sehr scharf gewürzt, wie viele Peperoni hast du hineingetan?

La pasta è ricca di carboidrati.	Nudeln sind reich an Kohlehydraten.
Per fare il risotto bisogna far rosolare nel burro una cipolla tritata, unirvi il riso e aggiungere man mano del brodo ben caldo.	Für einen Risotto muß man eine gehackte Zwiebel in Butter anbraten, den Reis ergänzen und nach und nach kochendheiße Brühe hinzufügen.
Ho mal di stomaco, mangerò solo un po' di riso in bianco (con burro o olio e formaggio).	Ich habe Magenschmerzen, ich werde nur ein bißchen Reis mit Butter (oder Öl) und Käse essen.
Questo riso non tiene la cottura: si scuoce subito.	Dieser Reis darf nicht lange gekocht werden: er verkocht sofort.
Il riso integrale contiene molte più vitamine di quello brillato.	Vollwertreis enthält weitaus mehr Vitamine als polierter Reis.

8.1.2 Carne / *8.1.2 Fleisch*

Io preferisco la carne di maiale, anche se è più grassa di quella di manzo o di vitello.	Ich esse lieber Schweinefleisch, auch wenn es fetter ist als Rind- oder Kalbfleisch.
Adoro le salsicce cotte sulla griglia.	Ich mag unheimlich gern Bratwürstchen vom Grill.
Se vuoi dimagrire, non dovresti mangiare gli insaccati, contengono molte calorie.	Wenn du abnehmen willst, dürftest du keine Wurst essen, sie enthält viele Kalorien.
Non uso il lardo come condimento, i grassi animali sono dannosi per la salute.	Ich verwende keinen Speck zum Würzen, die tierischen Fette sind gesundheitsschädlich.
Per il sugo all'amatriciana ci vuole la pancetta affumicata o quella arrotolata?	Braucht man für die Tomaten-Specksoße geräucherten Schweinebauch oder Schinkenspeck?
Non credo che riuscirai a mangiare una bistecca alla fiorentina da solo, pesa quasi mezzo chilo!	Ich glaube nicht, daß es dir gelingen wird, allein ein Florentiner Steak (T-Bone-Steak) zu essen, es wiegt fast ein Pfund!
La carne al sangue non mi piace, la preferisco ben cotta.	Ich mag das Fleisch nicht englisch, ich habe es lieber gut durchgebraten
Ai miei bambini piacciono molto le fettine impanate.	Meine Kinder essen gern panierte Schnitzel.
Il filetto al pepe verde ha un gusto molto delicato.	Filetsteak mit grünem Pfeffer schmeckt sehr delikat.

Questa sera mi tengo leggero, mangerò una bistecca ai ferri e un'insalata.

Heute abend halte ich eine leichte Diät, ich werde ein gegrilltes Steak und einen Salat essen.

Il bollito (o: lesso) è molto buono con la salsa verde.

Gekochtes Rindfleisch schmeckt sehr gut mit grüner Sauce.

Non mi piace né il carpaccio né la tartara; non mangio carne cruda.

Ich mag weder Carpaccio noch Tatar; ich esse kein rohes Fleisch.

Che squisitezza questo fegato alla veneziana!

Diese Leber auf venezianische Art ist einfach köstlich!

A me le frattaglie non piacciono.

Ich mag keine Innereien.

Devi assaggiare la trippa alla parmigiana, vedrai che cambierai idea.

Du mußt Kutteln mit Parmesan und Tomatensoße probieren, du wirst sehen, daß du deine Meinung ändern wirst.

Lo spezzatino in umido con le patate è un piatto molto saporito.

Gulasch mit Kartoffeln ist ein sehr schmackhaftes Gericht.

Preferisci il petto o il coscio del pollo?

Magst du vom Hähnchen lieber Brust oder Schenkel?

Mangio molto volentieri la carne di agnello.

Ich esse sehr gerne Lammfleisch.

Bisogna togliere la carne dal fuoco, credo che sia cotta.

Das Fleisch muß vom Herd genommen werden, ich glaube, es ist gar.

Bisogna girare la carne, altrimenti si attacca.

Das Fleisch muß gewendet werden, sonst setzt es an.

E' bruciato l'arrosto!

Der Braten ist angebrannt!

Non posso mangiare molta carne, ho il colesterolo alto.

Ich darf nicht viel Fleisch essen, ich habe einen hohen Cholesterinspiegel.

8.1.3 Pesce

8.1.3 Fisch

Dove si può comprare del pesce fresco?

Wo kann man frischen Fisch kaufen?

Al mercato o in pescheria. Per tradizione il pesce più fresco lo si trova di venerdì.

Auf dem Markt oder im Fischgeschäft. Traditionsgemäß gibt es freitags den frischesten Fisch.

Sono fresche queste vongole? – Sono appena pescate.

Sind diese Muscheln frisch? – Sie wurden soeben gefischt.

Vorrei un chilo di seppie. Me le può pulire Lei?

Ich hätte gern ein Kilo Tintenfisch. Können Sie ihn mir putzen?

Con l'inchiostro delle seppie si può fare un ottimo risotto.	Mit der Tinte der Tintenfische kann man einen ausgezeichneten Risotto machen.
Che cosa ci vuole per fare una buona zuppa di pesce?	Was braucht man für eine gute Fischsuppe?
Vorrei delle sardine per la frittura di pesce.	Ich hätte gern Sardinen für eine Fischfritüre.
Le piace di più il pesce d'acqua salata o d'acqua dolce?	Mögen Sie lieber Salzwasser- oder Süßwasserfische?
Preferisco il pesce senza troppe lische (o: spine) come il tonno fresco e il palombo.	Ich mag lieber Fisch, der nicht so viele Gräten hat, wie frischen Thunfisch oder Glatthai.
Il baccalà, lo stoccafisso e le anguille marinate sono pietanze tipiche per la vigilia di Natale.	Klippfisch, Stockfisch und saurer Aal sind typische Gerichte zum Heiligabend.
Per antipasto possiamo fare un' insalata di frutti di mare.	Als Vorspeise können wir einen Salat aus Meeresfrüchten machen.
Le cozze, come le ostriche, si mangiano anche crude spruzzate con succo di limone.	Miesmuscheln und Austern ißt man auch roh, mit Zitronensaft beträufelt.
Bisogna badare alla freschezza e alla provenienza delle cozze, perché possono essere contaminate da salmonelle.	Man muß auf die Frische und Herkunft der Muscheln achten, da sie mit Salmonellen verseucht sein können.
I molluschi non mi piacciono, sono invece ghiotto di crostacei, come scampi, gamberi ed aragoste.	Weichtiere mag ich nicht, aber Krustentiere wie Scampi, Krebse, Hummer und Langusten esse ich sehr gern.
In Italia è difficile trovare del salmone fresco.	In Italien ist es schwierig, frischen Lachs zu bekommen
Vicino a casa mia c'è un laghetto artificiale dove vengono allevate trote, lucci e carpe.	Bei mir in der Nähe befindet sich ein künstlich angelegter Teich, in dem Forellen, Hechte und Karpfen gezüchtet werden.
Il sapore del pesce fresco non si può comparare con quello del pesce surgelato.	Den Geschmack von frischem Fisch kann man mit dem von Tiefkühlfisch nicht vergleichen.
Cotto a vapore, il pesce mantiene intatte le sue proprietà nutritive.	Gedünsteter Fisch bewahrt seine Nährstoffe.
Con il tonno in scatola e le acciughe sotto sale si può fare un ottimo sugo per la pasta.	Mit Thunfisch aus der Dose und eingelegten Sardellen kann man eine hervorragende Nudelsoße machen.

8.1.4 Verdura	*8.1.4 Gemüse*
Ho sempre verdura fresca in casa, perché ho un piccolo orto dove coltivo insalata ed altri ortaggi.	Ich habe immer frisches Gemüse im Haus, weil ich einen kleinen Garten habe, in dem ich Salat und andere Gemüsesorten anbaue.
Molta della verdura venduta al mercato è trattata chimicamente ed è piena di conservanti.	Ein großer Teil des Gemüses, das auf dem Markt verkauft wird, ist chemisch behandelt und voller Konservierungsstoffe.
Gli ortaggi provenienti da coltivazioni biologiche sono cari, ma almeno sono sani e genuini.	Das aus biologischem Anbau stammende Gemüse ist teuer, aber es ist wenigstens gesund und unbehandelt.
Sono vegetariano ed ho imparato a fare con la verdura dei piatti molto invitanti.	Ich bin Vegetarier und habe gelernt, aus Gemüse sehr leckere Speisen zu bereiten.
D'inverno preparo pietanze a base di cavolfiori, verze, cavolini di Bruxelles, cavolo nero e cime di rapa.	Im Winter bereite ich Gerichte aus Blumenkohl, Wirsing, Rosenkohl, Grünkohl und Rübensprossen zu.
I cavoli sono buoni sia come contorno, sia per preparare minestre saporite ed appetitose.	Kohl eignet sich gut als Beilage oder zur Zubereitung schmackhafter und appetitlicher Suppen.
I broccoli mi piacciono saltati in padella con aglio e olio.	Brokkoli mag ich gern mit Knoblauch und Öl in der Pfanne sautiert.
Gli spinaci e la cicoria li preferisco all'agro.	Spinat und Chicorée schmecken mir besser sauer eingelegt.
Per fare un buon passato di verdure ci vogliono fagioli, bietole, sedano, carote ed altre verdure a seconda della stagione.	Zur Zubereitung eines guten Gemüsepürees braucht man weiße Bohnen, Mangold, Sellerie, Möhren und andere Gemüsesorten der Saison.
Le patate si possono cucinare in vari modi: lessate, fritte, in umido e al forno.	Kartoffeln kann man auf vielerlei Art zubereiten: gekocht, gebraten, geschmort und im Ofen überbacken.
Ai bambini piace molto il purè di patate.	Kinder mögen gern Kartoffelpüree.
Per gli gnocchi ci vogliono le patate novelle.	Für die Zubereitung von Gnocchi braucht man neue Kartoffeln.

Che ne diresti di una frittata di carciofi?	Was hältst du von einem Artischokken-Omelette?
Le zucchine le facciamo trifolate (con aglio e prezzemolo).	Zucchini schneiden wir ganz fein und bereiten sie mit Knoblauch und Petersilie zu.
Che buoni questi pomodori ripieni!	Was schmecken diese gefüllten Tomaten gut!
Non posso mangiare molto aglio e molta cipolla, con il mio lavoro devo avere sempre l'alito fresco.	Ich kann nicht viel Knoblauch und viele Zwiebeln essen, bei meiner Arbeit muß ich immer frischen Atem haben.
Nella cucina italiana si usano molte erbe aromatiche: basilico, timo, maggiorana, origano, finocchio selvatico, erba cipollina, aneto, crescione, etc.	In der italienischen Küche werden viele Gewürzkräuter verwendet: Basilikum, Thymian, Majoran, Oregano, wilder Fenchel, Schnittlauch, Dill, Kresse usw.
Davanti casa ho dei cespugli di salvia e di rosmarino.	Vor dem Haus habe ich Salbei- und Rosmarinstauden.

8.2 Bevande / 8.2 Getränke

8.2.1 Vini e spumanti / *8.2.1 Weine und Schaumweine*

Durante i pasti bevo sempre un bicchiere o due di vino.	Zu den Mahlzeiten trinke ich immer ein oder zwei Gläser Wein.
Non compro il vino imbottigliato; compro il mosto da un contadino e lo faccio stagionare nella mia cantina.	Ich kaufe keine Flaschenweine; ich kaufe den Most beim Bauern und lagere ihn in meinem Weinkeller.
Il vino novello ancora in fermentazione e frizzantino è molto buono gustato con le caldarroste.	Der Federweiße / neue Wein, der noch arbeitet und prickelt, schmeckt sehr gut zu gerösteten Kastanien.
Preferisco i vini secchi a quelli dolci.	Ich trinke lieber herbe Weine als liebliche.
Il vino bianco è spesso più sofisticato di quello rosso.	Weißwein ist oft mehr gepanscht als Rotwein.
Di che annata è questo vino?	Was für ein Jahrgang ist dieser Wein?
E' un chianti molto pregiato della vendemmia '87.	Es ist ein sehr wertvoller Chianti aus der '87er Weinernte.
E' ottimo, ha un sapore asciutto ed un profumo intenso.	Er ist ausgezeichnet, er ist trocken und hat ein kräftiges Bukett.

Questo vino corposo è particolarmente adatto alla carne di agnello.	Dieser vollmundige Wein eignet sich besonders zu Lammfleisch.
Il vino rosso va servito a temperatura ambiente ed aperto circa un'ora prima del consumo.	Rotwein soll bei Raumtemperatur serviert und etwa eine Stunde vor der Verköstigung geöffnet werden.
Il vino bianco, servito freddo, si accompagna bene al pesce.	Weißwein, kühl serviert, paßt gut zu Fisch.
L'invecchiamento di questo vino avviene in botti di rovere.	Die Lagerung dieses Weines erfolgt in Eichenfässern.
Che gradazione alcolica ha questo vino?	Welchen Alkoholgehalt hat dieser Wein?
Questo vino sa di tappo.	Dieser Wein schmeckt nach Korken.
E' un vino da tavola scadente.	Es ist ein minderwertiger Tafelwein.
La denominazione di origine controllata (D.O.C.) garantisce la provenienza e la qualità delle uve con cui viene prodotto il vino di una determinata zona.	Die Bezeichnung „Qualitätswein aus bestimmten Anbaugebieten" (QbA) garantiert die Herkunft und Qualität der Trauben, aus denen der Wein eines bestimmten Anbaugebiets gewonnen wird.
Ieri sera ho bevuto troppo, stamattina mi sono svegliato con un mal di testa terribile.	Gestern abend habe ich zuviel getrunken, heute morgen bin ich mit schrecklichen Kopfschmerzen aufgewacht.
Questo vino è molto forte, va subito alla testa.	Dieser Wein ist sehr stark, er steigt sofort zu Kopf.
Io non bevo, sono astemio.	Ich trinke nicht, ich bin Abstinenzler.
Le verso ancora un po' di vino?	Darf ich Ihnen noch etwas Wein nachschenken?
Solo due dita, non mi riempia il bicchiere.	Nur einen winzigen Schluck / 2 Fingerbreit, machen Sie mir das Glas nicht mehr voll.
No, non reggo l'alcol, ho bevuto già abbastanza.	Nein, ich bin nicht trinkfest, ich habe bereits genug getrunken.
Non posso bere, soffro di fegato.	Ich darf nicht trinken, ich bin leberkrank.
No, per carità! Lei mi vuole mandare a casa ubriaco!	Nein, um Himmels willen! Sie wollen mich wohl betrunken nach Hause schicken!
Abbiamo festeggiato la bella occasione aprendo una bottiglia di champagne.	Wir haben den freudigen Anlaß mit einer Flasche Champagner gefeiert.

Facciamo un brindisi! Cin cin! Salute!

Laßt uns einen Toast ausbringen! Prost! Zum Wohl!

8.2.2 Birra

8.2.2 Bier

Quando è molto caldo preferisco bere birra.

Wenn es sehr heiß ist, trinke ich lieber Bier.

Una bella birra fredda toglie la sete.

Ein schönes kühles Bier löscht den Durst.

Preferisce birra chiara, scura, o rossa?

Mögen Sie lieber helles, dunkles oder Exportbier?

Mi piace molto la birra al doppio malto.

Ich trinke sehr gern Bockbier.

Nelle birrerie si trova birra alla spina, in bottiglia e in lattina.

In den Bierlokalen gibt es Bier vom Faß, Flaschen- und Dosenbier.

Le birre estere sono normalmente più care di quelle nazionali.

Ausländische Biere sind normalerweise teurer als inländische.

Non bevo volentieri birra, mi gonfia lo stomaco.

Ich trinke nicht gern Bier, es bläht mir den Magen so auf.

Non riesco a bere più di una canadese.

Ich schaffe nicht mehr als eine kleine Flasche Bier.

In Germania la birra si beve anche in boccali da un litro.

In Deutschland trinkt man Bier auch aus Literkrügen.

8.2.3 Liquori e superalcolici

8.2.3 Liköre und Spirituosen

I superalcolici sono bevande che hanno una gradazione alcolica superiore al 21%.

Spirituosen sind Getränke mit einem Alkoholgehalt von über 21%.

Prende un bicchierino?

Nehmen Sie ein Gläschen?

Preferisce un whisky, un cognac o una vodka?

Mögen Sie lieber einen Whisky, einen Cognac oder einen Wodka?

Ho dimenticato di mettere in frigo i bicchierini da vodka.

Ich habe vergessen, die Wodkagläser in den Kühlschrank zu legen.

Il whisky lo preferisce liscio o con ghiaccio?

Wollen Sie den Whisky lieber pur oder mit Eis?

I whisky scozzesi sono considerati i migliori.	Schottische Whiskys sollen die besten sein.
Non bevo volentieri liquori forti.	Ich trinke nicht gern harte Getränke.
Le signore forse preferiscono qualcosa di più leggero: un amaretto (che non è un amaro), uno sherry, un porto.	Vielleicht möchten die Damen lieber etwas Leichteres: einen Mandellikör (kein Bitter), einen Sherry, einen Portwein.
Prendo volentieri una sambuca.	Ich nehme gern einen Anislikör.
La grappa è un'acquavite ricavata dalla distillazione delle vinacce.	Grappa ist ein Branntwein, der aus der Destillation von Trester gewonnen wird.
Ci facciamo un grappino? Ho dell' ottima grappa bianca.	Trinken wir ein Gläschen Grappa? Ich habe ausgezeichneten weißen Grappa da.
Il brandy va centellinato e riscaldato con il palmo della mano.	Brandy trinkt man schlückchenweise und erwärmt ihn in der Handfläche.
Dopo pranzo bevo volentieri un amaro; aiuta la digestione e toglie quel senso di pesantezza che si ha dopo mangiato.	Nach dem Essen trinke ich gern einen Magenbitter; er fördert die Verdauung und nimmt dieses Völlegefühl, das man nach dem Essen hat.
Gli amari sono a base di spezie o erbe medicamentose infuse o macerate.	Magenbitter/Bitterliköre bestehen in der Grundsubstanz aus Gewürzen oder einem Heilkräuteraufguß oder -extrakt.
Gli amari non sono tutti uguali: ci sono gli amarissimi, gli amari aromatici ed altri con un aroma intenso ma solo una lieve amarezza.	Bitterliköre schmecken nicht alle gleich: es gibt ganz bittere, würzige und noch andere mit einem kräftigen Aroma, jedoch nur leichtem Bittergeschmack.
Con gli amari si possono fare anche aperitivi, cocktails e, con tanto ghiaccio, long drinks.	Mit Bitterlikören kann man auch Aperitifs, Cocktails und, mit viel Eis, Longdrinks mixen.
Il gin è un'ottima base per cocktails dissetanti.	Gin ist eine ausgezeichnete Grundlage für durstlöschende Cocktails.
Prendiamo un aperitivo, per stimolare l'appetito.	Nehmen wir einen Aperitif, um den Appetit anzuregen.
Prenda anche delle olive, delle patatine o delle noccioline tostate.	Nehmen Sie auch ein paar Oliven, Kartoffelchips oder geröstete Erdnüsse.
I biscotti di Prato sono buonissimi inzuppati nel vin santo.	Mandelgebäck aus Prato schmeckt sehr gut, wenn man es in Vinsanto (Likörwein) taucht.

8.2.4 Analcolici	*8.2.4 Alkoholfreie Getränke*
Muoio di sete, devo assolutamente bere qualcosa.	Ich sterbe vor Durst, ich muß unbedingt etwas trinken.
Se vuoi, ho una lattina di succo di pompelmo.	Wenn du möchtest, ich habe eine Dose Grapefruitsaft.
No, preferisco dell'acqua. C'è una fontanella nei dintorni?	Nein, ich trinke lieber Wasser. Gibt es hier in der Nähe einen Brunnen?
Quest'acqua è potabile, ma ha un forte sapore di cloro.	Das ist zwar Trinkwasser, aber es schmeckt arg nach Chlor.
L'acqua minerale la vuole gassata o naturale?	Wollen Sie das Mineralwasser mit oder ohne Kohlensäure?
Qui vicino c'è un chiosco di bibite dove hanno di tutto: succhi di frutta, aranciate, limonate, e fanno anche spremute.	Hier in der Nähe gibt es einen Getränkekiosk, an dem man alles bekommt: fertige Obstsäfte, Orangen- und Zitronenlimonade und sogar frisch ausgepreßte Fruchtsäfte.
Una spremuta di limone con ghiaccio è quel che ci vuole per togliere la sete.	Ein frisch gepreßter Zitronensaft mit Eis ist genau das richtige, um den Durst zu löschen.
Secondo me le bibite gassate non tolgono la sete, anzi la mettono.	Meiner Meinung nach löschen kohlensäurehaltige Getränke nicht den Durst, sondern im Gegenteil: sie machen durstig.
Non so se prendere un'aranciata amara o un chinotto.	Ich weiß nicht, ob ich einen bitteren Orangensaft oder einen Chinotto trinken soll.
Quasi quasi prendo un'acqua brillante.	Vielleicht nehme ich ein Tonicwasser.
I succhi di frutta qui sono così densi perché contengono anche la polpa della frutta.	Diese Fruchtsäfte hier sind so dickflüssig, weil sie auch das Fruchtfleisch enthalten.
Il latte freddo con lo sciroppo di menta è una bevanda molto refrigerante.	Kalte Milch mit Pfefferminzsirup ist ein sehr erfrischendes Getränk.
Mi faccio spesso dei frullati di frutta.	Ich mache mir oft Fruchtmixgetränke.
Per farmi passare la sete io bevo il tè freddo.	Um den Durst zu stillen, trinke ich kalten Tee.

Prima di andare al letto mi faccio quasi sempre una camomilla o una tisana.

Vor dem Schlafengehen mache ich mir fast immer einen Kamillen- oder Kräutertee.

8.3 Pasti

8.3 Mahlzeiten

8.3.1 Colazione

8.3.1 Frühstück

Lei fa colazione la mattina?

Frühstücken Sie morgens?

No, bevo solo un caffè.

Nein, ich trinke nur einen Kaffee.

Come fa a resistere fino all'ora di pranzo a stomaco vuoto?

Wie halten Sie es bis zum Mittagessen mit leerem Magen aus?

E' abitudine, credo. A volte, però, verso le dieci vado al bar e mangio qualcosa.

Ich glaube, das ist Gewohnheit. Manchmal gehe ich aber gegen zehn in die Bar und esse etwas.

Pochi italiani fanno colazione; la maggior parte prende una tazzina di caffè e basta.

Wenige Italiener frühstücken; die meisten trinken ein Täßchen Kaffee und fertig.

Se non prendo il caffè, la mattina non riesco a svegliarmi.

Wenn ich keinen Kaffee trinke, werde ich morgens nicht wach.

Io faccio colazione con caffè d'orzo e fette biscottate o pane tostato.

Ich frühstücke mit Malzkaffee und Zwieback oder Toastbrot.

In Germania si fa una colazione più abbondante con tè o caffè, panini di diversi cereali, miele, burro, formaggio, affettati, uova alla coque o uova strapazzate.

In Deutschland frühstückt man üppiger: mit Tee oder Kaffee, Brötchen aus verschiedenen Getreidesorten, Honig, Butter, Käse, Aufschnitt, weich gekochten Eiern oder Rühreiern.

L'acqua per il tè bolle, dov'è la teiera?

Das Teewasser kocht, wo ist die Teekanne?

Purtroppo ho solo tè in bustine.

Leider habe ich nur Teebeutel da.

La domenica facciamo colazione più tardi e con più calma.

Sonntags frühstücken wir später und mit mehr Ruhe.

8.3.2 Pranzo e cena

8.3.2 Mittag- und Abendessen

A che ora pranzate normalmente?	Um wieviel Uhr eßt ihr normalerweise zu Mittag?
Verso l'una, quando i ragazzi tornano dalla scuola.	Gegen eins, wenn die Kinder aus der Schule kommen.
Io mangio fuori perché non faccio in tempo a tornare a casa per pranzo.	Ich esse auswärts, weil ich es nicht schaffe, rechtzeitig zum Mittagessen nach Hause zu kommen.
Il pranzo consiste generalmente in un primo, pasta o minestra, e in un secondo, carne, uova o affettati con un contorno.	Das Mittagessen besteht im allgemeinen aus einem ersten Gang, Nudeln oder Suppe, und einem zweiten Gang, Fleisch, Eiern oder Aufschnitt mit einer Beilage.
A fine pranzo si mangia in genere della frutta.	Zum Abschluß des Mittagessens ißt man gewöhnlich Obst.
Che cosa c'è per pranzo oggi? Ho un languorino allo stomaco!	Was gibt es heute zum Mittagessen? Mir ist schon ganz flau im Magen!
Non vedo l'ora di andare a tavola, ho una fame da lupo.	Ich kann es nicht erwarten, zu Tisch zu gehen, ich habe einen Bärenhunger.
Mi aiuti ad apparecchiare? Bisogna mettere la tovaglia, i tovaglioli, i piatti piani ed i piatti fondi (scodelle).	Hilfst du mir, den Tisch zu decken? Die Tischdecke muß aufgelegt werden, die Servietten, die flachen und tiefen Teller (Suppenteller).
E' pronto, venite a tavola, altrimenti si fredda!	Es ist fertig, kommt zu Tisch, sonst wird das Essen kalt!
Ho dimenticato il mestolo!	Ich habe den Schöpflöffel vergessen!
Questa minestra è scipita (insipida), passami la saliera. – A me sembra salata.	Diese Suppe schmeckt fad, bitte reich mir den Salzstreuer. – Mir kommt sie versalzen vor.
Questi piselli non sanno di niente.	Diese Erbsen schmecken nach nichts.
Chi vuole ancora delle polpette?	Wer möchte noch Frikadellen?
Oggi non mangio la carne, preferisco un pezzo di parmigiano.	Heute esse ich kein Fleisch, ich nehme lieber ein Stück Parmesankäse.
Non occorre che sbucci la mela, l'ho lavata.	Du brauchst den Apfel nicht zu schälen, ich habe ihn gewaschen.

Io sparecchio, tu lavi i piatti e lei li asciuga, d'accordo?	Ich räume ab, du spülst das Geschirr, und sie trocknet es ab, einverstanden?
La sera preparo sempre piatti leggeri e digeribili.	Abends bereite ich immer leichtverdauliche Gerichte zu.
Per i bambini faccio una minestrina col dado.	Für die Kinder mache ich eine Brühe vom Suppenwürfel.
Io non ceno mai abbondantemente.	Ich esse nie ausgiebig zu Abend.
Stasera non ho fame, mangerò solo un uovo fritto.	Heute abend habe ich keinen Hunger, ich werde mir nur ein Ei braten.
Se mangio pesante la sera mi rimane tutto sullo stomaco.	Wenn ich üppig zu Abend esse, liegt mir alles schwer im Magen.
Perché non si ferma a cena da noi?	Warum bleiben Sie nicht zum Abendessen bei uns?
La cena è servita, accomodatevi a tavola. Buon appetito.	Das Abendessen ist serviert, bitte kommt / kommen Sie zu Tisch. Guten Appetit.
Ho fatto un antipasto con diverse tartine, spero che vi piacciano.	Ich habe als Vorspeise ein paar belegte Brote gemacht, ich hoffe, sie schmecken euch / Ihnen.
Prenda ancora un po' di pasta, si serva pure.	Nehmen Sie noch etwas von den Nudeln, greifen Sie nur zu!
Vuole ancora della carne? Non faccia complimenti, ne prenda ancora un pezzettino.	Möchten Sie noch Fleisch? Genieren Sie sich nicht, nehmen Sie noch ein Stückchen.
Grazie, basta così. Non ho molto appetito oggi.	Danke, das ist genug. Ich habe heute keinen großen Appetit.
No; è buonissima, ma non ce la faccio più.	Nein; es schmeckt hervorragend, aber ich schaffe es nicht mehr.
Vorrei, ma non posso, devo stare attento alla linea.	Ich möchte gern, aber ich darf nicht, ich muß auf meine Linie achten.
Io invece non so resistere; ne prendo ancora un po'.	Ich dagegen kann nicht widerstehen; ich nehme noch etwas (davon).
Non me ne dia così tanta, non ce la faccio a finirla!	Geben Sie mir nicht soviel, ich kann es nicht aufessen!
L'insalata non è condita, ecco l'oliera. Se non Le piace con l'aceto Le porto uno spicchio di limone.	Der Salat ist nicht angemacht, hier ist der Ständer mit Essig und Öl. Wenn Sie keinen Essig möchten, bringe ich Ihnen eine Scheibe Zitrone.

E' stata una cena veramente squisita. Ho mangiato benissimo. Complimenti alla cuoca / al cuoco.

Es war wirklich ein exquisites Abendessen. Ich habe ausgezeichnet gegessen. Mein Kompliment an die Köchin / an den Koch.

Lei cucina divinamente; è da tanto che non mangiavo così bene.

Sie kochen einfach himmlisch; lange habe ich nicht mehr so gut gegessen.

8.4 Locali pubblici

8.4 Lokale

8.4.1 Al bar

8.4.1 In der Bar

Al bar si va a tutte le ore: la mattina per la colazione, durante le pause per uno spuntino, dopo pranzo o la sera per l'amaro o per il caffè.

In die Bar geht man zu jeder Tageszeit: morgens zum Frühstücken, während der Pausen auf einen Imbiß, nach dem Mittagessen oder abends auf einen Bitter oder einen Kaffee.

Se si incontra qualcuno con cui si vogliono scambiare due chiacchiere, lo si invita al bar.

Wenn man jemanden trifft, mit dem man ein Schwätzchen halten will, so lädt man ihn in die Bar ein.

In genere si consuma in piedi al bancone, i bar normali hanno pochi tavolini.

Normalerweise nimmt man im Stehen etwas an der Theke zu sich, die normalen Bars haben nur wenige kleine Tische.

Spesso se si consuma al tavolo il prezzo è maggiorato.

Oft ist der Verzehr am Tisch teurer.

Andiamo a fare colazione al bar?

Gehen wir in die Bar frühstücken?

Buongiorno. Un cappuccino e una brioche.

Guten Tag. Einen Cappuccino und eine Brioche.

Per me un latte macchiato e un cornetto alla crema.

Für mich Milch mit ein wenig Kaffee und ein Cremehörnchen.

Dovete fare prima lo scontrino alla cassa.

Sie müssen zuerst einen Bon an der Kasse lösen.

Non mangio volentieri cose dolci la mattina, preferisco qualcosa di salato.

Ich esse vormittags nicht gern Süßes, ich mag lieber etwas Herzhaftes

Vuole un toast, un tramezzino, un sandwich, una pizzetta?

Wollen Sie einen Toast, ein belegtes Brötchen, ein Sandwich, eine kleine Pizza?

Ecco il caffè. La zuccheriera è qui.

Hier ist der Kaffee. Die Zuckerdose steht dort.

Io vorrei del dolcificante, se ce l'ha.

Ich möchte Süßstoff, falls Sie welchen haben.

E' possibile chiedere un caffè lungo, ristretto, decaffeinato, macchiato caldo o freddo (con un po' di latte caldo o freddo) e corretto (con un liquore).

Man kann einen „verlängerten" Kaffee *(= 1 großer Espresso)* verlangen oder einen „verkürzten" *(= 1 Espresso),* einen koffeinfreien, einen Kaffee mit ganz wenig warmer oder kalter Milch und einen Kaffee mit Schuß (d. h. mit Schnaps).

Vorrei un caffè corretto con lo stravecchio.

Ich hätte gern einen Kaffee mit einem Schuß Cognac.

Il caffè del bar è più forte e più denso di quello che si fa a casa.

Der Kaffee in der Bar ist stärker und dickflüssiger als der, den man zu Hause macht.

Non posso prendere un altro caffè, altrimenti stanotte resto sveglio.

Ich kann nicht noch einen Kaffee trinken, sonst bleibe ich die ganze Nacht wach.

Il caffè non mi fa dormire. – Prenda un tè, allora. Lo vuole al latte o al limone?
Preferisco una cioccolata.

Ich kann nach Kaffee nicht schlafen. – Dann nehmen Sie einen Tee. Möchten Sie ihn mit Milch oder Zitrone?
Ich nehme lieber eine Schokolade.

Senta, quant'è il cappuccino e la brioche?

Bitte, wieviel kosten der Cappuccino und die Brioche?

Mille e nove e cinquanta.

1950 Lire.

E il caffè quant'è?

Und was macht der Kaffee?

Otto e cinquanta.

850 Lire.

Stia fermo, pago io; sono io che L'ho invitata.

Lassen Sie, ich zahle; ich habe Sie doch eingeladen.

Allora domani offro io.

Dann gebe ich morgen einen aus.

8.4.2 Al ristorante

8.4.2 Im Restaurant

In Italia i ristoranti sono più cari che in Germania; forse per questo ci si va meno spesso.

In Italien sind die Restaurants teurer als in Deutschland; vielleicht geht man deshalb nicht so oft hin.

Al ristorante in genere si ordina un pasto completo, che va dall'antipasto al dolce.

Im Restaurant bestellt man in der Regel ein komplettes Menü, von der Vorspeise bis zum Dessert.

Se non si ha fame si ordina solo il secondo, ma non solo il primo.	Wenn man keinen Hunger hat, bestellt man nur den zweiten Gang, jedoch nicht nur den ersten.
Andiamo a mangiare fuori stasera? – Che bella idea! Dove andiamo?	Gehen wir heute abend auswärts essen? – Tolle Idee! Wohin gehen wir?
In un ristorante che conosco io. E' in un cascinale di campagna, il posto è incantevole.	In ein Restaurant, das ich gut kenne. Es befindet sich in einem ehemaligen Bauernhof auf dem Lande, die Lage ist zauberhaft.
Fanno una cucina molto raffinata, ma anche piatti della cucina locale.	Sie führen eine sehr gepflegte Küche, bieten aber auch regionale Gerichte.
La loro specialità è la cacciagione.	Ihre Spezialität ist Wild.
Il servizio lascia un po' a desiderare: prima di mangiare bisogna aspettare parecchio.	Die Bedienung läßt ein wenig zu wünschen übrig: man muß ziemlich lange auf das Essen warten.
E' un locale rinomato, è sempre pieno. Per avere un tavolo bisogna prenotare almeno una settimana prima.	Es ist ein renommiertes Lokal, es ist immer voll. Um einen Tisch zu bekommen, muß man mindestens eine Woche vorher reservieren.
C'è un tavolo libero? – Quello all'angolo va bene?	Haben Sie einen Tisch frei? – Ist Ihnen der an der Ecke recht?
Ci porta il menù per favore?	Bringen Sie uns bitte die Speisekarte?
Quali sono i piatti del giorno?	Welches sind die Tagesgerichte?
Qual è la specialità della casa?	Was ist die Spezialität des Hauses?
Da bere cosa vi porto?	Was darf ich Ihnen zu trinken bringen?
Ci porta la carta dei vini?	Bringen Sie uns die Weinkarte?
Io salto il primo, passo direttamente al secondo.	Ich lasse den ersten Gang aus und gehe direkt zum zweiten über.
Prendo il filetto ai ferri con contorno di fagiolini al burro. (Il contorno si ordina e si paga extra.)	Ich nehme das Filet vom Grill mit grünen Bohnen in Butter als Beilage. (Die Beilage bestellt und bezahlt man extra.)
Scusi, il filetto non è abbastanza cotto, è possibile farlo cuocere di più?	Verzeihen Sie, das Filet ist nicht genügend durchgebraten, kann es noch ein wenig nachgebraten werden?
Nel menù di oggi che tipo di pesce c'è?	Welches Fischgericht steht auf der Tageskarte?

Purtroppo il pesce è finito.

Fisch ist leider aus(verkauft).

Mi porta un altro coltello, per favore? Questo non taglia.

Bringen Sie mir bitte ein anderes Messer? Dieses hier schneidet nicht.

Riporti indietro questa minestra: è fredda.

Bringen Sie diese Suppe wieder zurück: sie ist kalt.

Mi dispiace, questo non è quello che avevo ordinato. Io ho chiesto del vitello tonnato, non pollo alla cacciatora.

Es tut mir leid, aber das hatte ich nicht bestellt. Ich habe Kalbfleisch in Thunfischsoße verlangt, nicht Hähnchen nach Jägerart *(mit Knoblauch, Kräutern und Wein).*

Vi porto il carrello delle torte; vi consiglio la crostata di marmellata di prugne.

Ich bringe Ihnen den Servierwagen mit den Kuchen; ich empfehle Ihnen den Mürbeteigkuchen mit Pflaumenmus.

Bisogna conservare la ricevuta fiscale. Se fuori dal locale c'è un controllo della finanza e ci trovano senza, ci becchiamo una bella multa.

Man muß die (Steuer-)Quittung aufbewahren. Wenn außerhalb des Lokals eine Finanzkontrolle stattfindet und sie uns ohne Quittung antreffen, handeln wir uns eine schöne Geldstrafe ein.

8.4.3 In trattoria, in pizzeria

8.4.3 In der Trattoria, in der Pizzeria

Che differenza c'è fra ristorante e trattoria?

Welcher Unterschied besteht zwischen einem Restaurant und einer Trattoria?

Normalmente la trattoria è più alla buona, la tovaglia non viene sempre cambiata ed il menù è più limitato.

Normalerweise ist die Trattoria schlichter; die Tischdecke wird nicht ständig gewechselt, und die Speisekarte ist weniger umfangreich.

La cosa spiacevole è che spesso appena finito bisogna alzarsi per lasciare il posto agli altri avventori.

Unangenehm ist, daß man oft, kaum daß man gegessen hat, aufstehen muß, um seinen Platz anderen Gästen zu überlassen.

Spero che non ti disturbi dividere il tavolo con altre persone.

Hoffentlich stört es dich nicht, den Tisch mit anderen Personen zu teilen.

Ci sono due posti o un tavolo libero?

Haben Sie noch zwei Plätze oder einen Tisch frei?

Dovete aspettare un po'. Fra poco si liberano dei posti a quel tavolo in fondo.	Sie müssen ein bißchen warten. Bald werden Plätze an dem Tisch dort hinten frei.
Che cosa c'è di buono oggi?	Was gibt es heute Gutes?
Stasera possiamo andare a mangiare una pizza. C'è una pizzeria dove fanno delle pizze eccezionali.	Heute abend können wir eine Pizza essen gehen. Da gibt es eine Pizzeria, in der sie außergewöhnlich lekkere Pizzen backen.
Le pizze cotte nel forno a legna sono più fragranti delle altre.	Pizzen aus dem Holzkohleofen duften besser als die anderen.
Questa pizza è troppo spessa; a me piacciono quelle sottili e croccanti.	Diese Pizza ist zu dick; ich mag lieber die dünnen und knusprigen.
Fra tutte queste pizze non so più quale prendere.	Ich weiß wirklich nicht, welche von all diesen Pizzen ich nehmen soll.
Prendi la vegetariana, è buona e la fanno solo qui.	Nimm die vegetarische, sie ist gut und wird nur hier gebacken.
Le pizzerie restano aperte fino all'una di notte, mentre i ristoranti chiudono alle undici.	Die Pizzerien bleiben bis ein Uhr nachts geöffnet, während die Restaurants um elf Uhr abends schließen.
Vorremmo tre pizze da portar via, è possibile?	Wir hätten gern drei Pizzen zum Mitnehmen, ist das möglich?
Fra quanto saranno pronte?	Bis wann werden sie fertig sein?

9. Tempo libero — 9. Freizeit

9.1 Sport — 9.1 Sport

9.1.1 Lo sportivo ed il tifoso — *9.1.1 Sportler und Fan*

Io lavoro in ufficio e si sa, la vita sedentaria non fa bene.	Ich arbeite im Büro, und sitzende Tätigkeiten sind, wie man weiß, ungesund.
Per questo, per il mio benessere fisico, pratico diversi sport.	Deshalb betreibe ich für mein körperliches Wohlbefinden diverse Sportarten
Sono molto sportivo, mi appassiona ogni genere di sport.	Ich bin sehr sportlich, mich begeistert jede Art von Sport.
Io faccio molto movimento e la mattina quando mi alzo faccio mezz'ora di ginnastica.	Ich bewege mich viel, und wenn ich morgens aufstehe, mache ich eine halbe Stunde Gymnastik.

Quando ho un'ora libera inforco la bicicletta e faccio dei lunghi giri.	Wenn ich eine freie Stunde zur Verfügung habe, setze ich mich aufs Fahrrad und mache lange Touren.
Malgrado sia indaffaratissimo, trovo sempre il tempo per la mia passione: il tennis.	Obwohl ich sehr beschäftigt bin, finde ich immer Zeit für meine Leidenschaft: Tennis.
Io mi tengo in forma ed in salute facendo ogni giorno una lunga passeggiata.	Ich halte mich fit und gesund, indem ich jeden Tag einen langen Spaziergang mache.
A me piace correre; partecipo anche a delle gare.	Ich laufe gern; ich nehme sogar an Wettläufen teil.
A scopo agonistico?	Als Profiläufer?
No, da dilettante. Per me la corsa è un modo per combattere lo stress della vita quotidiana.	Nein, als Amateursportler. Für mich ist das Laufen eine Möglichkeit, den Alltagsstreß zu bekämpfen.
La corsa è uno sport economico, non richiede una grande attrezzatura.	Laufen ist ein preiswerter Sport, man braucht keine große Ausrüstung.
Dopo una cavalcata mi sento rigenerato nel corpo e nello spirito.	Nach einem Ausritt fühle ich mich körperlich und geistig regeneriert.
Credo di essermi sforzato troppo ieri; ho un dolore ai muscoli!	Ich glaube, ich habe mich gestern überanstrengt; ich habe vielleicht einen Muskelkater!
Si vede che non sei ben allenato; non dovresti sottoporti a grossi sforzi tutto d'un colpo.	Man sieht, daß du nicht gut trainiert bist; du solltest dir nicht auf einen Schlag so große Anstrengungen zumuten.
Sono un appassionato di equitazione, ogni volta che posso vado all'ippodromo.	Ich bin vom Reitsport begeistert, wann immer ich kann, gehe ich zur Pferderennbahn.
Lo sport che attira il maggior numero di tifosi è il calcio.	Die Sportart, die die zahlreichsten Fans anzieht, ist der Fußball.
Sono un accanito tifoso di calcio, non mi perdo neanche una partita in TV.	Ich bin ein eifriger Fußballanhänger, ich versäume kein einziges Spiel im Fernsehen.
Vado tutte le domeniche allo stadio; seguo la mia squadra anche quando va in trasferta.	Ich gehe jeden Sonntag ins Stadion; ich folge meiner Mannschaft, auch wenn sie auswärts spielt.
Faccio parte di un club di tifosi che conta più di cento soci.	Ich gehöre einem Fanclub an, der mehr als hundert Mitglieder zählt.
E' un tifoso sfegatato; se la prende a morte se si parla male della sua squadra.	Er ist ein fanatischer Fußballfan; er ärgert sich zu Tode, wenn man schlecht über seine Mannschaft spricht.

Gli ultras, frange di tifo più acceso, siedono normalmente in curva.

Die Ultras, radikalste Gruppierung der Fußballfans, sitzen gewöhnlich in der Kurve.

La violenza negli stadi è un problema di difficile soluzione.

Die Gewalt in den Stadien ist ein schwer lösbares Problem.

Non vado allo stadio perché certi eccessi della tifoseria mi disgustano.

Ich gehe nicht ins Stadion, weil manche Ausschreitungen der Fans mich abstoßen.

9.1.2 Calcio

9.1.2 Fußball

Domenica la nostra squadra giocherà in casa.

Am Sonntag hat unsere Mannschaft ein Heimspiel.

Oggi c'è il derby, sarà difficile trovare i biglietti.

Heute findet das Lokalderby statt, es wird schwierig sein, Eintrittskarten zu bekommen.

La squadra presenta una nuova formazione.

Die Mannschaft tritt in neuer Aufstellung an.

Il terzino è infortunato, al suo posto gioca un giovane difensore.

Der Verteidiger ist verunglückt, an seiner Stelle spielt ein junger Abwehrspieler.

E' da poco in serie A, ma ha la stoffa del fuoriclasse.

Er ist erst seit kurzem in der höchsten Spielklasse/ersten Liga, aber er hat das Zeug, ein Weltklassespieler zu werden.

I giocatori sono scesi in campo; l'allenatore, il commissario tecnico e le riserve siedono in panchina.

Die Spieler haben das Spielfeld betreten; der Trainer, der Nationaltrainer und die Reservespieler sitzen auf der Reservebank.

Il presidente della squadra osserva il gioco dalla tribuna.

Der Präsident der Mannschaft beobachtet das Spiel von der Tribüne aus.

Come è stata la partita? Avete vinto?

Wie war das Spiel? Haben Sie / Habt ihr gewonnen?

Abbiamo perso, è stata una brutta partita, si è svolta tutta in centro campo. Ci sono state poche azioni pericolose.

Wir haben verloren, es war ein schlimmes Spiel, es hat sich ganz im Mittelfeld abgespielt. Es gab wenige gefährliche Angriffe.

Non sono mancate le palle gol, ma non c'è stato gioco di squadra.

Es hat nicht an Torchancen gefehlt, aber es gab kein gutes Mannschaftsspiel.

Siamo passati in vantaggio al primo tempo grazie a un colpo di testa dell'ala sinistra.

Wir sind in der ersten Halbzeit durch einen Kopfball des Linksaußen in Führung gegangen.

Il centravanti ha mancato il pallone, che è passato agli avversari.

Der Mittelstürmer hat den Ball verfehlt und an die gegnerische Mannschaft verloren.

Al quarantaduesimo c'è stato un cross che il portiere è riuscito a deviare in angolo.

In der 42. Minute gab es eine Flanke, die der Torwart zum Eckball ablenken konnte.

Nel secondo tempo la squadra è passata all'attacco con un tiro che ha sfiorato la traversa.

In der zweiten Halbzeit ist die Mannschaft mit einem Schuß, der die Torlatte gestreift hat, zum Angriff übergegangen.

Con un abile dribbling e dei passaggi veloci la punta ha cercato di portarsi davanti alla porta avversaria, ma il guardialinee ha segnalato un fuorigioco.

Durch geschicktes Dribbeln und schnelle Pässe hat der Angriffsspieler versucht, bis zum gegnerischen Tor vorzudringen, aber der Linienrichter hat Abseits angezeigt.

C'è stato un fallo del libero sul nostro attaccante e ci è stato concesso un calcio di punizione.

Nach einem Foul des Liberos an unserem Stürmer gab es für uns einen Freistoß.

Un tiro rasoterra che il portiere non è riuscito a parare.

Ein flacher Schuß, den der Torwart nicht abwehren konnte.

Il mediano è stato ammonito due volte e poi espulso.

Der Mittelfeldspieler wurde zweimal verwarnt und dann vom Platz gestellt.

L'arbitro è stato tutt'altro che imparziale: ha concesso un calcio di rigore per un fallo in area che per me non c'era.

Der Schiedsrichter war alles andere als unparteiisch: er hat einen Elfmeter für ein Foul in Strafraum gegeben, das meines Erachtens keines war.

L'ala destra, su passaggio del libero, ha segnato una rete splendida.

Der Rechtsaußen hat nach einem Paß des Liberos ein herrliches Tor geschossen.

Il goal (o: gol) è stato annullato per fuorigioco.

Das Tor wurde wegen Abseitsstellung nicht anerkannt.

La partita si è conclusa con un pareggio.

Das Spiel endete unentschieden.

Abbiamo vinto per uno a zero.

Wir haben eins zu null gewonnen.

Quale squadra vincerà il campionato di serie A quest'anno?

Welche Mannschaft wird in diesem Jahr die Meisterschaft in der 1. Liga gewinnen?

La mia squadra vincerà di sicuro lo scudetto; è la prima in classifica ed ha tre punti di vantaggio sulla seconda.

Meine Mannschaft wird bestimmt den Meistertitel gewinnen; sie ist Tabellenführer und hat drei Punkte Vorsprung vor dem (Tabellen-) Zweiten.

Purtroppo siamo gli ultimi in classifica, rischiamo la retrocessione in serie B.

Leider sind wir Tabellenletzte, uns droht der Abstieg in die zweite Liga.

Quando ci saranno i prossimi mondiali di calcio?

Wann findet die nächste Fußballweltmeisterschaft statt?

Si stanno già giocando le partite di qualificazione.

Die Qualifikationsspiele sind schon im Gange.

Quel calciatore promette bene, probabilmente entrerà a far parte della squadra azzurra.

Aus diesem Fußballspieler kann noch etwas werden, wahrscheinlich wird er in die italienische Nationalmannschaft berufen.

La nazionale ha giocato ieri sera un'amichevole con la Germania.

Die italienische Nationalelf hat gestern abend ein Freundschaftsspiel gegen Deutschland ausgetragen.

9.1.3 Tennis

9.1.3 Tennis

Il tennis si gioca su campi di terra battuta o sull'erba.

Tennis spielt man auf harten Plätzen oder auf dem Rasen.

Un incontro si disputa sulla distanza di tre o cinque set.

Ein Tennismatch wird über drei oder fünf Sätze ausgetragen.

Il suo servizio non è potentissimo, ma ha dei riflessi molto pronti.

Sein Aufschlag ist nicht sehr stark, aber er hat blitzschnelle Reflexe.

La sua schiacciata è veramente precisa.

Sein Schmetterball ist wirklich gut plaziert.

Sulle palle in contropiede ha dei limiti.

Auf überraschende Bälle reagiert er nicht so schnell.

Ha lanciato bene la palla, ma deve impugnare meglio la racchetta e lavorare di più di gambe.

Sein Aufschlag war gut, aber er muß den Schläger besser in der Hand halten und mehr Beinarbeit leisten.

E' cominciato il torneo internazionale di tennis.

Das internationale Tennisturnier hat begonnen.

Sul tabellone principale ci sono dieci teste di serie, trenta giocatori ammessi di diritto e otto tennisti provenienti dal tabellone di qualificazione.

Auf der Hauptteilnehmerliste stehen zehn Weltrangspieler, dreißig rechtmäßig zugelassene Spieler und acht Tennisspieler aus der Qualifikationstabelle.

E' un vero campione: colpisce le palle con forza e a rete è di una bravura senza confronti.	Er ist ein echter Champion: er schlägt die Bälle mit Kraft, und am Netz zeigt er eine Geschicklichkeit ohnegleichen.
Sia i suoi diritti, sia i suoi rovesci, sono temibilissimi.	Äußerst gefürchtet ist sowohl sein Vor- als auch sein Rückhandspiel.
Ha una battuta eccellente.	Er hat einen hervorragenden Schlag.
Si è aggiudicato in tre set il singolare d'apertura.	Er hat in drei Sätzen das Eröffnungseinzel gewonnen.
Ha superato i quarti di finale praticando un gioco spiccatamente offensivo.	Er hat mit einer deutlich offensiven Spielweise das Viertelfinale gewonnen.
Si deve cimentare nel doppio maschile e nel doppio misto.	Er muß sich im Herren- und im gemischten Doppel behaupten.
Ha giocato male, ha sciupato un sacco di occasioni.	Er hat schlecht gespielt, er hat eine Menge Chancen vertan.
Ha fatto una volée di rovescio che ha pigliato in pieno la riga.	Er hat einen Rückhandflugball geschlagen und ihn voll auf die Linie gesetzt.
Non era nelle migliori condizioni, probabilmente non si è allenato abbastanza.	Er war nicht in Bestform, wahrscheinlich hat er nicht ausreichend trainiert.

9.1.4 Ciclismo / *9.1.4 Radsport*

La bicicletta è il mezzo più ecologico per essere a contatto con la natura e scoprire panorami incantevoli.	Das Fahrrad ist das umweltfreundlichste Fortbewegungsmittel, um mit der Natur verbunden zu sein und zauberhafte Aussichten zu entdekken.
Sono appassionato di bici da montagna, ci si può andare dovunque: sull'asfalto in città, sulle strade sterrate in campagna, sui sentieri in montagna.	Ich schwärme für Mountainbikes, man kann damit überall fahren: auf städtischem Asphalt, auf ungeteerten Landstraßen, auf Gebirgspfaden.
Sono biciclette robuste, con grosse gomme, ottimo sterzo e una buona stabilità.	Es sind robuste Fahrräder mit breiten Reifen, ausgezeichneter Lenkung und von guter Stabilität.
Il manubrio largo garantisce una presa migliore.	Die breite Lenkstange garantiert einen besseren Griff.
Mi si è forata una gomma, devo riparare la camera d'aria.	Ich habe einen Platten, ich muß den Schlauch reparieren.

Non ho frenato in tempo e sono caduto; ho rotto la forcella e il parafango.

Ich habe nicht rechtzeitig gebremst und bin gestürzt; die Fahrradgabel und das Schutzblech sind kaputt.

Devo oliare la catena e regolare la sella.

Ich muß die Kette ölen und den Sattel einstellen.

La mia bicicletta ha un cambio a 15 rapporti.

Mein Fahrrad hat eine 15-Gangschaltung.

La ruota posteriore ha tre raggi rotti.

Das Hinterrad hat drei kaputte Speichen.

E' cominciato il giro d'Italia.

Der Giro d'Italia hat begonnen.

Nella tappa di montagna c'è stata una selezione durissima, non solo a causa delle salite, ma anche delle discese e del freddo.

In der Gebirgsetappe schieden sehr viele Radrennfahrer aus, nicht nur wegen der Steigungen, sondern auch wegen der Gefälle und der Kälte.

Domani si disputerà la tappa a cronometro.

Morgen wird die Zeitetappe ausgetragen.

Quel ciclista ha confermato tutti i pronostici ed ha vinto la maglia rosa.

Dieser Radrennfahrer hat alle Voraussagen bestätigt und das rosa Trikot gewonnen.

E' scattato ad una ventina di chilometri dal traguardo ed ha distanziato tutti.

Etwa 20 km vor dem Ziel spurtete er davon und hat alle anderen abgehängt.

I tre inseguitori non sono riusciti ad accorciare il distacco.

Seinen drei Verfolgern ist es nicht gelungen, den Abstand aufzuholen.

E' arrivato solo trentesimo, è caduto mentre tentava la fuga in avanti.

Er wurde nur dreißigster; bei dem Versuch, nach vorne zu spurten, ist er gestürzt.

La squadra possiede un capitano valido, ma i gregari sono fiacchi.

Die Mannschaft hat zwar einen tüchtigen Kapitän, aber die Mitglieder sind schwach.

Per le gare di velocità su pista parecchi corridori adottano ruote lenticolari.

Für Radrennen auf der Bahn verwenden etliche Radrennfahrer Scheibenräder.

9.1.5 Sport invernali

9.1.5 Wintersport

Quest'anno i campionati del mondo di sci si svolgono in Austria.

In diesem Jahr finden die Skiweltmeisterschaften in Österreich statt.

Verranno disputate gare in tutte le discipline sciistiche.

Es werden Wettkämpfe in allen Skidisziplinen ausgetragen.

La gara di discesa si disputa su un percorso molto veloce e con un notevole dislivello.	Der Abfahrtslauf wird auf einer äußerst schnellen Strecke mit einem beachtlichen Höhenunterschied ausgetragen.
Quello sciatore ha vinto la gara di discesa libera con un tempo di X primi e Y secondi.	Dieser Skiläufer hat den Abfahrtslauf in einer Zeit von x Minuten und y Sekunden gewonnen.
Il secondo è arrivato con la distanza di alcuni centesimi di secondo.	Der zweite erreichte das Ziel mit einem Abstand von einigen Hundertstel Sekunden.
Il nostro campione ha battuto il record del mondo.	Unser Champion hat den Weltrekord gebrochen.
Nella gara di slalom gli basta piazzarsi per vincere la coppa del mondo.	Beim Slalom reicht ihm eine Plazierung, um den Weltcup zu gewinnen.
Nella gara di slalom è stato penalizzato perché ha mancato una porta di controllo.	Beim Slalom erhielt er Strafpunkte, weil er ein Kontrolltor verfehlt hat.
Alla seconda prova ha fatto una caduta rovinosa che naturalmente ha compromesso il buon piazzamento che aveva ottenuto nella prima.	Beim zweiten Lauf ist er schwer gestürzt, was natürlich die gute Plazierung, die er im ersten Lauf errungen hatte, gefährdete.
Per la valutazione delle prove di salto con gli sci è importante la lunghezza del salto, la corretta posizione del corpo e l'atterraggio.	Für die Bewertung der Durchläufe beim Skispringen sind die Länge des Sprungs, die korrekte Körperhaltung und der Aufsprung ausschlaggebend.
Ha fatto un bel salto, si è dato una buona spinta lanciandosi dal trampolino.	Er ist weit gesprungen, er hat sich beim Absprung von der Schanze einen ordentlichen Schub gegeben.
A causa delle abbondanti nevicate hanno dovuto rifare la pista per lo sci di fondo.	Aufgrund der anhaltenden Schneefälle mußte die Langlaufloipe nochmals gespurt werden.
Le prove di pattinaggio sono state rimandate.	Die Eislaufwettbewerbe sind verschoben worden.
Nel bob a quattro ci siamo piazzati al terzo posto.	Beim Viererbob haben wir uns an dritter Stelle plaziert.

9.1.6 Sport acquatici

9.1.6 Wassersport

Sono un buon nuotatore, vado ad allenarmi in piscina tre volte la settimana.

Ich bin ein guter Schwimmer, ich gehe dreimal in der Woche zum Training ins Schwimmbad.

E' bravo il Suo istruttore? – Sì, è un vecchio campione del nuoto.

Haben Sie einen tüchtigen Schwimmlehrer? – Ja, er ist ehemaliger Schwimmwettkämpfer.

Se Le interessa, domani possiamo andare a vedere una manifestazione di nuoto.

Falls es Sie interessiert, können wir uns morgen eine Schwimmveranstaltung ansehen.

Partecipano atleti provenienti da tutti i paesi europei.

Sportler aus allen europäischen Ländern nehmen daran teil.

Le gare si disputano in una vasca di 50 metri.

Die Wettkämpfe werden in einem 50-Meter-Becken ausgetragen.

Le gare di crawl e di farfalla avranno luogo la mattina, quelle di rana e di dorso il pomeriggio.

Die Wettkämpfe im Kraulen und Schmetterlingsstil werden morgens stattfinden, die im Brust- und Rükkenschwimmen am Nachmittag.

La staffetta quattro per cento è stata vinta grazie al contributo decisivo di una giovane promessa del nuoto.

Der Sieg der 4 × 100-m-Staffel konnte dank des entscheidenden Beitrags einer vielversprechenden Nachwuchsschwimmerin errungen werden.

Nella gara a stile libero, a poche bracciate dal traguardo si è fatto raggiungere dall'avversario.

Beim Freistilwettbewerb ließ er sich wenige Schwimmstöße vor dem Ziel vom Gegner einholen.

Con una virata velocissima ha migliorato il suo tempo ed è passato in vantaggio.

Mit einer blitzschnellen Wende verbesserte er seine Zeit und ging in Führung.

Dopo un lungo testa a testa si è posto con un ultimo sforzo al comando e ha vinto la gara.

Nach einem langen Kopf-an-Kopf-Rennen ist er mit letzter Kraft in Führung gegangen und hat den Wettkampf gewonnen.

Trovo particolarmente spettacolari i tuffi, sia dal trampolino che dalla piattaforma.

Besonders aufsehenerregend finde ich die Kopfsprünge, sowohl vom Sprungbrett als auch vom Startsokkel aus.

Ha eseguito il doppio salto mortale con estrema precisione ed è entrato in acqua in perfetta posizione.

Er hat den doppelten Überschlag mit äußerster Präzision ausgeführt und ist in perfekter Körperhaltung ins Wasser eingetaucht.

Andiamo a vedere una competizione di sci nautico, si gareggia nelle discipline classiche: slalom, figure e salto.

Besuchen wir einen Wasserskiwettbewerb; angetreten wird in den klassischen Disziplinen: Slalom, Figuren und Springen.

Io sono un appassionato di vela, ho partecipato addirittura a delle regate.

Ich bin ein Segelsportfan, ich habe sogar an Regatten teilgenommen.

9.2 Hobbies

9.2 Hobbys

Ha qualche hobby?

Haben Sie ein Hobby?

Nel tempo libero mi piace dipingere, soprattutto ad acquerello.

In meiner Freizeit male ich gern, vor allem Aquarelle.

Sono un collezionista di francobolli, ho cominciato a raccoglierli quando ero bambino.

Ich bin Briefmarkensammler, ich habe schon als Kind angefangen, sie zu sammeln.

Faccio collezione di cartoline illustrate e di foto d'epoca.

Ich sammle alte Ansichtskarten und Fotos.

Il mio passatempo preferito è il golf.

Mein Lieblingszeitvertreib ist Golf.

Mi piace lavorare con il legno, fare o accomodare dei piccoli oggetti.

Ich arbeite gern mit Holz und bastle oder repariere kleine Gegenstände.

Ho fatto un corso di ceramica e da allora mi diletto a fare vasi e piatti che decoro io stesso.

Ich habe einen Töpferkurs besucht, und seitdem macht es mir Spaß, Gefäße und Teller zu töpfern, die ich selbst verziere.

Faccio del giardinaggio, lavorare in giardino mi rilassa.

Ich bin Hobbygärtner, die Arbeit im Garten entspannt mich.

Tenerlo in ordine a volte è una faticaccia, ma vedere fiorire e crescere le piante è una vera soddisfazione.

Manchmal kostet es sehr viel Mühe, ihn in Ordnung zu halten, aber die Pflanzen blühen und wachsen zu sehen, ist eine wahre Freude.

Devo tagliare il prato ed innaffiare i fiori.

Ich muß den Rasen mähen und die Blumen gießen.

Nella serra tengo le piante che non sopportano il freddo.

Im Gewächshaus halte ich die Pflanzen, die keine Kälte vertragen.

Mi piace lavorare a maglia (o: ai ferri) e cucire.

Ich stricke und nähe gern.

9.3 Locali notturni

9.3 Nachtlokale

Andiamo a ballare stasera?	Gehen wir heute abend tanzen?
Ci sono delle belle discoteche qui intorno? **Che tipo di musica fanno?**	Gibt es hier in der Gegend schöne Diskotheken? Welche Art Musik wird gespielt?
In questa discoteca fanno soprattutto musica afro-americana.	In dieser Diskothek spielen sie vor allem afro-amerikanische Musik.
Che ressa che c'è davanti all'entrata! – E' uno dei locali più frequentati della zona.	Was für ein Gedränge vor dem Eingang! – Es ist eines der meistbesuchten Lokale im Umkreis.
Nel biglietto è compresa una consumazione.	Im Eintrittspreis ist ein Verzehr oder ein Getränk mit enthalten.
La musica è altissima e il gioco di luci è un po' troppo accecante.	Die Musik ist sehr laut, und die Lichteffekte sind ein bißchen zu grell.
Questo pezzo mi piace molto, balliamo? – Sulla pista da ballo c'è troppa gente, non si riesce quasi a ballare.	Dieses Stück gefällt mir sehr, tanzen wir? – Auf der Tanzfläche sind zu viele Leute, man kann ja kaum tanzen.
A me questi balli moderni non piacciono, preferisco il liscio.	Mir gefallen diese modernen Tänze nicht, mir sind die Standardtänze lieber.
In quella balera c'è un complesso che suona proprio bene.	In dem Tanzlokal dort gibt es eine Band, die wirklich gut spielt.
Lei balla benissimo!	Sie tanzen hervorragend!
Sono fuori esercizio, ma mi arrangio.	Ich bin aus der Übung, aber ich komme zurecht.
Io invece sono un ballerino piuttosto mediocre.	Ich bin dagegen ein ziemlich mittelmäßiger Tänzer.
Per andare in quel night club ci dobbiamo mettere il vestito da sera, è un locale molto chic.	Wenn wir in diesen Nachtclub da gehen, müssen wir Abendkleidung anziehen, es ist ein sehr elegantes Lokal.
Lasciamo i cappotti al guardaroba.	Wir geben die Mäntel an der Garderobe ab.
Stasera invece dello show c'è uno spettacolo di cabaret.	Heute abend gibt es anstelle der Show eine Kabarettvorstellung.

Sono due cabarettisti molto bravi, sono spesso anche in televisione.

Es sind zwei sehr gute Kabarettisten, sie treten auch oft im Fernsehen auf.

Possiamo andare in quella birreria, c'è un bell'ambiente.

Wir können in diesen Bierkeller gehen, dort ist eine nette Atmosphäre.

Il pubblico è vario, ci sono giovani e meno giovani.

Das Publikum ist gemischt, es kommen junge und ältere Leute.

L'atmosfera è rilassante e si fa conoscenza facilmente.

Die Atmosphäre ist locker, und man lernt schnell neue Leute kennen.

Il fine settimana ci sono concerti dal vivo.

Am Wochenende finden dort Live-Konzerte statt.

Questa sera suona un gruppo che fa musica jazz.

Heute abend spielt eine Gruppe, die auf Jazzmusik spezialisiert ist.

Si paga l'entrata?

Muß man Eintritt bezahlen?

No, è un club privato, si può entrare solo con la tessera di socio.

Nein, es ist ein Privatklub, man darf nur mit Mitgliedskarte hinein.

Si può fare la tessera solo per un mese?

Kann man die Mitgliedskarte auch für nur einen Monat bekommen?

10. Cultura

10. Kultur

10.1 Teatro

10.1 Theater

Che cosa c'è di bello a teatro questa sera?

Was gibt es heute abend Schönes im Theater?

In una locandina ho visto che al Comunale danno uno spettacolo di prosa.

In einer Programmankündigung habe ich gesehen, daß im Stadttheater ein Schauspiel läuft.

Possiamo acquistare i biglietti in prevendita, così ci risparmiamo la fila al botteghino.

Wir können die Theaterkarten im Vorverkauf besorgen, so ersparen wir uns das Schlangestehen an der Kasse.

Ci sono ancora posti liberi in platea, in galleria e naturalmente nel loggione.

Es gibt noch freie Plätze im Parkett, im Rang und natürlich auf der Galerie.

Vorremmo riservare un palco per la rappresentazione di sabato sera.

Wir möchten gern eine Loge für die Aufführung am Samstag abend reservieren.

Questi posti sono troppo laterali, preferiremmo posti più centrali.

Diese Plätze sind zu sehr an der Seite, wir hätten lieber Plätze mehr zur Mitte.

Le poltrone di seconda fila sono troppo care, non ha dei posti più economici?

Die Parkettplätze in der zweiten Reihe sind zu teuer, haben Sie keine billigeren Plätze?

La maschera vi accompagnerà ai vostri posti.

Die Platzanweiserin wird Sie zu Ihren Plätzen begleiten.

Posso avere un programma?

Kann ich ein Programmheft haben?

Quanto dura la pausa fra il primo ed il secondo atto?

Wie lange dauert die Pause zwischen dem ersten und zweiten Akt?

Sono curiosa di vedere questo spettacolo, è l'evento più atteso della stagione teatrale.

Ich bin auf diese Vorstellung gespannt, es ist das am meisten erwartete Ereignis der Theatersaison.

La nuova messa in scena ha diviso la critica; da alcuni è stata molto lodata, da altri completamente stroncata.

Die neue Inszenierung hat das Lager der Kritiker gespalten; von einigen wurde sie hoch gelobt, von anderen völlig verrissen.

La regia è di uno dei registi teatrali più quotati al momento.

Regie führt einer der zur Zeit meistgeschätzten Theaterregisseure.

Chi interpreta il ruolo principale?

Wer spielt die Hauptrolle?

La parte del protagonista la recita XY, un talento eccezionale.

Die Rolle der Hauptfigur spielt XY, ein außergewöhnliches Talent.

E' un attore molto discusso, non a tutti piacciono le sue interpretazioni.

Er ist ein sehr umstrittener Schauspieler, seine Art der Darstellung gefällt nicht allen.

La recitazione degli attori non protagonisti ha lasciato molto a desiderare.

Die schauspielerische Leistung der Nebendarsteller ließ sehr zu wünschen übrig.

L'attrice ha mostrato un certo impaccio nel primo atto, ma alla fine ha veramente convinto.

Die Schauspielerin zeigte im ersten Akt eine gewisse Verkrampfung, aber am Schluß hat sie wirklich überzeugend gespielt.

Lo spettacolo è stato un successo di cassetta e di critica.

Die Aufführung war ein Kassenerfolg und ein Erfolg bei der Kritik.

Ci sono stati applausi a scena aperta e diverse chiamate dopo la calata del sipario.

Es gab Beifall auf offener Bühne und etliche Rufe nach den Schauspielern, nachdem der Vorhang gefallen war

Il palcoscenico, illuminato da un solo riflettore, era molto suggestivo.

Die Bühne, von einem einzigen Scheinwerfer beleuchtet, wirkte sehr beeindruckend.

Questa compagnia teatrale mette in scena solo testi contemporanei.

Diese Schauspieltruppe führt nur zeitgenössische Werke auf.

Il loro allestimento di un atto unico di XY è stato un fiasco.

Ihre Inszenierung eines Einakters von XY war ein Fiasko.

La prima assoluta dello spettacolo avrà luogo nell'ambito di un festival teatrale.

Die Uraufführung des Schauspiels wird im Rahmen eines Theaterfestivals stattfinden.

Il cast è composto da attori emergenti.

Die Besetzung besteht aus Schauspielern, die gerade ihren Durchbruch erleben.

Io amo sia il teatro sperimentale che quello tradizionale.

Ich liebe sowohl das experimentelle als auch das traditionelle Theater.

Ho fatto delle file estenuanti per poter comprare l'abbonamento alla prossima stagione teatrale.

Ich habe Schlange gestanden bis zur Erschöpfung, um das Abonnement für die nächste Theatersaison kaufen zu können.

La rassegna teatrale è dedicata ad uno dei nostri più bravi commediografi.

Die Reihe der Theaterveranstaltungen ist einem unserer besten Komödienschreiber gewidmet.

10.2 Cinema

10.2 Kino

Andiamo al cinema stasera? Al momento ci sono parecchi film che vale la pena di vedere.

Gehen wir heute abend ins Kino? Momentan laufen einige sehenswerte Filme.

Che cosa danno all'Apollo?

Was wird im Apollo gespielt?

E' già uscito l'ultimo film di XY?

Ist der neueste Film von XY schon angelaufen? –

Sì, ma l'ho già visto, non ho voglia di rivederlo.

Ja, aber ich habe ihn bereits gesehen, ich habe keine Lust, ihn noch einmal anzusehen.

E' un film che va visto, ha ricevuto delle ottime critiche.

Diesen Film muß man sich ansehen, er hat ausgezeichnete Kritiken bekommen.

Andiamo a vedere un film di prima o di seconda visione?

Schauen wir uns einen Film in einem Erst- oder Zweitaufführungskino an? –

Andiamo al secondo spettacolo, il primo comincia troppo presto.

Gehen wir in die zweite Vorstellung, die erste beginnt zu früh.

Non ci mettiamo troppo indietro, io non ci vedo bene.

Setzen wir uns nicht zu weit nach hinten, dort kann ich nicht gut sehen.

E' un film drammatico, è vietato ai minori di 18 anni.

Es ist ein dramatischer Film, er ist für Jugendliche unter 18 Jahren verboten.

Vado a vedere tutti i film di questo regista, secondo me è molto bravo.

Ich werde mir alle Filme dieses Regisseurs ansehen, meiner Meinung nach ist er großartig.

Il film ha vinto il primo premio al festival cinematografico di Venezia.

Der Film hat den ersten Preis bei den Filmfestspielen in Venedig gewonnen.

10.2.1 Film impegnati

10.2.1 Problemfilme

Questo regista è molto impegnato; nei suoi film affronta diverse problematiche attuali.

Dieser Regisseur ist sehr engagiert; in seinen Filmen setzt er sich mit verschiedenen aktuellen Problemstellungen auseinander.

Questo è un film politico in cui vengono messi a nudo parecchi problemi sociali.

Dies ist ein politischer Film, in dem etliche soziale Probleme offengelegt werden.

Nel film si confrontano due diverse visioni di vita.

In diesem Film treffen zwei unterschiedliche Weltanschauungen aufeinander.

La disintegrazione della famiglia ed i conflitti emotivi sono temi ricorrenti nel cinema più recente.

Die Auflösung der Familie und die emotionalen Konflikte sind stets wiederkehrende Themen des modernen Films.

Il film è stato tratto da un famoso romanzo.

Der Film wurde nach einem berühmten Roman gedreht.

Il film ha un andamento suggestivo, anche se la storia è priva di eventi clamorosi.

Der Film hat einen faszinierenden Handlungsablauf, auch wenn die Geschichte keine aufsehenerregenden Geschehnisse enthält.

Il regista è molto attento alla caratterizzazione psicologica dei personaggi.

Der Regisseur achtet sehr auf die psychologische Charakterisierung der Figuren.

L'attrice è stata molto convincente nel suo ruolo.

Die Schauspielerin wirkte in ihrer Rolle sehr überzeugend.

Era una parte difficile, ma l'ha interpretata con molta sensibilità.

Es war eine schwierige Rolle, aber sie verkörperte sie mit viel Einfühlungsvermögen.

Il film ha delle belle immagini, ma è girato in maniera convenzionale.

Der Film hat schöne Einstellungen, aber er ist auf konventionelle Art gedreht.

Le inquadrature degli interni sono memorabili.

Die Innenaufnahmen sind bemerkenswert.

E' un film privo di originalità e scade spesso nel sentimentale.

Es ist ein Film ohne Originalität, der oft ins Sentimentale abgleitet.

10.2.2 Gialli	*10.2.2 Kriminalfilme*
Sono un appassionato di gialli; ho sentito che il nuovo film di XY è fatto molto bene.	Ich bin ein Krimifan; ich habe gehört, daß der neue Film von XY toll gemacht ist.
Il film è ispirato ad un fatto di cronaca.	Der Film beruht auf einem wahren Ereignis.
E' la storia di un uomo che si trova ad essere testimone involontario di un omicidio.	Es ist die Geschichte eines Mannes, der zufällig unfreiwilliger Zeuge eines Mordes wird.
La scena in cui l'assassino si avvicina alla sua vittima è terrificante.	Die Szene, in der der Mörder sich seinem Opfer nähert, ist schauerlich.
La tensione non si allenta mai; alla fine c'è un clamoroso colpo di scena.	Die Spannung läßt niemals nach; am Ende gibt es eine verblüffende Wendung.
Nei film polizieschi ci sono troppe scene di violenza.	In Kriminalfilmen gibt es zu viele brutale Szenen.
Preferisco i film di spionaggio.	Ich sehe lieber Spionagefilme.
Il film racconta di una spia inviata in un paese straniero per indagare sulla misteriosa scomparsa di un agente.	Der Film erzählt von einem Spion, der in ein fremdes Land geschickt wird, um das rätselhafte Verschwinden eines Agenten zu untersuchen.
All'intrigo internazionale si intreccia una storia d'amore.	Die internationale Intrige wird mit einer Liebesgeschichte verknüpft.
Il finale del film è a sorpresa.	Das Ende des Films bietet eine Überraschung.
In questo film una banda di malviventi progetta una rapina in una banca.	In diesem Film plant eine Verbrecherbande einen Bankraub.
Bassifondi metropolitani, investigatori privati, donne fatali, sono immancabili ingredienti di molti film noir.	Elendsviertel in einer Großstadt, Privatdetektive und femmes fatales sind untrügliche Merkmale vieler Filme aus dem Verbrechermilieu.

10.2.3 Film d'intrattenimento	*10.2.3 Unterhaltungsfilme*
Questo film divertente ed acuto è la storia di un giovane brillante ma senza mezzi che è combattuto fra l'amore e l'interesse.	Dieser unterhaltsame und ironische Film beschreibt die Geschichte eines heiteren, aber mittellosen jungen Mannes, der zwischen Liebe und Vernunft hin- und hergerissen ist.
Dopo una serie di equivoci e di incontri mancati, l'amore vero trionfa.	Nach einer Reihe von Mißverständnissen und verpaßten Begegnungen siegt die wahre Liebe.
Nel film c'è una serie ininterrotta di pungenti battute.	Der Film enthält am laufenden Band witzige Wortgefechte.
Adoro i vecchi western in cui il buono ed il cattivo si fronteggiano a suon di pugni e di revolverate.	Ich liebe die alten Wildwestfilme, in denen sich der Gute und der Böse mit Faustschlägen und Revolverschüssen bekämpfen.
E' un western classico: lo sceriffo è a caccia di una banda di fuorilegge che ha rubato una mandria di vacche.	Es ist ein klassischer Western: der Sheriff jagt eine Bande Gesetzloser, die eine Rinderherde gestohlen hat.
L'eroe solitario è impersonato da un attore che interpreta spesso il ruolo di „duro".	Der einsame Held wird von einem Schauspieler dargestellt, der oft die Rolle des „harten Typen" spielt.
Per la scena dell'attacco alla diligenza ci sono volute più di cento comparse.	Für die Szene des Angriffs auf die Postkutsche waren mehr als hundert Komparsen nötig.
I film dell'orrore mi mettono paura, preferisco non vederli.	Horrorfilme jagen mir Angst ein, ich sehe sie mir lieber nicht an.
Di che parla il film?	Wovon handelt der Film?
E' una vicenda macabra; ci sono dei mostri che cercano di distruggere l'umanità.	Es ist eine makabre Begebenheit; es handelt sich um Monster, die versuchen, die Menschheit zu zerstören.
La storia è ambientata in un castello dove di notte girano fantasmi.	Die Handlung spielt in einem Schloß, in dem nachts Gespenster umgehen.
Mi piacciono i film di fantascienza ambientati nello spazio.	Ich mag gerne Science-fiction-Filme, die im Weltall spielen.
Il film è pieno di effetti speciali.	Der Film ist voller Trickaufnahmen.

## 10.3 Musica leggera	## 10.3 Unterhaltungsmusik
Che tipo di musica ti piace? Io ascolto di tutto: musica pop, rock, folk, disco, afro, latino americana e anche le canzonette.	Welche Art von Musik magst du? Ich höre mir alles an: Popmusik, Rock, Folk, Disco, Afro, lateinamerikanische und auch Schlager.
A me piacciono i cantautori italiani.	Ich höre gern italienische Liedermacher.
La musica di questa canzone non è molto originale, ma le parole sono bellissime.	Die Musik dieses Liedes ist nicht sehr originell, aber der Text ist wunderschön.
E' un motivo orecchiabile; è un ritmo che mette allegria e voglia di ballare.	Die Melodie geht ins Ohr; der Rhythmus stimmt fröhlich, und man bekommt Lust zu tanzen.
Il testo e la melodia di questa canzone sono struggenti.	Text und Melodie dieses Liedes sind ergreifend.
E' un successo discografico; il disco è in vetta alle classifiche, in poche settimane se ne sono vendute un milione di copie.	Es ist ein Plattenerfolg; die Schallplatte ist Spitzenreiter in den Wertungslisten, in wenigen Wochen wurden eine Million Exemplare davon verkauft.
Hai sentito l'ultimo disco di XY? Gli arrangiamenti sono stupendi.	Hast du schon die neueste Platte von XY gehört? Die Arrangements sind phantastisch.
E' un album (33 giri, LP ellepì) dal vivo.	Es ist ein Live-Album (Langspielplatte, LP).
Se lo vuoi registrare, te lo presto volentieri.	Wenn du es aufnehmen willst, leihe ich es dir gern.
Quella cantante ha una voce roca e piena di sfumature.	Diese Sängerin hat eine rauhe Stimme voller ausdrucksstarker Nuancen.
Abbiamo gli stessi gusti in fatto di musica!	In bezug auf Musik haben wir den gleichen Geschmack!
Suoni qualche strumento?	Spielst du ein Instrument?
Suono la chitarra. Sono andato a lezione di musica per diversi anni.	Ich spiele Gitarre. Ich habe etliche Jahre Musikunterricht genommen.
Io canto in un coro. Il nostro repertorio comprende canzoni folkloristiche di molte regioni.	Ich singe in einem Chor. Unser Repertoire umfaßt folkloristische Lieder aus vielen Regionen.

Stasera al circolo Rosselli c'è un concerto jazz.

Heute abend gibt es im Rosselliclub ein Jazzkonzert.

Chi suona? – Un trio: piano, basso e batteria. Fanno jazz sperimentale.

Wer spielt? – Ein Trio: Klavier, Baß und Schlagzeug. Sie spielen experimentellen Jazz.

E' un gruppo affiatato, sono strumentisti che suonano insieme da anni.

Es ist eine gut eingespielte Gruppe, es sind Instrumentalisten, die seit Jahren zusammen spielen.

Sono bravi sia nelle improvvisazioni, sia negli assoli.

Sie sind sehr gut in der Improvisation als auch in den Soloparts.

Questo brano è stupendo. Il sassofonista suona da Dio.

Dieses Musikstück ist toll. Der Saxophonist spielt göttlich.

Questa estate ci sarà una rassegna jazz; dobbiamo andarci, si esibiranno i jazzisti più significativi d'Europa.

Diesen Sommer wird es ein Jazzfestival geben; wir müssen hingehen, die bedeutendsten Jazzmusiker Europas werden dort auftreten.

10.4 Musica classica

10.4 Klassische Musik

Anche Lei è un appassionato di musica classica?

Schwärmen Sie auch für klassische Musik?

Si intende di musica da camera? – Non molto, preferisco la musica sinfonica e l'opera.

Verstehen Sie sich auf Kammermusik? – Nicht sehr, ich bin mehr für sinfonische Musik und Opern.

Ho una predilezione per i romantici, ma ascolto con vero piacere anche Bach e Mozart.

Ich habe eine Vorliebe für die Romantiker, aber auch Bach und Mozart höre ich wirklich gern.

Il compositore che amo di più è Beethoven.

Der Komponist, den ich am meisten liebe, ist Beethoven.

Ha sentito la nuova incisione della nona sinfonia?

Haben Sie die neue Aufnahme der neunten Sinfonie gehört?

E' uscito ora un disco con un'esecuzione splendida di due concerti di Chopin.

Soeben ist eine Schallplatte mit einer glänzenden Einspielung zweier Chopinkonzerte herausgekommen.

Il pianista, uno dei più raffinati interpreti chopiniani, suona con una levità straordinaria.

Der Pianist, einer der brillantesten Chopin-Interpreten, spielt mit außerordentlicher Leichtigkeit.

Con le sue interpretazioni si è guadagnato una fama internazionale.

Mit seinen Interpretationen hat er sich internationalen Ruhm erworben.

Ho ascoltato ancora una volta la sonata in sol minore per violoncello e piano di X.

Ich habe noch einmal die Sonate in g-Moll für Violoncello und Klavier von X gehört.

Il violoncellista è di una bravura straordinaria, è un fenomeno di tecnica.

Der Cellist spielt mit außerordentlicher Bravour, er ist ein Meister der Technik.

E' un concertista classico di prima qualità.

Er ist ein Solist von höchstem Rang auf dem Konzertpodium der klassischen Musik.

La nuova edizione del concerto in do maggiore di Y è di grande livello.

Die neue Ausgabe des Konzerts in C-Dur von Y ist von hohem Niveau.

Le piace la musica dodecafonica? – Devo ammettere che non la capisco, è di ascolto troppo difficile per me.

Mögen Sie Zwölftonmusik? – Ich muß zugeben, daß ich sie nicht verstehe, sie ist mir vom Klang her zu schwierig.

Io vado spesso a concerti di musica contemporanea.

Ich gehe oft in Konzerte mit zeitgenössischer Musik.

Fra poco comincerà il maggio musicale; si aprirà con la Nona in re minore di X.

In Kürze beginnt *(in Florenz)* der „Maggio Musicale" *(traditionelles Musikfestival im Mai);* er wird mit der Sinfonie in d-moll von X eröffnet.

10.5 Opera e concerti

10.5 Oper und Konzert

Che ne direbbe di andare ad un concerto domani sera?

Was hielten Sie davon, morgen abend ein Konzert zu besuchen?

Che cosa c'è in programma?

Was steht auf dem Programm?

Suona l'Orchestra Filarmonica della Scala, diretta da uno dei massimi direttori viventi.

Es spielt das Philharmonische Orchester der Scala unter der Leitung eines der größten lebenden Dirigenten.

E' un musicista che si misura soprattutto con il grande repertorio classico.

Er ist ein Musiker, der sich vor allem das große klassische Repertoire als Maßstab setzt.

I solisti sono di prim'ordine: il violinista è stato osannato dalla critica.

Die Solisten sind erstklassig: der Geiger wurde von den Kritikern mit Lob überhäuft.

Quando il direttore sale sul podio ed alza la bacchetta, in sala si crea un silenzio assoluto.

Wenn der Dirigent das Pult betritt und den Taktstock hebt, tritt im Konzertsaal absolute Stille ein.

Questo teatro ha un'ottima acustica.	Dieses Theater/Opernhaus hat eine ausgezeichnete Akustik.
La prestazione dell'orchestra sinfonica è stata eccellente.	Das Sinfonieorchester hat eine hervorragende Leistung geboten.
L'attàcco dei violoncelli è stato troppo forte.	Der Einsatz der Violoncelli war zu kräftig.
I fiati suonavano troppo forte e coprivano i violini.	Die Blasinstrumente spielten zu laut und übertönten die Geigen.
Tra gli strumenti ad arco si è avvertita qualche sbavatura.	Bei den Streichinstrumenten waren einige unsaubere Stellen zu bemerken.
I legni continuavano ad andare fuori tempo.	Die Holzbläser gerieten ständig aus dem Takt.
Le percussioni, invece, sono state ineccepibili.	Die Schlaginstrumente hingegen spielten einwandfrei.
L'opera è la mia passione; ha voglia di andare a vedere il nuovo allestimento del Barbiere di Siviglia?	Die Oper ist meine Leidenschaft; haben Sie Lust, die neue Inszenierung des „Barbier von Sevilla" zu besuchen?
Il tenore è un beniamino del pubblico: quando canta lui il successo è assicurato.	Der Tenor ist ein Publikumsliebling: wenn er singt, ist der Erfolg gesichert.
Le è piaciuta la nuova versione dell'opera?	Hat Ihnen die Neufassung der Oper gefallen?
La compagnia di canto era buona, anche se non eccelsa. Il coro era invece piuttosto fiacco.	Die Gesangssolisten waren gut, wenn auch nicht außergewöhnlich. Der Chor war dagegen eher schwach.
Il soprano ha cantato quell'aria con grande sensibilità.	Der Sopran hat diese Arie mit großer Empfindung gesungen.
Notevoli erano anche la sua mimica e i gesti.	Bemerkenswert waren auch ihre Mimik und Gestik.
Il baritono ha fatto una stecca clamorosa.	Der Bariton hat einen unüberhörbaren Patzer gemacht.
La regia non era troppo azzeccata: quell'andirivieni di personaggi sulla scena impediva di concentrarsi sulla musica.	Die Regie war nicht besonders gelungen: dieses Kommen und Gehen der Personen auf der Bühne hinderte einen, sich auf die Musik zu konzentrieren.
Lo spettacolo è stato fischiato senza pietà.	Die Aufführung wurde ohne Erbarmen ausgepfiffen.
E' stato un successo strepitoso, il pubblico ha applaudito in piedi per più di dieci minuti.	Es war ein glänzender Erfolg, das Publikum hat länger als zehn Minuten stehend applaudiert.

La scenografia grandiosa ha contribuito al successo dell'opera.
Die großartige Bühnenausstattung hat zum Erfolg der Oper beigetragen.

I fondali sono stati dipinti da un famoso artista.
Der Bühnenhintergrund wurde von einem berühmten Künstler gemalt.

Presto si terranno diversi concerti di musica barocca su strumenti d'epoca.
Bald finden verschiedene Barockkonzerte mit historischen Instrumenten statt.

10.6 Musei

10.6 Museen

Sa se oggi è aperto il museo delle Belle Arti?
Wissen Sie, ob das Kunstmuseum heute geöffnet ist?

Quanto costa l'entrata? C'è una riduzione per gli studenti?
Wieviel kostet der Eintritt? Gibt es eine Studentenermäßigung?

Si possono fare fotografie?
Darf man Fotos machen?

No, è vietato fotografare. – Quando ci sono le visite guidate?
Nein, Fotografieren ist verboten. – Wann finden Führungen statt?

Nella pinacoteca c'è una raccolta di quadri dell'Ottocento unica nel suo genere.
In der Pinakothek befindet sich eine einzigartige Sammlung von Gemälden aus dem 19. Jahrhundert.

In questo museo sono esposti capolavori dei maestri del passato.
In diesem Museum sind Hauptwerke alter Meister ausgestellt.

Mi interessa la pittura rinascimentale e barocca. Il Manierismo, invece, mi lascia indifferente.
Mich interessiert die Renaissance- und Barockmalerei. Der Manierismus dagegen ist mir gleichgültig.

Queste tele appartengono alla più tarda fase creativa dell'artista.
Diese Leinwandgemälde gehören in die Spätphase/späte Schaffensperiode des Künstlers.

Le opere della maturità hanno una notevole forza espressiva.
Die Werke aus der Reifezeit besitzen eine bemerkenswerte Ausdruckskraft.

Le opere giovanili rivelano un talento fuori dall'ordinario.
Die Jugendwerke lassen eine außergewöhnliche Begabung erkennen.

Quest'olio su tela raffigura un paesaggio immerso in una luce abbagliante.
Dieses Ölgemälde stellt eine in grelles Licht getauchte Landschaft dar.

Le sfumature ed i giochi di luce e di ombra sono meravigliosi.
Die Farbschattierungen sowie das Spiel von Licht und Schatten sind wunderschön.

In questa sala sono esposti i disegni, gli abbozzi e gli studi dell'artista.	In diesem Saal sind die Zeichnungen, Skizzen und Entwürfe des Künstlers ausgestellt.
Conoscevo delle riproduzioni di questa natura morta; a vedere ora l'originale mi rendo conto di tutta la sua bellezza.	Ich kannte bisher nur Reproduktionen dieses Stillebens; erst jetzt, beim Betrachten des Originals, wird mir seine ganze Schönheit bewußt.
Questo autoritratto è famosissimo.	Dieses Selbstbildnis ist sehr berühmt.
Il pittore era un valente ritrattista.	Der Maler war ein begabter Porträtist.
Questa è una delle collezioni di acqueforti più completa ed interessante che io abbia mai visto.	Dies ist eine der vollständigsten und interessantesten Sammlungen von Radierungen, die ich jemals gesehen habe.
Questo è un pittore che ha influenzato una generazione di pittori.	Dieser Maler hat eine ganze Generation von Malern beeinflußt.
Ha rivoluzionato la pittura; la sua prima esposizione fece epoca.	Er hat die Malerei revolutioniert; seine erste Ausstellung machte Epoche.
I suoi quadri suscitarono allora enorme scalpore e ricevettero un'accoglienza molto ostile.	Seine Gemälde erregten seinerzeit enormes Aufsehen und wurden äußerst ablehnend aufgenommen.
Le piace la pittura moderna?	Gefällt Ihnen die moderne Malerei?
Ammiro l'astrattismo, il surrealismo e anche certa avanguardia.	Ich bewundere die abstrakte Kunst, den Surrealismus und auch bestimmte Werke der Avantgarde.
Qui ci sono quadri d'ispirazione espressionista.	Hier gibt es Gemälde der expressionistischen Richtung.
Io nell'arte non figurativa non mi ci raccapezzo proprio.	In der nicht gegenständlichen Kunst finde ich mich wirklich nicht zu recht.
In questo museo ci sono antiche sculture in bronzo e in marmo.	In diesem Museum gibt es antike Skulpturen in Bronze und Marmor.
Questo busto è di epoca romana.	Diese Büste stammt aus der römischen Epoche.
Questa statua equestre non mi piace affatto.	Dieses Reiterstandbild gefällt mir überhaupt nicht
Questi gioielli, armi e suppellettili in bronzo testimoniano l'alto grado di civiltà raggiunto dagli etruschi.	Diese Schmuckgegenstände, Waffen und Geräte aus Bronze zeugen von dem hohen Grad der Zivilisation, den die Etrusker erreicht hatten.

Andiamo in quella chiesa, ci sono stupendi affreschi della scuola michelangiolesca.

Gehen wir in die Kirche dort, es gibt darin wunderbare Fresken aus der Schule Michelangelos.

Sarà possibile visitare gli scavi archeologici?

Wird man die archäologischen Ausgrabungen besichtigen können?

10.7 Libri

10.7 Bücher

Le piace leggere? Che libro sta leggendo?

Lesen Sie gern? Welches Buch lesen Sie gerade?

Sono dei racconti di un autore contemporaneo. Sono scritti bene, è un piacere leggerli.

Es sind Erzählungen eines zeitgenössischen Autors. Sie sind gut geschrieben, es ist ein Vergnügen, sie zu lesen.

Lo stile dell'autore è troppo difficile; per capire una frase bisogna leggerla tre volte.

Der Erzählstil des Autors ist zu schwierig; man muß einen Satz dreimal lesen, bevor man ihn versteht.

Com'è questo romanzo, è bello? – E' bellissimo, l'ho letto tutto d'un fiato.

Wie ist dieser Roman, ist er schön? – Er ist sehr schön, ich habe ihn in einem Zug gelesen.

Non lo posso ancora dire, sono solo al secondo capitolo.

Ich kann es noch nicht sagen, ich bin erst beim zweiten Kapitel.

E' molto divertente e non troppo difficile da leggere.

Er ist sehr unterhaltsam und nicht allzu schwer zu lesen.

E' scorrevole, si lascia leggere bene.

Er ist flüssig geschrieben, er läßt sich gut lesen.

L'ho trovato noioso, non sono riuscita a finirlo.

Ich fand ihn langweilig, ich habe es nicht geschafft, ihn zu Ende zu lesen.

E' pesante, la storia è interrotta da continue descrizioni e da riflessioni moraleggianti.

Er ist langatmig, die Handlung wird ständig von Beschreibungen und moralisierenden Betrachtungen unterbrochen.

Che genere di libro è?

Welche Art Buch ist das?

E' una biografia romanzata; la caratterizzazione del personaggio è fatta molto bene.

Es ist eine Romanbiographie; die Charakterisierung der Romanfigur ist sehr gut gelungen.

E' una storia a sfondo psicologico.

Es ist eine Geschichte mit psychologischem Hintergrund.

Il soggetto è fantastico, ma l'autore fa molti riferimenti all'epoca attuale.	Das Thema ist phantastisch-irreal, aber der Autor stellt viele Bezüge zur heutigen Zeit her.
E' un saggio sui problemi dell'integrazione razziale.	Es ist eine Abhandlung über die Probleme der Ausländerintegration.
E' un romanzo storico che contiene un grande affresco dell'epoca in cui si svolgono i fatti.	Es ist ein historischer Roman, der ein großartiges Gemälde der Zeit entwirft, in der die Handlung spielt.
Un giallo così è da tanto che non lo leggevo!	So einen Krimi habe ich schon lange nicht mehr gelesen!
Quando lo ha finito me lo presta?	Leihen Sie ihn mir, wenn Sie ihn ausgelesen haben?
I fumetti di questo disegnatore sono di un'ironia graffiante.	Die Comics dieses Zeichners sind von einer beißenden Ironie.
E' difficilissimo trovare i primi numeri di alcuni album a fumetti.	Es ist äußerst schwierig, die ersten Nummern mancher Comic-Hefte zu bekommen.
Che libro mi consiglierebbe per farmi un'idea della storia medioevale?	Welches Buch würden Sie mir empfehlen, um mir einen Überblick über die mittelalterliche Geschichte zu verschaffen?
In questo libro vengono esposte le tematiche più importanti del periodo.	In diesem Buch werden die wichtigsten Themenkreise jener Zeit erläutert.
Se si vuole fare una cultura sul tema, deve leggere questa opera, è la più dettagliata e completa che io conosca.	Wenn Sie sich mit diesem Thema näher befassen wollen, müssen Sie dieses Werk lesen, es ist das ausführlichste und vollständigste, das ich kenne.
Il testo è arricchito da tavole e carte geografiche.	Der Text ist angereichert mit Abbildungstafeln und geographischen Karten.
Nelle appendici vengono riportati i risultati delle ultime ricerche fatte in questo campo.	Im Anhang werden die Ergebnisse der neuesten Untersuchungen auf diesem Gebiet wiedergegeben.

11. Mezzi di comunicazione — 11. Medien

11.1 Stampa — 11.1 Presse

11.1.1 Giornali — *11.1.1 Zeitungen*

Faccio un salto all'edicola, compro il giornale anche per Lei?	Ich gehe auf einen Sprung zum Zeitungskiosk, soll ich Ihnen auch eine Zeitung mitbringen?
Che giornale legge? – Un quotidiano a diffusione nazionale.	Was für eine Zeitung lesen Sie? – Eine inländische Tageszeitung.
E' l'organo di un partito o è un giornale indipendente?	Ist es ein Parteiorgan oder eine unabhängige Zeitung?
Ha una certa linea politica, ma tutto sommato è abbastanza obiettivo.	Sie vertritt eine bestimmte politische Richtung, aber alles in allem ist sie ziemlich objektiv.
In Italia i quotidiani escono anche di domenica.	In Italien erscheinen die Tageszeitungen auch sonntags.
Posso dare un'occhiata al giornale? Il titolo di prima pagina mi ha incuriosito.	Darf ich einen Blick in die Zeitung werfen? Die Schlagzeile auf dem Titelblatt hat mich neugierig gemacht.
Legga l'articolo di fondo, c'è un'analisi molto acuta della situazione attuale.	Lesen Sie den Leitartikel, er enthält eine sehr scharfsinnige Analyse der aktuellen Situation.
Nell'editoriale ci sono commenti sferzanti contro il malcostume politico attuale.	Der Leitartikel enthält scharfe Kommentare gegen die Unsitten der heutigen Politik.
Quel giornalista è sempre polemico, ma il suo stile mi piace.	Dieser Journalist ist immer polemisch, aber sein Stil gefällt mir.
Spesso dò solo uno sguardo agli articoli di politica interna, ma la pagina di cronaca me la leggo tutta.	Oft werfe ich nur einen Blick auf die Artikel zur Innenpolitik, aber die Seite „Vermischtes" lese ich mir ganz durch.
In terza pagina (o: pagina culturale) c'è una bella recensione sull'ultimo libro di M.	Im Feuilletonteil steht eine schöne Rezension über das neueste Buch von M.
L'inchiesta sulla mafia è stata portata avanti con molto coraggio.	Der Bericht über die Mafia wurde mit viel Mut vorangetrieben.

L'articolo sulla sciagura aerea occupa cinque colonne.

Der Artikel über das Flugzeugunglück nimmt fünf Spalten ein.

Su questo giornale quando escono gli annunci economici?

Wann erscheinen in dieser Zeitung die Kleinanzeigen?

Questo giornale ha una grande tiratura, ma è pessimo: fa solo del sensazionalismo.

Diese Zeitung hat eine hohe Auflage, ist aber sehr schlecht: ihr geht es nur um Sensationsmache.

11.1.2 Riviste

11.1.2 Zeitschriften

Che rivista mi consiglia per tenermi informato sui fatti della settimana?

Welche Zeitschrift empfehlen Sie mir, um mich über die wöchentlichen Ereignisse auf dem laufenden zu halten?

In questo settimanale ci sono buoni articoli di attualità, di cultura e di spettacolo.

In dieser Wochenzeitung gibt es gute Artikel über Aktuelles, Kultur, Kino und Theater.

Questo quindicinale è molto informativo per quel che riguarda l'economia e la politica estera.

Diese Halbmonatsschrift ist sehr informativ in bezug auf Wirtschaft und Außenpolitik.

Vorrei l'ultima copia di XY.

Ich hätte gern die letzte Nummer von XY.

Ha delle riviste specializzate di ecologia?

Haben Sie spezielle Fachzeitschriften über Ökologie?

Vorrei quel trimestrata di architettura.

Ich hätte gern diese Vierteljahreszeitschrift über Architektur.

In questo mensile di geografia ci sono dei bei servizi fotografici.

In diesem Monatsheft über Geographie gibt es schöne Fotoreportagen.

Che riviste di moda ha?

Welche Modezeitschriften führen Sie?

Vorrei una rivista illustrata ed un settimanale femminile.

Ich hätte gern eine Illustrierte und eine Frauenzeitschrift.

Per passare il tempo dal parrucchiere leggo sempre dei fotoromanzi.

Zum Zeitvertreib beim Friseur lese ich immer Fotoromane.

Vorrei abbonarmi a questo periodico, quanto costa l'abbonamento semestrale?

Ich möchte gern diese Zeitschrift abonnieren, wie teuer ist ein Halbjahresabonnement?

Se fa l'abbonamento annuale risparmia il 5% sul prezzo di copertina.

Bei einem Jahresabonnement sparen Sie 5% des Einzelpreises.

11.2 Radio

11.2 Radio

La mattina, quando faccio colazione, ascolto sempre la radio.

Morgens, wenn ich frühstücke, höre ich immer Radio.

Ascolti le reti nazionali o le radio private?

Hörst du staatliche oder private Sender?

Dipende; alla RAI ascolto il giornale radio e certi programmi culturali, per la musica preferisco le radio private.

Das kommt darauf an; Nachrichten und bestimmte Kultursendungen höre ich bei der RAI (Radio Audizioni Italiane, *italienische Rundfunkanstalt),* für Musik bevorzuge ich die Privatsender.

Questa radio trasmette bella musica. – Sì, ma fanno troppi stacchi pubblicitari.

Dieser Sender überträgt schöne Musik. – Ja, aber sie unterbrechen zu oft für die Werbung.

A che ora va in onda il bollettino sul traffico („Onda Verde")?

Um welche Zeit wird der Verkehrslagebericht („Grüne Welle") gesendet?

Alza il volume, non sento niente.

Stell mal lauter, ich höre nichts.

Sintonizza meglio la radio, non si sente bene.

Stell den Sender besser ein, man kann es nicht gut verstehen.

Cambia stazione, qui fanno solo programmi di telefonate in diretta e di dediche.

Stell einen anderen Sender ein, dieser bringt nur Programme mit Hörerwünschen per Telefon.

Con questa antenna prendo parecchie stazioni in modulazione di frequenza.

Mit dieser Antenne empfange ich etliche Radiostationen durch Frequenzänderung.

Che cosa c'è alla radio a quest'ora? – Sul terzo c'è la radiocronaca delle partite.

Was gibt es um diese Zeit im Radio? – Im Dritten läuft die Fußballreportage.

La radio mi tiene compagnia quando viaggio. Per questo mi sono comprato una buona autoradio.

Das Radio leistet mir beim Reisen Gesellschaft. Deshalb habe ich mir ein gutes Autoradio gekauft.

Che bello stereo che hai! Hai anche l'impianto per i compact disc?

Was hast du für eine tolle Stereoanlage! Hast du auch einen CD-Plattenspieler?

No, ho solo il registratore e il giradischi.

Nein, ich habe nur ein Tonbandgerät und einen Plattenspieler.

Bisogna cambiare la puntina, sennò si graffia il disco.

Die Nadel muß ausgewechselt werden, sonst zerkratzt die Schallplatte.

Ascolto la musica con la cuffia, così non sento i rumori esterni.

Ich höre Musik über Kopfhörer, so höre ich die Außengeräusche nicht.

Dovresti sentire l'incisione di questo pezzo su compact disc; la qualità del suono è molto migliore.

Du solltest die Aufnahme dieses Stückes auf CD hören; die Tonqualität ist viel besser.

Mio fratello mi farà insordire, ascolta la musica sempre al massimo volume.

Mein Bruder macht mich noch taub, er hört Musik immer in höchster Lautstärke.

11.3 Televisione

11.3 Fernsehen

In Italia ci sono diverse emittenti private e una televisione di Stato, la RAI.

In Italien gibt es mehrere Privatsender und eine staatliche Fernsehanstalt, die RAI (Radio Audizioni Italiane).

Le televisioni private si finanziano con la pubblicità; per le reti pubbliche i telespettatori devono pagare un canone o abbonamento.

Die privaten Fernsehsender werden durch Werbung finanziert; für das öffentliche Netz müssen die Fernsehzuschauer eine Fernsehgebühr bezahlen.

La RAI trasmette su tre canali; sul terzo canale c'è uno spazio riservato a programmi regionali.

Die RAI sendet auf drei Kanälen; auf dem dritten Kanal bleibt ein Teil der Sendezeit Regionalprogrammen vorbehalten.

La televisione via cavo non è ancora molto diffusa in Italia.

Das Kabelfernsehen ist in Italien noch nicht weit verbreitet.

La concorrenza delle private ha migliorato o peggiorato il servizio pubblico?

Hat die Konkurrenz der Privatsender das öffentlich-rechtliche Fernsehprogramm verbessert oder verschlechtert?

Non so, per certi versi lo ha peggiorato, soprattutto per quanto riguarda il dilagare degli spot pubblicitari.

Ich weiß nicht, in gewisser Hinsicht hat sie es verschlechtert, vor allem in bezug auf die enorme Flut von Werbespots.

Odio i programmi continuamente interrotti dalla pubblicità.

Ich hasse die Programme, die ständig durch Werbung unterbrochen werden.

Che c'è stasera in televisione?

Was gibt es heute abend im Fernsehen?

Accendi la TV (tivù), a quest'ora c'è il telegiornale.

Schalte den Fernseher ein, um diese Zeit gibt es Nachrichten.

Grazie alle nuove tecnologie di telecomunicazione, la televisione ci permette di essere informati in tempo reale.

Dank der neuen Technologien auf dem Gebiet der Telekommunikation ermöglicht uns das Fernsehen, nahezu zeitgleich mit den Ereignissen informiert zu werden.

Questo è un programma in via satellite dagli Stati Uniti.	Dieses Programm kommt über Satellit aus den Vereinigten Staaten.
Un'informazione basata sul predominio dell'immagine rischia di rendere spettacolari anche le tragedie più gravi.	Bei Informationen, die vorrangig auf dem Visuellen basieren, besteht die Gefahr, daß auch die schlimmsten Tragödien zum bloßen Spektakel werden.
Purtroppo i documentari e i programmi d'informazione vengono spesso trasmessi in ultima serata.	Leider werden Dokumentarfilme und Informationsprogramme oft erst gegen Mitternacht gesendet.
In seconda serata ci sono a volte delle belle inchieste e delle interviste interessanti.	In der Zeit von ca. 22.00–23.30 Uhr* gibt es ab und zu gute Berichte und interessante Interviews.
Dalle otto e mezzo alle dieci, la fascia oraria di maggior ascolto, ci sono per lo più programmi d'intrattenimento.	Von 20.30 Uhr bis 22 Uhr, dem Zeitraum mit den höchsten Einschaltquoten / der Hauptsendezeit, gibt es überwiegend Unterhaltungsprogramme.
Mi dai il telecomando? Voglio cambiare canale, questo programma è una lagna.	Gibst du mir mal die Fernbedienung? Ich möchte ein anderes Programm einstellen, dieses hier ist zum Gähnen langweilig.
Lascia qui! C'è un collegamento in diretta con la Spagna; c'è la finalissima dei mondiali di calcio.	Laß es bitte so! Es gibt eine Direktschaltung nach Spanien; sie übertragen das Endspiel der Fußballweltmeisterschaft.
Che barba! Stasera ci sono solo telequiz e giochi a premi!	So was Langweiliges! Heute abend gibt es nur Quizsendungen und Gewinnspiele!
E' finito lo sceneggiato a puntate?	Ist die Fernsehserie zu Ende?
Mi sembra che la qualità dei programmi televisivi sia peggiorata ultimamente.	Mir scheint, daß die Qualität der Fernsehprogramme in letzter Zeit stark nachgelassen hat.
Le piccole televisioni private trasmettono pochi programmi di produzione propria.	Die kleinen privaten Fernsehstationen übertragen nur wenige Programme aus eigener Produktion.
La loro programmazione è basata su telefilm americani e film piuttosto scadenti.	Ihre Programmgestaltung basiert auf amerikanischen Fernsehfilmen und Filmen von eher minderwertiger Qualität.
Non è possibile schiarire e definire di più l'immagine? Non si vede niente!	Läßt sich das Bild nicht heller und schärfer einstellen? Man kann nichts sehen!

* Der italienische TV-Abend ist in prima (ca. 20–22.30 h), seconda (ca. 22.30–23.30 h) und ultima serata (ca. 23.30–2.00 h) unterteilt.

E' ora di buttar via questo televisore, non funziona più: Si è rotto il tubo catodico.

Es ist Zeit, diesen Fernseher wegzuwerfen, er funktioniert nicht mehr: die Bildröhre ist kaputtgegangen.

Spegni la televisione, ci sono solo stupidaggini.

Schalt den Fernseher aus, es gibt nur Unsinn.

Io non guardo quasi mai la televisione. L'accendo solo quando ci sono trasmissioni di carattere culturale.

Ich sehe fast nie fern. Ich schalte den Fernseher nur ein, wenn es kulturelle Sendungen gibt.

12. Mezzi di trasporto

12. Transportmittel

12.1 Trasporti pubblici urbani

12.1 Öffentliche Verkehrsmittel

Autobus

Bus

Prendiamo l'autobus per andare alla stazione?

Fahren wir mit dem Bus zum Bahnhof?

Dov'è la prossima fermata dell'autobus?

Wo ist die nächste Bushaltestelle?

Ferma qui il 45?

Hält hier die Linie 45 / der 45er?

Ogni quanto passa l'autobus? – Ne passa uno ogni cinque minuti.

Wie oft fährt der Bus? – Alle fünf Minuten kommt einer.

Posso comprare il biglietto sull'autobus?

Kann ich die Fahrkarte im Bus kaufen?

C'è la biglietteria automatica?

Gibt es einen Fahrkartenautomaten?

I biglietti li deve comprare a terra. Li trova nei bar e nelle tabaccherie.

Die Fahrkarten müssen Sie vor dem Einsteigen besorgen. Man kann sie in den Bars und Tabakläden kaufen.

Non si dimentichi di timbrare il biglietto sull'autobus.

Vergessen Sie nicht, die Fahrkarte im Bus abzustempeln.

Compri il biglietto multiplo, così risparmia. Ce ne sono da quattro e da otto corse.

Kaufen Sie einen Sammelfahrschein, das spart Geld. Es gibt welche zu vier und zu acht Fahrten.

Con il biglietto orario può prendere tutti gli autobus che vuole nello spazio di un'ora.

Mit einer Zeitkarte können Sie eine Stunde lang mit jeder x-beliebigen Buslinie fahren.

Questo biglietto è valido per una sola corsa, se cambia deve farne un'altro.	Diese Fahrkarte gilt nur für eine Fahrt; wenn Sie umsteigen, müssen Sie eine neue lösen.
Va bene quest'autobus per andare in centro?	Fährt dieser Bus in die Innenstadt?
No, questo va nella direzione opposta. Scenda alla prossima fermata, sul marciapiede di fronte troverà la fermata giusta.	Nein, dieser fährt in die entgegengesetzte Richtung. Steigen Sie an der nächsten Haltestelle aus, auf dem gegenüberliegenden Bürgersteig werden Sie die richtige Haltestelle finden.
Quante fermate sono per Via X?	Wie viele Haltestellen sind es bis Via X?
Ci sono ancora quattro fermate.	Es sind noch vier Stationen.
A quale fermata devo scendere per l'università?	An welcher Haltestelle muß ich aussteigen, um zur Universität zu kommen?
Mi dice dove devo scendere per il Colosseo?	Sagen Sie mir, wo ich aussteigen muß zum Kolosseum?
Deve scendere al capolinea.	Sie müssen an der Endstation aussteigen.
Deve cambiare; scenda in piazza Dante e lì prenda il 18.	Sie müssen umsteigen; steigen Sie am Danteplatz aus, und nehmen Sie dort die Linie 18.
Con questo arriva fino al duomo. Da lì deve andare a piedi.	Mit dieser fahren Sie bis zum Dom. Von dort müssen Sie zu Fuß weitergehen.
Non c'è un autobus che mi porti più vicino?	Gibt es keinen Bus, der näher heranfährt?
E' questa la fermata della stazione? – Sì, suoni, altrimenti non Le aprono le porte.	Ist dies die Haltestelle zum Bahnhof? – Ja, läuten Sie, sonst öffnen sie Ihnen die Türen nicht.
E' vietato scendere dalla porta posteriore.	Es ist verboten, an der hinteren Tür auszusteigen.
Arriva il controllore, hai il biglietto a portata di mano?	Da kommt der Kontrolleur, hast du die Fahrkarte zur Hand?
Ma quando passa l'autobus? Sono dieci minuti che aspetto! – Ecco, ne arriva uno.	Aber wann kommt denn der Bus? Ich warte schon zehn Minuten! – Na also, da kommt einer.
E' troppo pieno, aspettiamo il prossimo.	Er ist zu voll, warten wir auf den nächsten.
Nelle ore di punta gli autobus sono pieni zeppi.	In den Hauptverkehrszeiten / Spitzenzeiten sind die Busse brechend voll.

E' meglio prendere la metropolitana, passa con più frequenza ed è più veloce.

Man fährt besser mit der U-Bahn, sie fährt öfter und ist schneller.

Metropolitana / *U-Bahn*

C'è una stazione della metropolitana qui vicino? – Sì, l'entrata è dietro quell'angolo.

Gibt es hier in der Nähe eine U-Bahn-Station? – Ja, der Eingang ist hinter dieser Straßenecke.

Il prezzo del biglietto varia a seconda delle fermate che si fanno?

Richtet sich der Preis der Fahrkarte nach der Anzahl der Haltestellen?

No, c'è una tariffa unica. Con un biglietto può raggiungere tutte le destinazioni, però non deve uscire dalle stazioni.

Nein, es gibt einen Einheitstarif. Mit einer Fahrkarte können Sie überall hinfahren, dürfen aber die U-Bahnhöfe nicht verlassen.

Bisogna timbrare i biglietti, prima di scendere ai binari.

Bevor man zu den Bahnsteigen hinuntergeht, muß man die Fahrkarten entwerten.

Che linea devo prendere per andare al Castello Sforzesco?

Welche Linie muß ich nehmen, um zum Sforza-Kastell zu kommen?

Devo cambiare? – No, questa La porta a destinazione.

Muß ich umsteigen? – Nein, diese Linie bringt Sie bis ans Ziel.

La scala mobile è fuori servizio, ci tocca fare tutte quelle scale a piedi.

Die Rolltreppe ist außer Betrieb, wir müssen alle Treppen zu Fuß gehen.

Fra quanto arriva la prossima metropolitana?

Wann kommt die nächste U-Bahn?

Ne è partita una proprio ora.

Gerade eben ist eine weggefahren.

Taxi / *Taxi*

C'è un servizio di radio taxi? Qual è il numero della centrale?

Gibt es einen Funktaxidienst? Wie ist die Nummer der Taxizentrale?

Vorrei un tassì in via Cellai 8. Aspetto davanti al portone.

Ich hätte gern ein Taxi zur Via Cellai Nr. 8. Ich warte vor der Haustür.

Dov'è il posteggio di taxi più vicino?

Wo ist der nächste Taxistand?

Taxi! E' libero? – Sì, dove deve andare?

Taxi! Sind Sie frei? – Ja, wohin müssen Sie (fahren)?

Mi porti alla stazione. Può andare più veloce? Sono in ritardo.

Bringen Sie mich zum Bahnhof. Können Sie schneller fahren? Ich bin spät dran.

C'è ancora molto per la stazione? Ce la facciamo ad arrivare per le dieci e dieci?	Ist es noch weit bis zum Bahnhof? Schaffen wir es noch bis zehn Uhr zehn?
Se non incontriamo tanto traffico ce la dovremmo fare.	Wenn nicht so viel Verkehr herrscht, müßten wir es schaffen.
Mi sa proprio che non ce la facciamo.	Mir scheint, als schaffen wir es einfach nicht.
Eccoci arrivati. Si fermi qui per favore. Quant'è?	Da sind wir ja. Halten Sie bitte hier. Wieviel macht es?
Guardiamo il tassametro: 7600 lire per la corsa.	Schauen wir auf den Zähler: die Fahrt kostet 7600 Lire.
Ecco a Lei 8000 lire. Tenga pure il resto.	Hier sind 8000 Lire. Behalten Sie nur den Rest.
Senta, può tornare a prendermi fra un'ora?	Hören Sie, können Sie mich in einer Stunde wieder abholen?
Faccio subito, mi aspetta qui cinque minuti?	Ich mache ganz schnell, können Sie fünf Minuten warten?
C'è un pullman per San Gimignano? – Sì, ce n'è uno ogni ora.	Gibt es einen Bus nach San Gimignano? – Ja, jede Stunde fährt einer.
Dov'è la stazione dei pullman?	Wo ist der Busbahnhof?
Quanto tempo ci impiega per arrivare?	Wie lange dauert die Fahrt?

12.2 In treno

12.2 Mit dem Zug

Scusi, dov'è l'ufficio informazioni?	Entschuldigen Sie, wo ist die Auskunft?
Vorrei essere a Roma per le dieci di domani mattina, che treni ci sono?	Ich möchte gern morgen früh um zehn Uhr in Rom sein, was für Züge gibt es?
Può prendere il treno delle sei e tredici, arriva a Roma alle 8.55.	Sie können den Zug um 6.13 Uhr nehmen, er ist um 8.55 Uhr in Rom.
Non ce n'è uno che parte un po' più tardi?	Gibt es nicht einen, der etwas später abfährt?
Il treno delle sette e dieci a che ora arriva?	Der Zug um 7.10 Uhr kommt um welche Zeit an?
Quel treno non viaggia la domenica e nei giorni festivi.	Dieser Zug verkehrt nicht an Sonn- und Feiertagen.
E' un treno diretto o devo cambiare?	Ist es ein durchgehender Zug, oder muß ich umsteigen?

Deve cambiare a Bologna. Lì trova subito la coincidenza.	Sie müssen in Bologna umsteigen. Dort haben Sie sofort Anschluß.
Quanto devo aspettare per la coincidenza?	Wie lange muß ich auf den Anschlußzug warten?
Ho perso la coincidenza per Ancona, a che ora c'è il prossimo treno?	Ich habe den Anschluß nach Ancona verpaßt, wann fährt der nächste Zug?
E' un rapido o un espresso?	Ist es ein Intercity oder ein D-Zug?
Non voglio prendere un locale, si ferma dappertutto.	Ich möchte keinen Nahverkehrszug nehmen, er hält überall.
Fa molte fermate? – No, ferma solo nelle stazioni più importanti.	Hält er oft? – Nein, er hält nur an den größeren Bahnhöfen.
Non c'è un treno che impieghi meno tempo?	Gibt es nicht einen Zug, der weniger Zeit braucht?
Dobbiamo sbrigarci se non vogliamo perdere il treno.	Wir müssen uns beeilen, wenn wir nicht den Zug verpassen wollen.
Io vado in biglietteria a fare i biglietti.	Ich gehe zum Schalter und hole die Fahrkarten.
Per questo treno bisogna pagare il supplemento rapido e la prenotazione obbligatoria.	Für diesen Zug ist Intercity-Zuschlag und eine Platzreservierung erforderlich.
Questo treno fa solo servizio di prima classe.	Dieser Zug führt nur erste Klasse.
Quant'è la differenza fra il biglietto di prima e quello di seconda?	Wieviel beträgt der Unterschied zwischen einer Fahrkarte erster und zweiter Klasse?
C'è una riduzione per i bambini al di sotto dei sei anni?	Gibt es eine Fahrpreisermäßigung für Kinder unter sechs Jahren?
Per quanti giorni è valido il biglietto?	Wie viele Tage ist die Fahrkarte gültig?
Vorrei riservare un posto sull'espresso per Milano delle 18.12 per il 13 settembre.	Ich möchte gern für den 13. September im D-Zug nach Mailand um 18.12 Uhr einen Platz reservieren.
Vorrei un posto vicino al finestrino in uno scompartimento per non fumatori.	Ich hätte gern einen Fensterplatz in einem Nichtraucherabteil.
Ci sono ancora scompartimenti liberi nel vagone letto?	Sind im Schlafwagen noch Abteile frei?
Da quale binario parte il treno?	Von welchem Bahnsteig fährt der Zug ab?
Un momento, guardo sul tabellone delle partenze.	Einen Moment, ich schaue mal auf die Anzeigetafel.
Parte in orario?	Fährt er planmäßig ab?
Fra quanto parte?	Wann fährt er ab?

Il treno parte fra cinque minuti.	Der Zug fährt in fünf Minuten ab.
Il treno dovrebbe partire alle 17.15, ma è in ritardo di circa venti minuti.	Der Zug müßte um 17.15 Uhr abfahren, aber er hat etwa zwanzig Minuten Verspätung.
Il treno viaggia con circa mezz'ora di ritardo a causa di lavori sul tratto Bari-Lecce.	Der Zug hat ca. ½ Stunde Verspätung wegen Gleisarbeiten auf der Strecke Bari–Lecce.
Eccolo, finalmente arriva. Hai tutte le valigie?	Da kommt er ja endlich. Hast du alle Koffer?
E' pienissimo, c'è gente stipata nei corridoi.	Er ist sehr voll, die Leute stehen dichtgedrängt in den Gängen.
Ma io non ho voglia di fare il viaggio in piedi!	Aber ich habe keine Lust, die Reise im Stehen zu verbringen!
E' stato annunciato un convoglio straordinario che partirà venti minuti dopo di questo, prendiamo quello?	Es wurde ein Entlastungszug angekündigt, der zwanzig Minuten nach diesem abfahren wird, nehmen wir den?
Ecco uno scompartimento vuoto! Qui possiamo tirare giù i sedili e sdraiarci, se vogliamo.	Da ist ein leeres Abteil! Hier können wir die Sitze ausziehen und uns hinlegen, wenn wir wollen.
Mi dà una mano a mettere su le valigie?	Helfen Sie mir, die Koffer hinaufzuheben?
Può darmi un'occhiata alle valigie? – Stia tranquillo, non le perderò di vista.	Können Sie auf meine Koffer achtgeben? – Seien Sie unbesorgt, ich werde sie im Auge behalten.
Le dà noia il finestrino aperto? Si muore dal caldo! – No, anzi, mi fa piacere un po' d'aria.	Stört Sie das offene Fenster? Man kommt um vor Hitze! – Nein, im Gegenteil, ich freue mich über ein wenig frische Luft.
Posso chiudere il finestrino?	Kann ich das Fenster schließen?
Come mai non funziona l'aria condizionata?	Wieso funktioniert denn die Klimaanlage nicht?
Il vagone ristorante è avanti o indietro rispetto al nostro?	Befindet sich der Speisewagen vor oder hinter unserem Waggon?
Ha l'orario dei treni? Me lo fa vedere un attimo?	Haben Sie einen Fahrplan? Lassen Sie mich kurz einen Blick hineinwerfen?
Arriva il controllore. Accidenti! Dove ho messo i biglietti?	Da kommt der Zugschaffner. Verflixt! Wo habe ich die Fahrkarten hingesteckt?
Mi sa dire a che ora si arriva a Pescara?	Können Sie mir sagen, wann wir in Pescara ankommen?
Viaggiamo in orario?	Sind wir pünktlich?

Sì, dovremmo arrivare puntuali, abbiamo recuperato tutto il ritardo.	Ja, wir müßten pünktlich ankommen, wir haben die gesamte Verspätung schon aufgeholt.
Faccio in tempo a prendere la coincidenza? – Sì, ha quindici minuti per cambiare binario.	Erreiche ich meinen Anschlußzug noch? – Ja, Sie haben fünfzehn Minuten Zeit, um auf den anderen Bahnsteig zu gehen.
Prepariamoci, stiamo per arrivare.	Machen wir uns bereit, wir kommen gleich an.
A che binario arriva il treno da Lecce?	Auf welchem Gleis fährt der Zug aus Lecce ein?
Speriamo che Luca ci sia venuto a prendere. – Eccolo lì, davanti all'orario degli arrivi.	Hoffentlich ist Lukas gekommen, uns abzuholen. – Da ist er ja, vor der Ankunftstafel.
Dove sono i carrelli portabagagli?	Wo sind die Gepäckkarren?
Facchino! Mi porta le valigie fino al taxi?	Gepäckträger! Bringen Sie mir die Koffer zum Taxi?
Quanto Le devo? – Mille lire a collo.	Wieviel bekommen Sie? – Tausend Lire pro Gepäckstück.
Dov'è il deposito bagagli?	Wo ist die Gepäckaufbewahrung?
Vorrei depositare queste due borse da viaggio.	Ich möchte gern diese beiden Reisetaschen zur Aufbewahrung geben.
Si paga alla consegna o al ritiro?	Zahlt man bei der Abgabe oder beim Abholen?
Ecco lo scontrino. Non lo perda, altrimenti non può ritirare il bagaglio.	Hier ist der Beleg. Verlieren Sie ihn nicht, sonst können Sie das Gepäck nicht wieder abholen.
Io viaggio spesso in treno; sono un pendolare.	Ich reise oft mit dem Zug; ich bin Pendler.
E' comodo fare i viaggi lunghi in treno; in alta stagione si evitano le file snervanti sull'autostrada.	Es ist bequem, lange Reisen mit dem Zug zu machen; in der Hochsaison vermeidet man so die nervenaufreibenden Schlangen auf der Autobahn.
Viaggiare in treno è rilassante; si possono allungare le gambe, si può leggere o fare conoscenza con gli altri passeggeri.	Bahnreisen sind entspannend; man kann die Beine ausstrecken, man kann lesen oder die Bekanntschaft anderer Mitreisender machen.
Di notte prendo sempre la cuccetta o il vagone letto; la mattina dopo si arriva a destinazione abbastanza riposati.	Nachts nehme ich immer Liege- oder Schlafwagen; am nächsten Morgen kommt man ziemlich ausgeruht am Zielort an.

Certo, con il treno non si è completamente liberi: non si possono raggiungere le piccole località e si devono rispettare certi orari.

Sicherlich, man ist mit dem Zug nicht ganz unabhängig: man kann die kleinen Ortschaften nicht erreichen und muß sich nach bestimmten Zeitplänen richten.

Vorrei andare ad Amburgo in treno, ci sono delle tariffe ridotte?

Ich möchte mit dem Zug nach Hamburg fahren, gibt es verbilligte Tarife?

Per i gruppi c'è uno sconto comitiva.

Für Gruppen gibt es einen Gruppenrabatt.

Per i giovani al di sotto dei ventisei anni c'è un biglietto con il 30% di sconto.

Für Jugendliche unter sechsundzwanzig Jahren gibt es eine Fahrkarte mit dreißig Prozent Ermäßigung.

Con questo biglietto posso prendere qualsiasi treno?

Kann ich mit dieser Fahrkarte jeden beliebigen Zug nehmen?

No, può prendere solo determinati treni, inoltre il biglietto non è valido per i rapidi.

Nein, Sie können nur bestimmte Züge nehmen, außerdem gilt die Fahrkarte nicht für Intercity-Züge.

Qual è la durata del biglietto?

Wie lange ist die Fahrkarte gültig?

Per i viaggi all'interno del paese può fare un biglietto chilometrico.

Für Inlandsreisen können Sie ein Kilometerticket lösen.

Con un biglietto valido per mille Km può andare dove vuole e risparmia abbastanza.

Mit einem 1000-km-Ticket können Sie fahren, wohin Sie wollen, und sparen dabei ganz schön.

Oppure può fare un biglietto settimanale; può prendere tutti i treni e fare tutti i chilometri che vuole.

Oder Sie können eine Wochenfahrkarte kaufen; Sie können damit alle Züge nehmen und so viele Kilometer fahren, wie Sie wollen.

12.3 In aereo

12.3 Mit dem Flugzeug

Vorrei prenotare un volo diretto per Berlino per l'inizio di settembre.

Ich möchte gern für Anfang September einen Direktflug nach Berlin buchen.

Vuole un biglietto di andata e ritorno o di sola andata?

Wollen Sie ein Rückflugticket oder einen einfachen Flug?

Vuole viaggiare in classe turistica o in prima classe?

Möchten Sie Touristenklasse oder erster Klasse fliegen?

Vorrei riservare un posto sul volo LH 540 per Monaco per giovedì prossimo.

Ich möchte für nächsten Donnerstag einen Platz für den Flug LH 540 nach München buchen.

Sul volo diretto non ci sono più posti; se vuole può partire con il volo LT 320, ma fa scalo a Milano.	Der Direktflug ist ausgebucht; wenn Sie wollen, können Sie den Flug LT 320 mit Zwischenlandung in Mailand nehmen.
Ci sono ancora posti liberi? Ne vorrei uno vicino al finestrino.	Sind noch Plätze frei? Ich hätte gern einen Fensterplatz.
C'è un altro volo per Vienna oggi?	Gibt es heute noch einen (weiteren) Flug nach Wien?
A che ora c'è la coincidenza con il volo per Zurigo?	Wann habe ich Anschluß an den Flug nach Zürich?
E' un volo di linea? Di quale compagnia aerea è?	Ist es ein Linienflug? Von welcher Fluggesellschaft?
Ci sono voli charter per Londra?	Gibt es Charterflüge nach London?
Vorrei fissare la data di partenza del mio biglietto e lasciare il rientro aperto.	Ich möchte das Abflugdatum meines Tickets festmachen und den Rückflug offenlassen.
Telefono per confermare la mia prenotazione per il volo per Parigi.	Ich rufe an, um meine Reservierung für den Flug nach Paris zu bestätigen.
Purtroppo devo cancellare la mia prenotazione.	Leider muß ich meine Reservierung stornieren.
E' possibile cambiare la data della partenza? Vorrei partire alla fine del mese invece che a metà mese.	Ist es möglich, das Abflugdatum zu ändern? Ich möchte gern Ende des Monats anstatt Mitte des Monats fliegen.
Il 30 agosto c'è un solo volo da Roma per Londra.	Am 30. August gibt es nur einen einzigen Flug von Rom nach London.
Qual è la durata del volo? – Il volo da Napoli ad Amburgo dura circa due ore e mezzo.	Wie lange dauert der Flug? – Der Flug von Neapel nach Hamburg dauert ungefähr zweieinhalb Stunden.
A che ora si arriverà a New York?	Wann kommen wir in New York an?
L'atterraggio è previsto per le 15.30 ora locale.	Die Landung ist für 15.30 Uhr Ortszeit vorgesehen.
Posso fare una sosta di un giorno a Milano e poi proseguire il volo?	Kann ich den Flug für einen Tag in Mailand unterbrechen und ihn dann fortsetzen?
Dov'è lo sportello dell'Alitalia?	Wo ist der Schalter der Alitalia?
A che ora devo presentarmi per il check-in?	Wann muß ich zum Einchecken erscheinen? / Wann muß ich einchekken?

Per consegnare i bagagli e prendere la carta d'imbarco si presenti almeno un'ora prima dell'orario di partenza.	Zur Gepäckabfertigung und zur Entgegennahme der Bordkarte müssen Sie mindestens eine Stunde vor Abflug hier sein.
Il peso del bagaglio non deve essere superiore ai 20 chili.	Das Gepäck darf nicht mehr als 20 Kilogramm wiegen.
Quanto si deve pagare per i chili in eccesso?	Wieviel muß man für jedes Kilo Übergewicht zahlen?
Parecchio, cerchi di non oltrepassare i 20 Kg previsti.	Ziemlich viel, versuchen Sie, die vorgesehenen 20 kg nicht zu überschreiten.
Posso portare questa borsa come bagaglio a mano?	Darf ich diese Tasche als Handgepäck mitnehmen?
Andiamo al banco del controllo passaporti. Hai i documenti a posto?	Gehen wir zur Paßkontrolle. Sind die Ausweise in Ordnung?
Avvertiamo i signori passeggeri che il volo LT 340 subirà un ritardo di circa trenta minuti.	Wir weisen die Passagiere darauf hin, daß der Flug LT 340 eine Verspätung von etwa dreißig Minuten haben wird.
Il volo è stato soppresso a causa della nebbia.	Der Flug wurde wegen Nebel gestrichen.
I passeggeri del volo AZ 461 per Londra sono pregati di recarsi all'uscita numero 5.	Die Passagiere des Fluges AZ 461 nach London werden gebeten, sich zum Ausgang Nr. 5 zu begeben.
Ultimo avviso per i passeggeri del volo AZ 461.	Letzter Aufruf für die Passagiere des Fluges AZ 461.
Scusi, credo che Lei abbia sbagliato posto. Il numero 52 dovrebbe essere il mio.	Verzeihen Sie, ich glaube, Sie haben sich im Platz geirrt. Der Platz Nummer 52 müßte meiner sein.
I signori sono pregati di allacciare le cinture di sicurezza e di non fumare.	Die Passagiere werden gebeten, sich anzuschnallen und das Rauchen einzustellen.
Ha delle pillole contro il mal d'aria?	Haben Sie Tabletten gegen Luftkrankheit?
A che quota siamo? – Siamo a 3000 metri di quota.	Wie hoch fliegen wir? – Unsere gegenwärtige Flughöhe beträgt 3000 Meter.
Fra poco sorvoleremo le Alpi.	In Kürze überfliegen wir die Alpen.
Ho paura dei vuoti d'aria.	Ich habe Angst vor den Luftlöchern.
L'aereo farà rifornimento a Madrid.	Die Maschine wird in Madrid auftanken.
Viaggiamo con circa venti minuti di ritardo.	Wir fliegen mit etwa zwanzig Minuten Verspätung.

Viaggiamo in perfetto orario.	Wir fliegen absolut planmäßig.
Siamo in vista della pista di atterraggio, atterreremo fra circa dieci minuti.	Wir befinden uns im Anflug (*wörtl.:* im Blickfeld) auf die Landebahn, wir werden in etwa zehn Minuten landen.
Dov'è la riconsegna delle valigie?	Wo ist die Gepäckausgabe?
Ero nel volo intercontinentale da Singapore. Siamo atterrati da più di un'ora e le mie valigie non sono ancora arrivate.	Ich war auf dem Interkontinentalflug aus Singapur. Wir sind vor über einer Stunde gelandet, und meine Koffer sind noch nicht da.
Credo che le mie valigie siano andate perdute.	Ich glaube, daß meine Koffer verlorengegangen sind.
Mi fa vedere la Sua ricevuta bagaglio, per favore?	Darf ich bitte Ihren Gepäckschein sehen?
C'è stato qualche disguido. Ci vorrà un po' di tempo per rintracciarle. Mi lasci il Suo indirizzo, gliele recapiteremo al più presto.	Das Gepäck wurde fehlgeleitet. Wir werden etwas Zeit brauchen, es wiederzufinden. Hinterlassen Sie mir Ihre Adresse, wir werden Ihnen die Koffer so schnell wie möglich zustellen.
Quanto tempo ci vorrà? – Al massimo due giorni. Riempia questo modulo, per favore.	Wie lange wird es dauern? – Höchstens zwei Tage. Füllen Sie bitte dieses Formular aus.
Lo scarico dei bagagli del Suo volo è ancora in corso. Deve pazientare ancora un po'.	Das Gepäck Ihres Fluges wird gerade erst ausgeladen. Sie müssen sich noch ein wenig gedulden.
La mia valigia è stata completamente rovinata! Guardi qui!	Mein Koffer wurde völlig beschädigt! Schauen Sie sich das an!
Aveva assicurato il Suo bagaglio? – No, la compagnia aerea dovrà rispondere dei danni.	Hatten Sie Ihr Gepäck versichert? – Nein, die Fluggesellschaft wird für den Schaden aufkommen müssen.
Deve inoltrare domanda di risarcimento dei danni entro sette giorni.	Sie müssen die Schadenersatzforderung innerhalb von sieben Tagen einreichen.
C'è un treno o un servizio di autobus che collega l'aereoporto con la stazione centrale?	Gibt es eine Zug- oder Busverbindung zwischen Flughafen und Hauptbahnhof?
Quando faccio viaggi d'affari prendo sempre l'aereo.	Für Geschäftsreisen nehme ich immer das Flugzeug.
Vai a Parigi in aereo? – Sì, ci vado con l'aereo perché risparmio tempo.	Fliegst du nach Paris? – Ja, ich nehme das Flugzeug, weil ich dadurch Zeit spare.

12.4 In nave	12.4 Mit dem Schiff
Dove si fanno i biglietti per i traghetti?	Wo löst man die Karten für die Fähre?
Se viaggiate con i traghetti dello Stato potete farli in qualsiasi stazione ferroviaria.	Wenn Sie die staatlichen Fähren benutzen, können Sie sie an jedem Bahnhof kaufen.
Se invece prendete un traghetto di una compagnia di navigazione privata potete farli in un'agenzia o al porto.	Wenn Sie aber eine Fähre einer privaten Schiffahrtsgesellschaft nehmen, können Sie sie in einem Reisebüro oder am Hafen kaufen.
Vorremmo partire per la Sardegna martedì prossimo. Siamo due persone ed una macchina.	Wir möchten nächsten Dienstag nach Sardinien übersetzen. Wir sind zwei Personen und ein Auto.
E' difficile trovare un posto per la macchina, normalmente si prenota con uno o due mesi di anticipo.	Es ist schwierig, einen Platz für das Auto zu finden, normalerweise bucht man einen oder zwei Monate im voraus.
E ora non c'è proprio nessuna possibilità di trovare un posto?	Und jetzt gibt es wirklich keine Möglichkeit mehr, einen Platz zu bekommen?
Sì, ma dovete fare un altro tragitto. Ci sarebbe un posto da Livorno giovedì prossimo alle nove.	Doch, aber Sie müssen eine andere Strecke nehmen. Nächsten Donnerstag um neun wäre von Livorno aus noch ein Platz frei.
Se proprio non si può fare altrimenti, prendiamo quello.	Wenn es wirklich nicht anders geht, nehmen wir den.
Per che ora è previsto l'imbarco?	Wann können wir an Bord gehen?
Quanto dura la traversata?	Wie lange dauert die Überfahrt?
Ci sono ancora cabine libere sul traghetto per Olbia?	Sind auf der Fähre nach Olbia noch Kabinen frei?
Purtroppo non ci sono più cabine. Potete prendere due poltrone.	Leider sind keine Kabinen mehr frei. Sie können zwei Sitzplätze haben.
Vorremmo risparmiare, prendiamo due posti ponte.	Wir möchten sparen, wir nehmen zwei Plätze an Deck.
Ci dobbiamo sbrigare a salire, stanno per ritirare la passerella.	Wir müssen uns beeilen an Bord zu gehen, die Brücke wird gleich eingezogen.
Andiamo a fare una passeggiata sul ponte?	Sollen wir einen Spaziergang auf dem Promenadendeck machen?

E’ troppo freddo, torniamo in coperta.	Es ist zu kalt, gehen wir wieder unter Deck.
Il salone è pieno di gente.	Der Aufenthaltsraum ist voller Leute.
Questo rullio mi fa star male; io soffro il mal di mare.	Bei diesem Schlingern wird mir schlecht; ich werde so leicht seekrank.
Mi sento male, chiami il dottore di bordo.	Ich fühle mich nicht wohl, rufen Sie den Schiffsarzt.
Dov’è l’infermeria?	Wo ist die Krankenstation?
A che ora sbarcheremo a Genova?	Wann werden wir in Genua eintreffen?
A causa della burrasca arriveremo con un lieve ritardo.	Wegen des Sturms werden wir mit einer geringen Verspätung ankommen.
Siamo in vista della costa ligure, fra poco attraccheremo.	Wir nähern uns der ligurischen Küste, in Kürze werden wir anlegen.
Siamo entrati in porto, prepariamoci allo sbarco.	Wir sind in den Hafen eingelaufen, machen wir uns bereit, an Land zu gehen.
Questo vaporetto va a Piazza San Marco?	Fährt dieses Motorschiff zum Markusplatz?
Da dove si parte per fare il giro delle isole in vaporetto?	Von wo aus startet die Inselrundfahrt mit dem Motorschiff?
Sul lago di Garda si possono fare delle belle gite con l’aliscafo.	Auf dem Gardasee kann man herrliche Ausflüge mit dem Tragflächenboot machen.
Vorremmo noleggiare un motoscafo, quanto costa all’ora?	Wir möchten ein Motorboot mieten, was kostet es pro Stunde?

12.5 In macchina — 12.5 Mit dem Auto

Io viaggio sempre in macchina.	Ich reise immer mit dem Auto.
Hai portato la macchina al collaudo?	Hast du den Wagen zur Inspektion gebracht?
C’è nelle vicinanze un negozio di autoaccessori?	Gibt es in der Nähe ein Geschäft mit Autozubehör?
Quest’inverno dobbiamo comprare le gomme da neve o le catene.	Diesen Winter müssen wir Winterreifen oder Schneeketten kaufen.
Mi servirebbero due litri di antigelo.	Ich brauche zwei Liter Frostschutzmittel.

Devo comprare un barattolo di antiruggine.	Ich muß eine Dose Rostschutzmittel kaufen.
Nella cassetta degli attrezzi c'è tutto: triangolo, chiave inglese, cric e cacciavite.	Im Werkzeugkasten ist alles vorhanden: Warndreieck, Engländer, Wagenheber und Schraubenzieher.
La freccia di destra non funziona, bisogna cambiare la lampadina.	Der rechte Blinker funktioniert nicht, die Birne / Lampe muß ausgewechselt werden.
Gli abbaglianti sono a posto.	Das Fernlicht ist in Ordnung.
La batteria è scarica, devo farla ricaricare.	Die Batterie ist leer, ich muß sie aufladen lassen.
Hai controllato la ruota di scorta?	Hast du das Reserverad überprüft?
Ho le gomme lisce, c'è un gommista qui per farle cambiare?	Ich habe abgefahrene Reifen, gibt es hier einen Reifenhändler, der sie auswechseln kann?
Ci vogliono copertoni nuovi, con questi non si può più viaggiare.	Da sind neue Reifen fällig, mit diesen kann man nicht mehr fahren.
Ho forato (una gomma).	Ich habe einen Platten.
C'è un negozio di autoricambi qui vicino?	Gibt es hier in der Nähe ein Geschäft, das Autoersatzteile führt?
Allaccia la cintura di sicurezza, altrimenti ci fanno la multa.	Schnall dich an, sonst verpassen sie uns ein Bußgeld.
E' ora di cambiare la macchina, questa è diventata vecchia e consuma troppo.	Es ist an der Zeit, ein anderes Auto zu kaufen, dieses ist zu alt und verbraucht zuviel.
Il motore è ancora buono, ma la carrozzeria è un po' arrugginita.	Der Motor ist noch in Ordnung, aber die Karosserie ist ein wenig verrostet.
Ho comprato una macchina di seconda mano, era una buona occasione.	Ich habe einen Wagen aus zweiter Hand gekauft, es war eine günstige Gelegenheit.
E' in garanzia per un anno anche se è usata.	Er hat 1 Jahr Garantie, obwohl er gebraucht ist.
Va che è una meraviglia, finora non ha mai avuto un guasto.	Er läuft hervorragend; bis jetzt hatte er noch nie eine Panne.

12.5.1 Dal benzinaio	*12.5.1 An der Tankstelle*
L'indicatore della benzina segna rosso, dobbiamo trovare una stazione di servizio.	Die Benzinuhr zeigt auf Reserve, wir brauchen eine Tankstelle.
Dov'è la pompa di benzina più vicina?	Wo ist die nächste Tankstelle?
Il prossimo distributore è a tre chilometri da qui.	Die nächste Tankstelle befindet sich drei Kilometer von hier.
Ecco un benzinaio, fermiamoci a fare benzina.	Da ist ja ein Tankwart, halten wir mal, um zu tanken.
Per favore faccia il pieno di super / normale / senza piombo / gasolio / metano.	Bitte volltanken mit Super / Normal / Bleifrei / Diesel / Methan.
Ventimila super, per favore.	Bitte für 20000 Lire Super.
Mi dà le chiavi del serbatoio?	Geben Sie mir den Tankschlüssel?
Mi dà una pulita al parabrezza?	Können Sie mir die Windschutzscheibe säubern?
Mi dia un'occhiata all'acqua del radiatore.	Sehen Sie auch kurz nach dem Kühlwasser.
Mi controlla il livello dell'olio?	Kontrollieren Sie bitte den Ölstand?
Sarà bene dare una controllata all'olio dei freni.	Es wäre gut, einmal die Bremsflüssigkeit zu kontrollieren.
Può controllare la pressione delle gomme?	Können Sie den Reifendruck überprüfen?
Le gomme posteriori sono un po' sgonfie. Me le gonfia?	Die Hinterreifen haben zu wenig Luft. Füllen Sie sie bitte auf?
C'è anche un autolavaggio qui? Vorrei far lavare la macchina.	Gibt es hier auch eine Autowaschanlage? Ich möchte den Wagen waschen lassen.
Mi riempie di benzina questa tanica?	Füllen Sie mir diesen Kanister mit Benzin?
L'automatico non mi prende queste diecimila lire, la banconota è troppo stropicciata. Ne avrebbe una più nuova?	Der Automat nimmt meinen 10000-Lire-Schein nicht an, der Schein ist zu zerknittert. Hätten Sie einen neueren für mich?

12.5.2 Dal meccanico	*12.5.2 In der Werkstatt*
Devo portare la macchina dal meccanico.	Ich muß den Wagen in die Werkstatt bringen.
Mi sa indicare una buona officina? Fanno dei prezzi onesti?	Können Sie mir eine gute Autowerkstatt empfehlen? Mit reellen Preisen?
Che c'è che non funziona?	Was ist kaputt / muß repariert werden?
Ogni volta che mi fermo si spegne il motore.	Jedesmal, wenn ich anhalte, setzt der Motor aus.
Il motore si surriscalda con troppa facilità.	Der Motor überhitzt sich zu leicht.
Il motore non si mette in moto / non si avvịa.	Der Motor springt nicht an.
Ci saranno problemi con l'accensione.	Es wird die Zündung sein.
La macchina consuma troppo, dia una controllata al carburatore.	Der Wagen verbraucht zu viel, überprüfen Sie doch mal den Vergaser.
Deve cambiare le candele.	Sie müssen die Zündkerzen auswechseln.
Quando freno la macchina mi tira a sinistra.	Wenn ich bremse, zieht der Wagen nach links.
Vorrei far registrare i freni.	Ich möchte die Bremsen nachstellen lassen.
Il freno a mano non funziona bene.	Die Handbremse funktioniert nicht richtig.
Ho delle noie alla frizione, ci dà uno sguardo?	Ich habe Ärger mit der Kupplung, schauen Sie mal nach?
La macchina fa dei rumori strani quando si cammina a velocità sostenuta.	Das Auto gibt sonderbare Geräusche von sich, wenn man mit höherer Geschwindigkeit fährt.
Mi si è rotto lo sterzo e ho dovuto lasciare la macchina sul ciglio della strada a cinque chilometri da qui.	Mir ist die Lenkung kaputtgegangen, und ich mußte mein Auto fünf Kilometer von hier am Straßenrand stehenlassen.
Mi può mandare un carro attrezzi? Sono al quinto chilometro della statale 17.	Können Sie mir einen Abschleppwagen schicken? Ich bin bei Kilometer fünf auf der Staatsstraße 17.

La mia macchina non parte più, mi potrebbe rimorchiare fino alla prossima officina?

Mein Auto springt nicht mehr an, könnten Sie mich bis zur nächsten Werkstatt abschleppen?

Qual è il numero del soccorso ACI? – E' il 116.

Welche Telefonnummer hat der Pannendienst des ACI (Automobile Club d'Italia)? – 116.

Devo portare la macchina dal carrozziere.

Ich muß das Auto in die Karosseriewerkstatt bringen.

Ho avuto un incidente e la macchina è stata gravemente ammaccata. Dovrebbe cambiare le portiere e riparare il cofano.

Ich hatte einen Unfall, bei dem der Wagen stark verbeult wurde. Sie müßten die Türen auswechseln und die Motorhaube reparieren.

Mi potrebbe fare un preventivo delle spese?

Könnten Sie mir einen Kostenvoranschlag machen?

I pezzi di ricambio verranno sulle 400 000 lire; con la manodopera verrà a spendere sulle 700 000 lire.

Die Ersatzteile werden sich auf ca. 400 000 Lire belaufen; inklusive Arbeitslohn werden Sie auf ca. 700 000 Lire kommen.

Di questa marca non abbiamo i ricambi originali. Dobbiamo ordinarli.

Von dieser Automarke haben wir keine Originalersatzteile. Wir müssen sie bestellen.

Quanto bisognerà aspettare fino a che arrivino?

Wie lange wird man darauf warten müssen?

12.5.3 Assicurazione automobilistica

12.5.3 Kraftfahrzeugversicherung

Ha rinnovato l'assicurazione della macchina?

Haben Sie die Fahrzeugversicherung verlängert?

Certo, senza non posso circolare. Anche in Italia l'assicurazione per i veicoli è obbligatoria.

Natürlich, ohne darf ich nicht fahren. Auch in Italien ist die Fahrzeugversicherung obligatorisch.

Per legge le automobili devono essere assicurate per eventuali danni contro terzi.

Per Gesetz müssen Kraftfahrzeuge für eventuelle Schäden gegenüber Dritten versichert sein.

Che tipo di assicurazione ha?

Welche Versicherung haben Sie?

Con una macchina nuova io farei un'assicurazione completa, che copra un maggior numero di rischi.

Mit einem neuen Auto würde ich eine Vollkaskoversicherung abschließen, welche die meisten Risiken abdeckt.

Sottoscrivendo questa polizza si è garantiti in caso di incidente, di incendio, di furto e danneggiamenti dovuti ad atti di vandalismo.

Wenn man diese Versicherungspolice unterschreibt, ist man gegen Unfall, Brand, Diebstahl und Schäden versichert, die durch mutwillige Zerstörung entstehen.

Il costo dell'assicurazione è proporzionale ai rischi che vengono coperti.

Die Versicherungsprämie entspricht proportional den zu deckenden Risiken.

Per le macchine di grossa cilindrata si paga naturalmente un'assicurazione più costosa.

Für Wagen mit großem Hubraum ist natürlich eine höhere Versicherungsprämie zu entrichten.

I premi assicurativi diminuiscono nel corso degli anni se non si fanno incidenti.

Bei unfallfreiem Fahren verringern sich die Versicherungsprämien im Lauf der Jahre.

L'assicurazione risarcisce i danni anche se sono io che provoco un incidente?

Kommt die Versicherung auch für Schäden auf, wenn ich selbst einen Unfall verursache?

E' seria quella compagnia di assicurazioni?

Ist diese Versicherungsgesellschaft seriös?

Non direi, impiega dei tempi lunghissimi per risarcire i danni di un incidente.

Eigentlich nicht, sie braucht sehr lange für die Regulierung von Unfallschäden.

Legga bene le clausule del contratto, controlli se la compagnia si riserva il diritto di recedere dopo ogni sinistro.

Lesen Sie die Vertragsklauseln aufmerksam durch, prüfen Sie, ob die Versicherung sich das Recht vorbehält, (den Vertrag) nach jedem Schadensfall zu kündigen.

Quando mi verrà liquidato il sinistro?

Wann wird mein Schaden reguliert?

Vorrei fare richiesta di indennizzo per i danni arrecati alla mia auto nell'incidente del 3 agosto 1989.

Ich beantrage Schadenersatz für die an meinem Wagen beim Unfall am 3. August 1989 entstandenen Schäden.

Purtroppo ora deve fare una nuova polizza nella quale passerà ad una classe di merito più bassa.

Leider müssen Sie jetzt eine neue Police abschließen, durch die Sie in eine niedrigere Leistungsgruppe eingestuft werden.

Il premio subirà un sensibile aumento.

Die Prämie wird spürbar angehoben.

12.5.4 Incidenti stradali

12.5.4 Verkehrsunfälle

Chiamate subito la polizia e un'autoambulanza, c'è stato un incidente.

Rufen Sie sofort die Polizei und einen Krankenwagen, hier ist ein Unfall passiert.

Ci sono feriti gravi?

Gibt es Schwerverletzte?

C'è un medico fra di voi? Chi ha una valigetta di pronto soccorso?

Ist jemand von Ihnen Arzt? Hat jemand einen Verbandskasten bei sich?

Come è successo l'incidente?

Wie ist der Unfall passiert?

C'è stato un tamponamento a catena a causa della scarsa visibilità.

Wegen der schlechten Sichtverhältnisse gab es eine Kette von Auffahrunfällen.

La macchina davanti a me ha fatto una frenata brusca, io ho cercato di rallentare ma non sono riuscito ad evitare l'incidente.

Der Wagen vor mir bremste plötzlich, ich versuchte abzubremsen, konnte den Unfall aber nicht mehr verhindern.

Ho frenato, la strada era bagnata e la macchina ha cominciato a sbandare.

Ich habe gebremst, die Straße war naß, und der Wagen geriet ins Schleudern.

Ha preso la curva con troppa velocità ed è finito fuori strada.

Er hat die Kurve zu schnell genommen und ist von der Fahrbahn abgekommen.

Sono andato a sbattere contro quell'albero.

Ich bin gegen diesen Baum gefahren.

Di chi è stata la colpa? – Sua, non ha rispettato il diritto di precedenza.

Wessen Schuld war es? – Er war schuld, er hat die Vorfahrt nicht beachtet.

E' stata colpa sua, è passato con il rosso.

Es war seine Schuld, er ist bei Rot über die Ampel gefahren.

Non si è fermato alle strisce pedonali ed ha investito una persona.

Er hat am Zebrastreifen nicht gehalten und jemanden angefahren / überfahren.

Ha tentato il sorpasso senza guardare se veniva un'altra macchina.

Er hat versucht zu überholen, ohne zu schauen, ob ihm ein anderes Fahrzeug entgegenkommt.

Ha girato a sinistra senza mettere la freccia.

Er ist links abgebogen, ohne den Blinker zu betätigen.

Non si è fermato allo stop.

Er hat das Stoppschild überfahren.

A quale velocità andava?

Wie schnell fuhr er?

Andava troppo forte.	Er fuhr zu schnell.
C'è qualcuno che può fare da testimone?	Kann jemand den Unfallhergang bezeugen? / Ist jemand Zeuge?
Bisogna denunciare l'incidente alla polizia.	Der Unfall muß der Polizei gemeldet werden.

13. Viaggi e vacanze / 13. Reisen und Urlaub

13.1 Controllo passaporti / 13.1 Paßkontrolle

Devo rinnovare il passaporto, scade il mese prossimo.	Ich muß meinen Paß verlängern lassen, er läuft nächsten Monat ab.
La mia carta d'identità è valida ancora per tre anni.	Mein Personalausweis ist noch drei Jahre gültig.
Devo andare al consolato australiano a richiedere il visto per l'Australia.	Ich muß zum australischen Konsulat, um ein Visum für Australien zu beantragen.
Per quanto tempo è valido questo visto?	Wie lange ist dieses Visum gültig?
C'è bisogno della carta verde per andare in Italia?	Braucht man für Italien die grüne Versicherungskarte?
No, non è obbligatoria, però fa sempre comodo averla.	Nein, sie ist nicht Pflicht, aber es ist immer gut, sie mitzunehmen.
Siamo quasi al confine, prepara i documenti.	Wir sind fast an der Grenze, halte die Ausweise bereit.
Il Suo passaporto è scaduto, ha un altro documento di riconoscimento valido? – Sì, ecco la patente.	Ihr Paß ist abgelaufen, haben Sie ein anderes gültiges Ausweispapier bei sich? – Ja, hier ist mein Führerschein.
Qual è lo scopo del Suo viaggio? – Stiamo andando in vacanza.	Was ist der Zweck Ihrer Reise? – Wir fahren in den Urlaub.
Vado a trovare amici.	Ich möchte Freunde besuchen.
Faccio un corso all'università di Bologna.	Ich mache einen Kurs an der Universität von Bologna.
Sono in viaggio d'affari.	Ich bin auf Geschäftsreise.
Qual è la Sua professione?	Was ist Ihr Beruf?
Per quanto tempo intende rimanere in Italia?	Wie lange beabsichtigen Sie, in Italien zu bleiben?

Mi fermerò un anno, faccio un corso di perfezionamento all'università.

Ich werde ein Jahr bleiben, ich mache einen Fortbildungskurs an der Universität.

Per quando avete fissato la partenza?

Für wann haben Sie die Rückreise vorgesehen?

Ripartiremo il 30 luglio.

Wir werden am 30. Juli zurückfahren.

Non capisco come mai oggi siano tanto pignoli, in genere danno solo uno sguardo ai documenti.

Ich weiß gar nicht, warum die heute so pedantisch sind, im allgemeinen werfen sie nur einen Blick auf den Ausweis.

13.2 Alla dogana

13.2 Beim Zoll

Ha qualcosa da dichiarare? – No, ho solo effetti personali.

Haben Sie etwas zu verzollen? – Nein, ich habe nur persönliche Dinge bei mir.

Ha alcol, profumi, caffè? – Ho solo una stecca di sigarette.

Führen Sie Alkohol, Parfum, Kaffee mit sich? – Ich habe nur eine Stange Zigaretten.

Che cosa sono questi? – Sono soltanto dei regali.

Was ist das hier? – Das sind nur Geschenke.

Devo sdoganare questo giradischi?

Muß ich diesen Plattenspieler verzollen?

Quanto devo pagare di dazio?

Wieviel Zoll muß ich zahlen?

Dove ha comprato quel registratore? – Non è nuovo, l'ho comprato in Germania.

Wo haben Sie dieses Tonbandgerät gekauft? – Es ist nicht neu, ich habe es in Deutschland gekauft.

Deve fare questa dichiarazione doganale.

Sie müssen diese Zollerklärung ausfüllen.

Purtroppo mi hanno confiscato i due chili di caffè che vi volevo portare.

Leider haben sie die zwei Kilo Kaffee beschlagnahmt, die ich euch mitbringen wollte.

13.3 In montagna

13.3 Im Gebirge

Andate in vacanza quest'inverno?

Fahren Sie diesen Winter in Urlaub?

Andiamo a sciare in una stazione sciistica sulle Dolomiti.

Wir fahren zum Skilaufen in einen Wintersportort in den Dolomiten.

Le località invernali alpine sono in genere molto attrezzate.	Die alpinen Wintersportorte besitzen im allgemeinen sehr gute Sporteinrichtungen.
Sì, ma in alta stagione c'è troppa confusione e bisogna fare delle lunghe file agli impianti di risalita.	Ja, aber in der Hochsaison herrscht dort zuviel Andrang, und man muß lange an den Liftanlagen Schlange stehen.
Lo sci è uno sport caro, vanno via tanti di quei soldi tra albergo, skipass e attrezzatura!	Skilaufen ist ein teurer Sport, für Hotel, Skipaß und -ausrüstung geht eine Menge Geld drauf!
Speriamo che quest'anno nevichi a sufficienza, non mi piace sciare sulla neve artificiale.	Hoffentlich fällt in diesem Jahr genügend Schnee, Skifahren auf Kunstschnee gefällt mir nicht.
Sentiamo alla radio come sono le condizioni della neve.	Hören wir mal im Radio, wie die Schneeverhältnisse sind.
Lei sa sciare molto bene, dove ha imparato?	Sie laufen sehr gut Ski, wo haben Sie es gelernt?
Ho imparato da bambino, ma ho fatto anche un corso con un istruttore bravissimo.	Ich habe es schon als Kind gelernt, aber ich habe auch einen Kurs bei einem sehr guten Skilehrer gemacht.
Qui ci sono piste battute di diversa difficoltà?	Gibt es hier präparierte Pisten von unterschiedlichem Schwierigkeitsgrad?
Oggi la pista è molto ghiacciata.	Heute ist die Piste sehr vereist.
Raggiungiamo le piste con la funivia, con la seggiovia o con lo skilift?	Erreichen wir die Pisten mit der Seilbahn, mit dem Sessellift oder mit dem Schlepplift?
A me piace fare sci di fondo, essere lontano dalla folla e andare con calma per i boschi innevati.	Mir gefällt der Skilanglauf, weit weg zu sein von der Masse und in aller Ruhe durch verschneite Wälder zu laufen.
Lo sci d'alpinismo permette un contatto diretto con la natura.	Der alpine Skisport ermöglicht den direkten Kontakt zur Natur.
Per lo sci fuoripista è ottima la neve polverosa o quella primaverile, compatta e liscia.	Für den Skisport abseits der Piste eignet sich am besten Pulverschnee oder der kompakte und griffige Frühjahrsschnee.
Oggi è meglio non avventurarsi fuori dalle piste battute, c'è pericolo di slavine e di valanghe.	Heute ist es besser, die präparierten Pisten nicht zu verlassen, es herrscht Schneebrett- und Lawinengefahr.
Dove posso prendere a noleggio scarponi e sci?	Wo kann ich Skistiefel und Skier leihen?
Mi vorrei iscrivere ad un corso di sci, sono un principiante.	Ich möchte mich zu einem Skikurs anmelden, ich bin Anfänger.

Vorrei imparare a sciare meglio, mi saprebbe indicare un bravo maestro di sci?	Ich möchte besser Ski laufen lernen, können Sie mir einen guten Skilehrer empfehlen?
Non mi piace andare in montagna d'inverno, d'estate invece ci vado volentieri.	Im Winter fahre ich nicht gern ins Gebirge, im Sommer dagegen sehr gern.
Andiamo sempre in un piccolo albergo isolato che dà su una bellissima valle.	Wir fahren immer in ein kleines abgelegenes Hotel, das über einem wunderschönen Tal liegt.
Da lì si possono fare lunghe passeggiate nei boschi o sui prati.	Von dort aus kann man lange Spaziergänge durch die Wälder oder über die Wiesen machen.
In montagna non ci sono tanti divertimenti come al mare, ma in compenso si ha aria buona e silenzio.	Im Gebirge gibt es nicht so viele Unterhaltungsmöglichkeiten wie am Meer, aber dafür hat man gute Luft und Ruhe.
Per oggi abbiamo programmato un'escursione, vogliamo raggiungere la cima della montagna a piedi.	Für heute haben wir einen Ausflug / eine Wanderung geplant, wir wollen den Berggipfel zu Fuß erreichen.
A metà percorso ci fermiamo in un rifugio a fare uno spuntino.	Auf halbem Wege machen wir in einer Berghütte Rast, um eine Kleinigkeit zu essen.
Mettiti dei buoni scarponi e prendi la giacca a vento, ad alta quota tira un vento freddo.	Zieh feste Wanderschuhe an und nimm den Anorak mit, in der Höhe bläst ein kalter Wind.
Tieni sempre lo stesso passo, altrimenti non ce la farai a salire fino in vetta.	Geh immer im gleichen Tempo, sonst wirst du den Aufstieg zum Gipfel nicht schaffen.
Che meraviglia questo cielo terso e quest'aria cristallina!	Wie wunderbar ist dieser reine Himmel und diese kristallklare Luft!
Non c'è la minima foschia, si riesce a scorgere anche le montagne più lontane.	Es herrscht nicht der geringste Dunst, man kann sogar die entferntesten Berge erblicken.
Ci fermiamo in questa baita a fare un riposino?	Kehren wir in dieser Almhütte ein, um eine kurze Rast einzulegen?
Riprendiamo il cammino, ora ci aspetta un sentiero molto ripido e sassoso.	Gehen wir weiter, gleich erwartet uns ein sehr steiler und steiniger Weg.
Io prendo un bastone, per appoggiarmi.	Ich nehme einen Stock, um mich darauf zu stützen.
Non ero mai salito a questa altezza.	Ich bin noch nie so hoch hinaufgestiegen.
E' meglio mettersi una crema protettiva, il sole quassù scotta.	Es ist besser, sich gut einzukremen, die Sonne hier oben brennt.

Prendiamo la funivia per scendere a valle?	Fahren wir mit der Seilbahn hinunter ins Tal?
La discesa in montagna è faticosa quanto la salita.	Der Abstieg ist im Gebirge ebenso anstrengend wie der Aufstieg.

13.4 Al mare / 13.4 Am Meer

Dove passate le vacanze quest'anno?	Wo verbringen Sie / verbringt ihr in diesem Jahr Ihren / euren Urlaub?
Andiamo in vacanza al mare, come tutti gli anni.	Wir fahren im Urlaub ans Meer, wie jedes Jahr.
Andiamo sulla costa amalfitana, abbiamo una casetta a tre chilometri dal mare.	Wir fahren an die Küste von Amalfi, wir haben ein Häuschen, drei Kilometer vom Meer entfernt.
Com'è la spiaggia da quelle parti?	Wie ist der Strand in dieser Gegend?
Ci sono spiagge sabbiose, ghiaiose e anche scogli.	Es gibt dort Sand- und Kiesstrände und auch Klippen.
Dove ci sono gli scogli l'acqua è più pulita.	Wo die Felsen sind, ist das Wasser am saubersten.
E voi in quale località balneare andate?	Und in welchen Badeort fahren Sie / fahrt ihr?
Noi andiamo sulla riviera romagnola, con i bambini piccoli preferiamo andare in posti dove ci sono fondali bassi.	Wir fahren an die Adriaküste, mit unseren kleinen Kindern gehen wir am liebsten in Gegenden mit niedriger Wassertiefe.
Il mare mi stanca, ma ci vado perché ai bambini fa bene un po' di sole e lo iodio dell'aria di mare.	Mich macht das Meer müde, aber ich fahre hin, weil den Kindern ein wenig Sonne und die jodhaltige Seeluft guttun.
E' sempre più difficile trovare posti che non siano invasi da folle di bagnanti.	Es wird immer schwieriger, Orte zu finden, die nicht von unzähligen Badegästen überlaufen sind.
Io ho scoperto una piccola insenatura che è quasi sempre deserta. Per raggiungerla, però, ci vuole una barca.	Ich habe eine kleine Bucht entdeckt, die fast immer menschenleer ist. Um sie zu erreichen, braucht man aber ein Boot.
Lontano da occhi indiscreti si può fare del nudismo.	Fern von indiskreten Blicken kann man dort nackt baden.
Hai preparato la borsa per andare in spiaggia?	Hast du die Tasche für den Strand gepackt?

Mi pare di aver preso tutto: gli asciugamani da spiaggia, il costume di ricambio, la crema solare e gli occhiali da sole.	Ich glaube, ich habe alles eingepackt: Badetücher für den Strand, Badeanzug zum Wechseln, Sonnencreme und Sonnenbrille.
Andiamo in una spiaggia custodita, così possiamo prendere in affitto un ombrellone e delle sedie a sdraio.	Gehen wir an einen bewachten Strand, dann können wir einen Sonnenschirm und Liegestühle mieten.
Possiamo usare le cabine per spogliarci?	Können wir die Kabinen benutzen, um uns umzuziehen?
C'è un bagnino qui?	Gibt es hier einen Bademeister?
Il mare è mosso oggi, ci sono certi cavalloni!	Das Meer ist heute sehr bewegt, da gibt es vielleicht Brecher!
Che mare calmo! E' liscio come l'olio!	Wie ruhig das Meer ist! Es ist glatt wie ein Spiegel (*wörtl.:* wie Öl)!
Oggi c'è bassa marea.	Heute ist Ebbe.
E' cambiata la luna, domani ci sarà alta marea.	Es war Mondwechsel, morgen wird die Flut kommen.
Cosa fai lì sotto l'ombrellone! Vieni a fare il bagno, l'acqua è tiepida!	Was machst du denn da unter dem Sonnenschirm! Komm baden, das Wasser ist angenehm warm!
Non ho voglia di venire in acqua, preferisco prendere il sole.	Ich habe keine Lust, ins Wasser zu kommen, ich nehme lieber ein Sonnenbad.
Io non riesco a stare tanto a lungo sotto il sole.	Ich kann es nicht so lange in der Sonne aushalten.
Io devo stare all'ombra quando il sole è alto, altrimenti mi viene il mal di testa.	Wenn die Sonne hoch steht, muß ich im Schatten bleiben, sonst bekomme ich Kopfschmerzen.
Se stai ancora sotto questo sole cocente prenderai un'insolazione.	Wenn du noch lange in dieser glühenden Sonne bleibst, wirst du einen Sonnenstich bekommen.
Che bella abbronzatura che ha!	Sind Sie schön braun!
Lei si abbronza facilmente?	Werden Sie leicht braun?
No, devo prendere poco sole alla volta, altrimenti mi scotto tutta.	Nein, ich darf mich jeweils nur kurze Zeit in der Sonne aufhalten, sonst bekomme ich einen Sonnenbrand.
Io ho la pelle molto chiara e mi prendo certe scottature!	Ich habe eine sehr helle Haut und bekomme solche Sonnenbrände!
Ci facciamo una nuotata fino al largo?	Schwimmen wir aufs offene Meer hinaus?
Non vi allontanate troppo dalla spiaggia!	Entfernt euch nicht zu weit vom Ufer!

In quel punto l'acqua è profonda e ci sono delle correnti piuttosto forti.	An dieser Stelle ist das Wasser tief, und es gibt ziemlich starke Strömungen.
Andiamo nell'acqua alta, non mi piace nuotare dove l'acqua è bassa.	Gehen wir ins tiefe Wasser, ich schwimme nicht gern da, wo es flach ist.
Io non so nuotare, non posso venire dove non si tocca.	Ich kann nicht schwimmen, ich kann nicht bis dahin kommen, wo man keinen Grund mehr hat.
Sembra che stia per arrivare un temporale, torniamo a riva.	Es sieht nach Gewitter aus, kehren wir zum Ufer zurück.
Andiamo a fare una passeggiata sul bagnasciuga (o: sulla battigia)?	Sollen wir einen Spaziergang am Strand entlang machen?
Se sapete remare possiamo farci un giro con una barca a remi.	Wenn Sie / ihr rudern können / könnt, können wir zusammen eine Rundfahrt mit dem Ruderboot machen.
Quanto costa noleggiare un pedalò per due ore?	Was kostet es, für zwei Stunden ein Tretboot zu mieten?
Dove si può fare un corso di windsurf?	Wo kann man einen Windsurf-Kurs machen?
Il windsurf è uno sport che si diffonde sempre di più.	Windsurfen ist ein Sport, der immer populärer wird.
Facendo nuoto subacqueo si possono esplorare i fondali, osservare da vicino coralli, pesci e conchiglie.	Beim Tauchen kann man die Wassertiefen erforschen und aus der Nähe Korallen, Fische und Muscheln beobachten.

13.5 Città d'arte — 13.5 Kunststädte und -stätten

Abbiamo deciso di fare il giro delle città e di alcuni paesi della Sicilia.	Wir haben beschlossen, eine Rundreise durch die Städte und einige Dörfer Siziliens zu machen.
Non sono mai stato in questa zona, che cosa c'è di interessante da vedere?	Ich war noch nie in dieser Gegend, was gibt es hier Interessantes zu besichtigen?
Ci sono posti interessanti qui nei dintorni?	Gibt es hier in der Umgebung interessante Orte?
Vi consiglio di visitare non solo le città più famose, ma anche quelle più piccole, sono spesso di notevole interesse artistico.	Ich empfehle Ihnen / euch, nicht nur die berühmtesten, sondern auch kleinere Städte zu besuchen, sie sind oft kunsthistorisch sehr interessant.

Spesso i turisti sono più ben accolti nei piccoli centri che nei grossi centri turistici.	Oft werden die Touristen in den kleinen Orten freundlicher aufgenommen als in den großen Touristikzentren.
Dov'è l'ufficio turistico?	Wo ist das Fremdenverkehrsamt?
Possiamo avere una piantina della città?	Können wir einen Stadtplan bekommen?
In questa cartina sono segnalati i punti di maggior interesse turistico.	Auf dieser Karte sind die touristisch interessantesten Sehenswürdigkeiten markiert.
Questo palazzo è veramente imponente. Quando è stato costruito?	Dieser Palast ist wirklich imposant. Wann wurde er erbaut?
A che epoca risale questo edificio?	Aus welcher Epoche stammt dieses Gebäude?
Mi intendo poco di storia dell'architettura, mi sa dire in che stile è questa chiesa?	Ich verstehe nicht viel von Architektur, können Sie mir sagen, in welchem Stil diese Kirche gebaut ist?
La facciata è in stile neoclassico, ma la costruzione del corpo centrale risale al periodo romanico.	Die Fassade ist klassizistisch, aber die Konstruktion des Zentralbaus geht auf die Zeit der Romanik zurück.
Chi è il personaggio raffigurato in quel monumento?	Wer ist auf diesem Denkmal dargestellt?
Dov'è la casa in cui è vissuto Dante?	Wo ist das Haus, in dem Dante gelebt hat?
In questa basilica ci sono mosaici risalenti all'epoca bizantina.	In dieser Basilika befinden sich Mosaike aus der byzantinischen Epoche.
Nelle vetrate sono raffigurate le vite di alcuni santi.	In den Kirchenfenstern sind Szenen aus dem Leben einiger Heiliger dargestellt.
Non possiamo visitare la torre medioevale perché è in restauro.	Wir können den mittelalterlichen Turm nicht besichtigen, weil er restauriert wird.
Quando è stata fondata la città?	Wann wurde die Stadt gegründet?
Nella città vecchia sono visibili ruderi d'epoca romana.	In der Altstadt sind Ruinen aus der Römerzeit zu sehen.
Il centro conserva i caratteri originali con viuzze, mura di cinta e case antiche.	Die Innenstadt bewahrt sich ihren ursprünglichen Charakter mit den Gäßchen, Ringmauern und alten Häusern.
In questa cappella c'è un altare molto bello; per entrare bisogna chiedere le chiavi al sagrestano.	In dieser Kapelle befindet sich ein sehr schöner Altar; wer ihn besichtigen will, muß den Schlüssel beim Küster erbitten.

Dov'è la piazza del mercato? A me interessa vedere anche come vive la gente, non solo visitare i monumenti.

Wo ist der Marktplatz? Mich interessiert auch, wie die Leute leben, nicht nur das Besichtigen von Denkmälern.

Vorrei comprare delle cartoline e qualche souvenir.

Ich möchte Ansichtskarten und ein paar Reiseandenken kaufen.

Abbiamo fatto il giro di paesini un po' fuori mano. Siamo rimasti incantati dalla bellezza dei luoghi e dalla cortesia degli abitanti.

Wir sind durch einige etwas abgelegene Dörfchen gefahren. Wir waren begeistert von den wunderschönen Orten und der Freundlichkeit ihrer Bewohner.

A Roma c'è così tanto da vedere che 15 giorni non ci sono bastati.

In Rom gibt es so viel zu sehen, daß uns 14 Tage nicht ausgereicht haben.

Purtroppo molti musei li abbiamo trovati chiusi, speriamo che l'anno prossimo ci sia una situazione migliore.

Leider fanden wir dort viele Museen geschlossen vor, hoffentlich wird die Lage im nächsten Jahr besser sein.

13.6 Sistemazione

13.6 Unterkunft

13.6.1 Albergo o pensione

13.6.1 Hotel oder Pension

In vacanza preferiamo andare nei grandi alberghi perché hanno attrezzature moderne e spesso sono dotati di piscina o di spiagge private.

Im Urlaub gehen wir am liebsten in große Hotels, weil sie modern ausgestattet sind und häufig über einen Swimmingpool oder Privatstrände verfügen.

A noi invece piacciono di più le piccole pensioni a conduzione familiare; non ci saranno tutti i comfort, ma l'ambiente è più intimo, non è così impersonale come nei grandi alberghi.

Wir dagegen mögen lieber kleine Pensionen, die als Familienbetriebe geführt werden; dort gibt es zwar nicht jeden Komfort, aber die Atmosphäre ist gemütlicher und nicht so unpersönlich wie in den großen Hotels.

Vorremmo una camera matrimoniale e una camera doppia per tre notti.

Wir möchten ein Zimmer mit einem Doppelbett und ein Zweibettzimmer für drei Nächte.

Abbiamo ancora una matrimoniale libera, ma nessuna doppia. Due singole andrebbero bene lo stesso?

Wir haben noch ein Doppelbettzimmer frei, aber kein Zweibettzimmer. Wären eventuell auch zwei Einzelzimmer recht?

C'è il bagno in camera?

Hat das Zimmer ein Bad?

Nella matrimoniale c'è, per le singole ci sono i servizi ai piani.	Das Doppelbettzimmer ja, für die Einzelzimmer befinden sich Bad und Toilette auf der Etage.
Posso vedere la camera?	Kann ich das Zimmer sehen?
Ma certo! Il facchino L'accompagna subito.	Aber sicher! Der Page wird Sie sofort hinaufbegleiten.
No, questa camera non mi piace. E'troppo piccola ed è anche rumorosa. Me ne può mostrare una che non dia sulla strada?	Nein, dieses Zimmer sagt mir nicht zu. Es ist zu klein und außerdem laut. Können Sie mir eines zeigen, das nicht zur Straße hinaus geht?
Sì, questa mi piace, la prendo.	Ja, dieses gefällt mir, ich nehme es.
Com'è la vostra camera?	Wie ist Ihr/euer Zimmer?
E' bellissima. E' spaziosa, luminosa, ha un balcone con vista sul mare, c'è l'aria condizionata, la televisione, insomma, c'è tutto.	Es ist sehr schön. Es ist geräumig, hell, hat einen Balkon mit Blick aufs Meer, Klimaanlage, einen Fernseher, kurz gesagt, einfach alles.
Quanto costa la camera a notte?	Wieviel kostet das Zimmer pro Nacht?
Nel prezzo è inclusa la prima colazione?	Ist das Frühstück im Preis inbegriffen?
Quanto costa la mezza pensione? E la pensione completa?	Was kostet Halbpension? Und Vollpension?
Ha una camera che costi di meno?	Haben Sie ein preiswerteres Zimmer?
E' possibile aggiungere un lettino per il bambino?	Ist es möglich, noch ein kleines Kinderbett hineinzustellen?
C'è anche un garage privato?	Gibt es auch eine Hotelgarage?
A che ora viene servita la prima colazione?	Um wieviel Uhr wird das Frühstück serviert?
E' possibile avere anche delle uova alla coque?	Kann man auch weichgekochte Eier bekommen?
Vorrei depositare dei valori in cassaforte.	Ich möchte gern Wertgegenstände im Safe deponieren.
Se ci sono problemi chiamate la portineria, il numero è 128.	Falls Sie Probleme haben, rufen Sie den Portier an, die Nummer ist 128.
Sono stanco, non vorrei essere disturbato. Se arrivano telefonate per me, non me le passi, dica di richiamare fra un paio d'ore.	Ich bin müde, ich möchte nicht gestört werden. Falls jemand für mich anruft, stellen Sie nicht durch, sagen Sie dem Anrufer, er möge in ein paar Stunden wieder anrufen.
Vorremmo la colazione in camera alle otto.	Wir hätten gern das Frühstück um acht Uhr aufs Zimmer.

Sono il signor Rossi, della camera 15. In bagno non ci sono asciugamani.	Mein Name ist Rossi, Zimmer 15. Im Bad sind keine Handtücher.
Il rubinetto gocciola, è possibile ripararlo?	Der Wasserhahn tropft, können Sie ihn reparieren lassen?
Potrei avere un altro cuscino e un'altra coperta, per favore?	Könnte ich bitte noch ein Kissen und eine zweite Decke bekommen?
La cameriera glieli porta subito. Ha bisogno di altro?	Das Zimmermädchen bringt sie Ihnen sofort. Benötigen Sie sonst noch etwas?
Vorrei un attaccapanni in più ed una saponetta.	Ich hätte gern noch einen Kleiderbügel und ein Stück Seife.
La camera non è stata rifatta.	Das Zimmer wurde noch nicht gemacht.
Ho degli indumenti da lavare, c'è una lavanderia in albergo?	Ich habe Leibwäsche zum Waschen; gibt es im Hotel eine Wäscherei?
Mi svegli domani mattina alle sette, per favore.	Wecken Sie mich bitte morgen früh um sieben.
Signor Neri, c'è una visita per Lei.	Herr Neri, es ist Besuch für Sie da.
La faccia salire, per favore.	Lassen Sie ihn bitte heraufkommen.
Abbiamo deciso di partire con un giorno d'anticipo.	Wir haben uns entschlossen, einen Tag früher abzureisen.
Va bene, ma vi ricordiamo che dovete liberare la camera entro mezzogiorno.	In Ordnung, aber denken Sie daran, daß Sie das Zimmer bis zwölf Uhr räumen müssen.
Vorremmo rimanere un giorno in più del previsto.	Wir möchten gern einen Tag länger bleiben als geplant.
Guardi che il conto è sbagliato: mi è stata addebitata una telefonata che non ho mai fatto.	Schauen Sie einmal, die Rechnung stimmt nicht: mir wurde ein Telefongespräch berechnet, das ich nie geführt habe.
Mi faccia portar giù i bagagli e mi chiami un taxi, per favore.	Lassen Sie mein Gepäck herunterbringen und rufen Sie mir bitte ein Taxi.
Se dopo la mia partenza arriva ancora posta per me, me la mandi a questo indirizzo.	Sollte nach meiner Abreise noch Post für mich ankommen, schicken Sie sie mir an diese Adresse.

13.6.2 Appartamento o casa in affitto	***13.6.2 Ferienwohnung oder -haus***
Anche quest'anno per le vacanze prendiamo un appartamento in affitto. Con dei bambini piccoli è la soluzione migliore.	Auch in diesem Jahr mieten wir für den Urlaub eine Ferienwohnung. Mit kleinen Kindern ist das die beste Lösung.
Anche a noi piace, perché non ci sentiamo legati agli orari degli alberghi.	Auch uns gefällt es, weil wir so nicht an die festen Zeiten in einem Hotel gebunden sind.
E' vero. Ci si alza e si mangia quando si vuole, e se si ha voglia di restare un'ora in più in spiaggia, non ci sono problemi, non c'è il pericolo di rimanere a stomaco vuoto.	Das ist wahr. Man kann aufstehen und essen, wann man will, und wenn man eine Stunde länger am Strand bleiben will, ist es völlig unproblematisch, es besteht keine Gefahr, daß man nichts mehr zu essen bekommt.
Il posto in cui è situato l'appartamento è molto bello: è in una zona verde molto tranquilla, a soli dieci minuti dal mare.	Die Lage der Ferienwohnung ist sehr schön: sie befindet sich in einer äußerst ruhigen Grünanlage, nur zehn Minuten vom Meer entfernt.
E' da diversi anni che prendiamo in affitto la stessa casa; è arredata in maniera semplice, ma è molto comoda.	Schon seit mehreren Jahren mieten wir das gleiche Ferienhaus; es ist einfach eingerichtet, aber sehr behaglich.
Vorremmo prendere in affitto un appartamento vicino al mare per il mese di agosto, c'è ancora qualche possibilità?	Wir möchten gern für August eine Ferienwohnung am Meer mieten, gibt es da noch irgendeine Möglichkeit?
Per agosto no, è troppo tardi. Però abbiamo delle occasioni per settembre: in bassa stagione i prezzi sono più convenienti.	Für August nicht, es ist schon zu spät. Aber für September können wir Ihnen noch gute Angebote machen: in der Nachsaison sind die Preise günstiger.
Che tipo di appartamento vorreste?	Welche Art Ferienwohnung würden Sie benötigen?
Siamo in quattro, due bambini e due adulti, quindi ne vorremmo uno con almeno due camere.	Wir sind zu viert, zwei Kinder und zwei Erwachsene, also bräuchten wir eine mit mindestens zwei Zimmern.
L'arredamento della cucina è completo?	Ist die Küche komplett eingerichtet?
Vorremmo che ci venisse fornita anche la biancheria.	Wir hätten gern, daß uns auch Tisch- und Bettwäsche gestellt wird.

Bisogna lasciare una caparra? – Sì, un terzo dell'affitto come cauzione.

Müssen wir eine Anzahlung leisten? – Ja, ein Drittel der Miete als Kaution.

Vorremmo prenotare la casa per l'anno prossimo; se è d'accordo Le lasciamo un anticipo.

Wir möchten das Ferienhaus für nächstes Jahr buchen; wenn Sie einverstanden sind, leisten wir Ihnen gern eine Anzahlung.

13.6.3 In campeggio

13.6.3 Auf dem Campingplatz

Da qualche anno facciamo le vacanze in campeggio. Ci piace stare a contatto con la natura e vivere con quel pizzico di avventura che la vita d'albergo non offre.

Seit einigen Jahren verbringen wir unseren Urlaub auf dem Campingplatz. Uns gefällt es, mit der Natur verbunden zu sein und dieses leichte Prickeln von Abenteuer zu erleben, das das Hoteldasein nicht bietet.

Andiamo in un campeggio in collina, è piccolo, molto tranquillo e pulito. C'è un ambiente raccolto e simpatico; è facile fare conoscenza con gli altri villeggianti.

Wir fahren zu einem Campingplatz auf einem Hügel, er ist klein, sehr ruhig und sauber. Die Atmosphäre ist friedlich und sympathisch; es ist leicht, mit den anderen Urlaubern bekannt zu werden.

E' ben attrezzato?

Ist er gut ausgestattet?

Molto; c'è un campo da gioco per i bambini, una piscina ed un campo da tennis. Inoltre c'è un negozio alimentare ben fornito, un ristorante ed un bar all'aperto.

Bestens; es gibt einen Kinderspielplatz, einen Swimmingpool und einen Tennisplatz. Außerdem gibt es ein Lebensmittelgeschäft mit reichhaltigem Angebot, ein Restaurant und eine Bar im Freien.

C'è un posto libero per una roulotte e per una tenda da 4?

Haben Sie einen Platz frei für einen Wohnwagen und ein Viererzelt?

Quanto si paga al giorno a persona?

Wieviel kostet es pro Tag und Person?

Qual è la tariffa per la macchina, la tenda, la roulotte?

Wie hoch ist die Gebühr für das Auto, das Zelt, für den Wohnwagen?

Dove posso piantare la tenda?

Wo kann ich das Zelt aufstellen?

Vorremmo un posto all'ombra e non troppo lontano dalla spiaggia.

Wir möchten einen Platz im Schatten und nicht zu weit vom Strand entfernt.

Ecco una piantina del campeggio, potete cercarvi il posto che vi piace di più.

Hier ist ein Plan des Campingplatzes, Sie können sich einen Platz aussuchen, der Ihnen am besten gefällt.

Per la macchina ecco un contrassegno che dovete tenere ben esposto ogni volta che entrate.

Fürs Auto erhalten Sie hier eine Plakette, die Sie jedesmal beim Einfahren vorzeigen müssen.

Vi ricordiamo che se rientrate dopo la mezzanotte, la macchina la dovete lasciare fuori.

Wir machen Sie darauf aufmerksam, daß Sie bei Rückkehr nach Mitternacht Ihren Wagen draußen lassen müssen.

Dov'è la presa di corrente per la roulotte?

Wo ist der Stromanschluß für den Wohnwagen?

Per le docce ci vogliono gettoni o vanno bene anche le monete?

Braucht man für die Duschen besondere Münzen, oder geht es auch mit Kleingeld?

Dove posso cambiare le bombole per il fornello da campo?

Wo kann ich die Gasflaschen für den Campingkocher auswechseln?

Dove si può accendere il fuoco per fare il pesce alla griglia?

Wo darf man Feuer machen, um Fisch zu grillen?

Il campeggio è sorvegliato di notte?

Wird der Campingplatz nachts bewacht?

Montare la tenda però è una faticaccia! E non bisogna scordarsi di niente: i paletti, i picchetti, la pala; ma si finisce sempre per dimenticare qualcosa!

Das Zelt aufzustellen ist aber eine Anstrengung! Und man darf nichts vergessen: die Heringe, die Pflöcke, die Schaufel; aber am Ende hat man doch immer etwas vergessen!

Avreste un martello? Purtroppo noi ce ne siamo dimenticati!

Hätten Sie vielleicht einen Hammer? Leider haben wir unseren vergessen!

Mi si è rotto un paletto; me ne potrebbe per caso prestare uno? Glielo rendo domani.

Mir ist ein Hering abgebrochen; könnten Sie mir zufällig einen leihen? Ich gebe ihn Ihnen morgen zurück.

Questa sera la direzione organizza una festa; accenderanno un falò, ci sarà musica e vino a volontà. Ci andiamo?

Heute abend veranstaltet die Campingplatzleitung ein Fest; ein Feuer wird angezündet, es gibt Musik und Wein, soviel man will. Gehen wir hin?

13.6.4 Agriturismo

13.6.4 Ferien auf dem Bauernhof

Quest'anno facciamo le vacanze con l'Agriturismo. Abbiamo prenotato una camera in una casa di contadini in campagna.

Dieses Jahr verbringen wir unsere Ferien auf dem Bauernhof. Wir haben ein Zimmer in einem Bauernhaus auf dem Land reserviert.

Che cos'è esattamente l'Agriturismo?	Was versteht man genau unter „Agritourismus"?
E' un'iniziativa presa dal governo per risollevare le sorti dei piccoli agricoltori, che in molte zone sono in crisi.	Es handelt sich um eine Initiative seitens der Regierung zur Unterstützung der kleinen Landwirte, die sich in vielen Gegenden in der Krise befinden.
Si vive praticamente insieme alla famiglia ospitante, si mangia con loro e si cerca di rispettare il loro ritmo di vita.	Man lebt praktisch mit der Gastgeberfamilie/den Wirtsleuten zusammen, man ißt mit ihnen und versucht, sich an ihren Lebensrhythmus zu halten.
Certo che è una ottima maniera per conoscere il modo di vivere degli italiani; si può fare questo tipo di vacanza anche al mare?	Sicher ist das eine ausgezeichnete Art, die Lebensweise der italienischen Bevölkerung kennenzulernen; kann man diese Art Urlaub auch am Meer verbringen?
Sì, allora la sistemazione è spesso in casa di pescatori.	Ja, dann erfolgt die Unterbringung oft in einem Fischerhaus.
Se non si lavora che cosa si fa?	Was unternimmt man, wenn man nicht mitarbeitet?
Naturalmente quel che si vuole: si può andare al mare, fare escursioni, oppure semplicemente godersi la tranquillità della campagna.	Natürlich das, wozu man Lust hat: man kann ans Meer gehen, Ausflüge machen oder ganz einfach das ruhige Landleben genießen.
Per prenotare bisogna rivolgersi alla Pro Loco o direttamente ai contadini.	Für die Reservierung wendet man sich an die Pro Loco, das örtliche Fremdenverkehrsbüro, oder direkt an den Landwirt.
C'è una famiglia che offre ospitalità in una casa vicino al bosco, sugli Appennini. E' possibile fare bellissime passeggiate, equitazione oppure andare a pesca. Il paesaggio è meraviglioso e la famiglia molto ospitale. Ve la consiglio!	Es gibt da eine Familie, die ihre Gastfreundschaft im Apennin, in einem Haus in Waldnähe, anbietet. Man kann dort sehr schöne Spaziergänge machen, reiten oder angeln. Die Landschaft ist traumhaft und die Familie sehr gastfreundlich. Ich kann sie Ihnen/euch nur empfehlen!

14. Il corpo umano e la salute

14. Körper und Gesundheit

14.1 Salute

14.1 Gesundheit

Grazie a Dio, godo di ottima salute, mi ammalo raramente.

Gott sei Dank erfreue ich mich bester Gesundheit, ich bin selten krank.

Si vede che ha una salute di ferro, ha un aspetto molto sano.

Man sieht, daß Sie eine eiserne Gesundheit haben, Sie sehen kerngesund aus.

Beato Lei che scoppia di salute! Io invece sono di salute piuttosto cagionevole, ho sempre qualche disturbo.

Sie Glücklicher strotzen vor Gesundheit! Ich bin dagegen ziemlich anfällig, ich habe immer irgendwelche Beschwerden.

Il suo stato di salute non è dei migliori: non sta mai bene.

Mit seiner Gesundheit steht es nicht zum besten: ihm geht es nie gut.

E' di costituzione un po' debole, per questo si ammala con facilità.

Seine körperliche Verfassung ist ein wenig schwach, deshalb wird er leicht krank.

Sono esausto, dovrei fare una cura ricostituente e strapazzarmi di meno.

Ich bin erschöpft, ich müßte eine Kräftigungskur machen und mich weniger überanstrengen.

Io bado alla mia salute: cerco di fare una vita regolare, di non mangiare troppo e di fare movimento.

Ich achte auf meine Gesundheit: ich versuche, ein regelmäßiges Leben zu führen, nicht zuviel zu essen und mich zu bewegen.

Mi sento un altro da quando ho smesso di fumare: la mattina non tossisco più e non ho più la testa pesante come prima.

Ich fühle mich wie neugeboren, seit ich das Rauchen aufgegeben habe: morgens huste ich nicht mehr und habe keinen schweren Kopf mehr wie früher.

Io ho provato a smettere diverse volte, ma non ci sono mai riuscito.

Ich habe mehrmals versucht es aufzugeben, aber es ist mir nie gelungen.

Se tiene alla Sua salute dovrebbe riprovare, basta solo uno sforzo di volontà.

Wenn Sie auf Ihre Gesundheit Wert legen, sollten Sie es nochmals versuchen, Sie müssen es nur wollen.

Io ho una ricetta molto semplice per mantenersi sani: non prendere troppe medicine, bere un bicchiere di vino ad ogni pasto e fare delle belle camminate.

Ich habe ein ganz einfaches Rezept, um gesund zu bleiben: nicht zu viele Medikamente nehmen, zu jeder Mahlzeit ein Glas Wein trinken und schöne Spaziergänge machen.

Una volta all'anno faccio una cura disintossicante alle terme. E' come una vacanza e la salute ci guadagna.

Einmal im Jahr mache ich eine Entschlackungskur in einem Thermalbad. Es ist wie ein Urlaub, und die Gesundheit profitiert davon.

14.2 Disturbi

14.2 Körperliche Beschwerden

La vedo un po' pallida, non si sente bene? – No, sono un po' affaticata.

Sie sehen ein wenig blaß aus, fühlen Sie sich nicht wohl? – Nein, ich bin etwas überanstrengt.

Ha un'aria stanca, sciupata, Lei lavora troppo!

Sie sehen müde und mitgenommen aus, Sie arbeiten zuviel!

Sono molto stressata; in questo periodo sono tesa come una corda di violino.

Ich bin sehr gestreßt; zur Zeit bin ich aufs höchste angespannt.

Sono nervosissima, non riesco a rilassarmi.

Ich bin sehr nervös, ich kann mich nicht entspannen.

Quando cambia il tempo divento irritabile.

Bei Witterungswechsel werde ich leicht reizbar.

Che hai fatto, come mai zoppichi? – Venendo al lavoro mi sono slogata la caviglia.

Was hast du denn gemacht, wieso humpelst du? – Auf dem Weg zur Arbeit habe ich mir den Knöchel verstaucht.

Ho avuto uno strappo muscolare, ho tutta la spalla dolorante.

Ich hatte eine Muskelzerrung, die ganze Schulter schmerzt.

Ho sbattuto il ginocchio contro uno spigolo ed ora ho un grosso livido.

Ich bin mit meinem Knie an eine Kante gestoßen, und jetzt habe ich einen großen blauen Fleck.

Ho la pressione bassa, mi prendono spesso dei giramenti di testa.

Ich habe niedrigen Blutdruck, mir ist oft schwindlig.

Ha di nuovo mal di testa? – Purtroppo soffro di emicrania.

Haben Sie wieder Kopfschmerzen? – Ich habe leider Migräne.

Quando leggo mi si forma un cerchio intorno alla testa, probabilmente mi si è abbassata la vista.

Wenn ich lese, legt sich mir etwas wie ein Ring um meinen Kopf; wahrscheinlich hat meine Sehkraft nachgelassen.

Devo andare dall'oculista, forse ho bisogno di un paio di occhiali da vista.
Ich muß zum Augenarzt, vielleicht brauche ich eine Brille.

Sei miope, presbite o astigmatico?
Bist du kurzsichtig, weitsichtig oder astigmatisch?

Accidenti! In piscina ho preso i funghi ai piedi!
Verflixt! Im Schwimmbad habe ich mir einen Fußpilz geholt!

Ho un raffreddore tremendo, starnutisco in continuazione e mi devo sempre soffiare il naso.
Ich bin furchtbar erkältet, ich niese ununterbrochen und muß mir ständig die Nase putzen.

Mi manca la voce, ho un forte mal di gola.
Ich bin vollkommen heiser, ich habe starke Halsschmerzen.

14.3 Malattie

14.3 Krankheiten

Non mi sento affatto bene, mi sa che sto per ammalarmi.
Ich fühle mich gar nicht gut, ich glaube, ich werde krank.

Che cos'hai, che cos'è che ti fa male? Devo chiamare il dottore? – Per ora no, speriamo che passi.
Was hast du, was tut dir weh? Soll ich den Doktor rufen? – Noch nicht, hoffen wir, daß es vorübergeht.

Forse hai preso l'influenza, hai gli occhi molto lucidi.
Vielleicht hast du dir eine Grippe geholt, du hast ganz glänzende Augen.

Mettiti al letto e misurati la febbre.
Leg dich ins Bett und miß deine Temperatur.

Mio figlio è al letto con il morbillo.
Mein Sohn liegt mit Masern im Bett.

Suo figlio ha già avuto gli orecchioni (o: parotite)?
Hatte Ihr Sohn schon Mumps?

L'anno scorso sono stato gravemente ammalato, sono mancato dal lavoro per più di due mesi.
Im vergangenen Jahr war ich schwer krank, ich war über zwei Monate nicht arbeiten.

La convalescenza è stata lunga, ho fatto fatica a riprendermi.
Der Genesungsprozeß dauerte lange, ich hatte Mühe, mich zu erholen.

Di che cosa si è ammalato?
Woran sind Sie erkrankt?

Di gastroenterite. Era una forma acuta, il decorso della malattia è stato piuttosto lungo.
An Magendarmentzündung. Es war akut, der Krankheitsverlauf war ziemlich langwierig.

Soffro spesso di stomaco, per fortuna non in modo grave.
Ich habe oft Magenbeschwerden, glücklicherweise nicht zu heftig.

Ho avuto delle forti coliche renali, probabilmente ho i calcoli.
Ich hatte starke Nierenkoliken, wahrscheinlich habe ich Nierensteine.

Quel signore è in dialisi; è stato sottoposto ad un trapianto, ma l'intervento non è riuscito.

Dieser Herr befindet sich in Dialyse-Behandlung; bei ihm wurde eine Transplantation vorgenommen, aber der Eingriff ist nicht geglückt.

Ho il diabete, devo fare l'insulina due volte al giorno.

Ich bin zuckerkrank, ich muß zweimal am Tag Insulin spritzen.

Sono allergica alla lana. Oggigiorno le allergie sono sempre più diffuse.

Ich bin allergisch gegen Wolle. Heutzutage kommen Allergien immer häufiger vor.

Ho dei problemi con la circolazione, ho sempre le gambe pesanti e gonfie.

Ich habe Probleme mit dem Kreislauf, ich habe immer schwere und geschwollene Beine.

Con quest'artrosi non riesco quasi a camminare.

Wegen der Arthrose kann ich kaum laufen.

Ho i reumatismi e appena sento un po' di freddo mi prendono dolori dappertutto.

Ich habe Rheuma, und sobald ich nur ein bißchen Kälte verspüre, bekomme ich überall Schmerzen.

A volte mi fa così male la schiena che devo restare a letto.

Manchmal tut mir mein Rücken so weh, daß ich im Bett bleiben muß.

Il signor Rossi ha avuto un infarto. Per molti giorni è stato fra la vita e la morte, ora sembra che stia meglio.

Herr Rossi hatte einen Herzinfarkt. Mehrere Tage schwebte er zwischen Leben und Tod, jetzt scheint es ihm besserzugehen.

Si è operato al cuore, ora è in via di guarigione.

Er hatte eine Herzoperation, jetzt ist er auf dem Weg der Besserung.

E' stato sottoposto ad un'operazione delicata, è ancora debole e non può fare sforzi.

Er hat sich einer heiklen Operation unterziehen müssen, er ist noch schwach und darf sich nicht anstrengen.

Il sapere che quella signora ha un brutto male (cancro) mi ha reso davvero triste.

Das Wissen um die schlimme Krankheit (Krebs) dieser Frau hat mich wirklich betrübt.

Forse operandosi riesce a guarire; la scienza medica in questo campo ha fatto notevoli progressi.

Vielleicht wird sie gesund, wenn sie sich operieren läßt; die Medizin hat auf diesem Gebiet beachtliche Fortschritte gemacht.

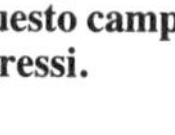

14.4 Incidenti

14.4 Unfälle

E' successo un'incidente, chiamate un dottore e un'autoambulanza.

Es ist ein Unfall geschehen, rufen Sie einen Arzt und einen Krankenwagen.

Due persone sono rimaste gravemente ferite.	Zwei Personen sind schwer verletzt.
Prestate un primo soccorso ai feriti, non li muovete bruscamente.	Leisten Sie den Verletzten Erste Hilfe, bewegen Sie sie nicht ruckartig.
Le fa male? Dove sente maggior dolore?	Tut Ihnen etwas weh? Wo spüren Sie die stärksten Schmerzen?
Mi fa molto male la gamba sinistra, non riesco più a muoverla.	Das linke Bein tut mir sehr weh, ich kann es nicht mehr bewegen.
Ha una ferita al braccio che sanguina molto.	Er hat eine Wunde am Arm, die stark blutet.
Penso di essermi rotto il polso.	Ich glaube, ich habe mir das Handgelenk gebrochen.
No, non è rotto, è solo slogato.	Nein, es ist nicht gebrochen, es ist nur verstaucht.
La clavicola è fuori posto e una costola sembra rotta.	Das Schlüsselbein ist ausgerenkt, und eine Rippe scheint gebrochen zu sein.
Non si è fatto niente, è solo lievemente contuso.	Ihnen ist nichts passiert, Sie haben nur leichte Prellungen.
Riesce a muovere la mano?	Können Sie die Hand bewegen?
No, è completamente addormentata.	Nein, sie ist völlig steif.
Si sente un po' meglio?	Fühlen Sie sich etwas besser?
No, il dolore si fa sempre più forte.	Nein, der Schmerz wird immer stärker.
Prenda questo, Le calmerà il dolore.	Nehmen Sie das, es wird den Schmerz lindern.
E' ancora sotto shock.	Er steht noch unter Schock.
E' svenuto e perde molto sangue.	Er ist ohnmächtig und verliert viel Blut.
Non ha ancora ripreso conoscenza.	Er hat das Bewußtsein noch nicht wiedererlangt.
Ha battuto la testa, ha avuto una forte commozione cerebrale.	Er ist mit dem Kopf aufgeschlagen, er hat eine starke Gehirnerschütterung erlitten.
E' in coma, lo portiamo subito al reparto rianimazione.	Er liegt im Koma, wir bringen ihn sofort auf die Intensivstation.
In quale ospedale lo portate?	In welches Krankenhaus bringen Sie ihn?
Posso salire nell'ambulanza con lui? Sono un suo amico.	Kann ich zu ihm in den Krankenwagen steigen? Ich bin ein Freund von ihm.

Le sue condizioni vanno migliorando di ora in ora, è fuori pericolo di vita.

Sein Gesundheitszustand bessert sich von Stunde zu Stunde, er ist außer Lebensgefahr.

14.5 In farmacia

14.5 In der Apotheke

Dov'è la farmacia di turno più vicina?

Wo ist die nächste Apotheke mit Bereitschaftsdienst?

Mi può dare qualcosa contro il mal di testa?

Können Sie mir etwas gegen Kopfschmerzen geben?

Vorrei delle pasticche per la raucedine.

Ich hätte gerne Tabletten gegen Heiserkeit.

Che cosa mi consiglia per calmare la tosse? – Prenda un cucchiaio di questo sciroppo quando ha dei forti accessi di tosse.

Was empfehlen Sie mir, um meinen Husten zu stillen? – Nehmen Sie bei starken Hustenanfällen einen Eßlöffel von diesem Hustensaft.

Agiti il flacone prima dell'uso.

Schütteln Sie die Flasche vor Gebrauch.

Ha qualcosa contro l'acidità di stomaco?

Haben Sie etwas gegen Sodbrennen?

Mi servirebbe una crema protettiva contro le zanzare.

Ich brauche eine Creme zum Schutz gegen Mücken.

Ho un forte raffreddore da fieno, che cosa posso prendere? – Prenda queste gocce per il naso.

Ich habe starken Heuschnupfen, was kann ich dagegen nehmen? – Nehmen Sie diese Nasentropfen.

Ho un'infiammazione agli occhi, vorrei un buon collirio.

Ich habe eine Augenentzündung, ich hätte gern gute Augentropfen.

Vorrei delle pillole per combattere la stitichezza.

Ich hätte gern Tabletten gegen Verstopfung / Abführtabletten.

Vorrei un pacco di assorbenti igienici e del cotone idrofilo.

Ich hätte gern eine Packung Monatsbinden und Watte.

Mi occorre una pomata per questa irritazione sulla pelle.

Ich brauche eine Salbe für diese leichte Entzündung auf der Haut.

Vorrei delle pillole per dormire ed un analgesico.

Ich hätte gern Schlaftabletten und ein schmerzstillendes Mittel.

Queste medicine possiamo venderle solo dietro presentazione di ricetta medica.

Diese Arzneimittel können wir nur gegen Vorlage eines Rezepts verkaufen.

Conoscete qualcuno che fa le iniezioni?

Kennen Sie jemanden, der Injektionen verabreicht?

Deve prendere queste compresse due volte al giorno prima dei pasti principali.
Sie müssen diese Tabletten zweimal am Tag vor den Hauptmahlzeiten einnehmen.

Si attenga alle prescrizioni mediche e non ecceda nelle dosi.
Halten Sie sich an die ärztlichen Anweisungen und überschreiten Sie die Dosierung nicht.

Questa medicina ha effetti collaterali?
Hat dieses Medikament Nebenwirkungen?

Non la prenda prima di guidare, provoca una certa sonnolenza.
Nehmen Sie es nicht vor dem Autofahren, es verursacht eine gewisse Schläfrigkeit.

Con questa medicina è sconsigliabile il consumo di alcol.
Bei dieser Medizin ist Alkoholkonsum nicht angeraten.

Deve pagare un ticket per ogni ricetta.
Für jedes Rezept müssen Sie eine Gebühr zahlen.

Per le medicine senza ricetta deve pagare il prezzo completo.
Für rezeptfreie Medikamente müssen Sie den vollen Preis zahlen.

14.6 Dal medico

14.6 Beim Arzt

Conosce un bravo medico?
Kennen Sie einen guten Arzt?

Vuole un medico generico o uno specialista?
Wollen Sie einen praktischen Arzt oder einen Spezialisten?

Devo andare da un ortopedico.
Ich muß einen Orthopäden aufsuchen.

Dov'è l'ambulatorio? Sa in quali ore riceve il medico?
Wo ist das Sprechzimmer? Wissen Sie, wann der Arzt Sprechstunde hat?

Bisogna fissare un appuntamento?
Muß man einen Termin vereinbaren?

Il dottore visita solo su appuntamento, tranne per i casi urgenti.
Der Doktor empfängt nur nach Vereinbarung, außer in ganz dringenden Fällen.

E' convenzionato con la mutua o fa solo visite a pagamento?
Arbeitet er mit der Kasse zusammen oder behandelt er nur Privatpatienten?

Devo andare dal ginecologo, ho delle mestruazioni dolorosissime.
Ich muß zum Frauenarzt gehen, ich habe sehr schmerzhafte Menstruationen.

Ho un fastidioso prurito su tutto il corpo, devo andare da un dermatologo.
Ich habe am ganzen Körper einen unangenehmen Juckreiz, ich muß einen Hautarzt aufsuchen.

Mio figlio ha le tonsille infiammate, lo devo portare dall'otorinolaringoiạtra.	Mein Sohn hat eine Mandelentzündung, ich muß ihn zu einem Hals-Nasen-Ohren-Arzt bringen.
Mi può consigliare un bravo pediatra?	Können Sie mir einen guten Kinderarzt empfehlen?
Mi dica che genere di disturbi ha? Dove Le fa male?	Sagen Sie mir, welche Art von Beschwerden Sie haben. Wo tut es Ihnen weh?
Che tipo di dolori ha? Ha un dolore acuto, intermittente o delle fitte? Mi descriva tutti i sintomi.	Was für Schmerzen haben Sie? Sind es anhaltend heftige oder wechselnde Schmerzen, oder spüren Sie Stiche? Beschreiben Sie mir alle Symptome.
Non mi sento bene in generale.	Ich fühle mich insgesamt nicht wohl.
Faccio fatica a respirare.	Ich habe Schwierigkeiten beim Atmen.
Ho 39 di febbre ed avverto dei dolori al petto.	Ich habe 39 Fieber und verspüre Schmerzen in der Brust.
Ho dei forti dolori di stomaco.	Ich habe heftige Magenschmerzen.
Ho nausea, brividi di freddo e ieri sera ho vomitato.	Mir ist übel, ich habe Schüttelfrost, und gestern abend habe ich mich übergeben.
Forse ha fatto indigestione.	Vielleicht haben Sie sich den Magen verdorben.
Ho avuto disturbi simili anche due giorni fa.	Schon vor zwei Tagen hatte ich ähnliche Beschwerden.
Ora La visito; si spogli per favore e si accomodi sul lettino.	Ich untersuche Sie jetzt; ziehen Sie sich bitte aus und legen Sie sich auf die Liege.
Faccia un respiro profondo.	Atmen Sie tief durch.
Mi faccia vedere la lingua.	Zeigen Sie mir Ihre Zunge.
Trattenga il respiro per un attimo.	Halten Sie für einen Moment den Atem an.
Le fa male se La tocco qui?	Tut es weh, wenn ich Sie hier berühre?
No, non mi fa male, non avverto nessun dolore.	Nein, es tut mir nicht weh, ich spüre keinen Schmerz.
Deve fare l'analisi del sangue; venga a digiuno domani mattina.	Sie müssen eine Blutuntersuchung machen lassen; kommen Sie morgen früh nüchtern.

E' meglio controllare anche le urine; prenda questo contenitore e lo riporti pieno domani.	Es ist besser, auch den Urin zu untersuchen; nehmen Sie diesen Behälter mit, und bringen Sie ihn morgen gefüllt wieder zurück.
L'infermiera le misurerà anche la pressione.	Die Schwester wird Ihnen auch den Blutdruck messen.
Deve fare una visita più approfondita da uno specialista. Ora Le faccio la richiesta.	Sie müssen sich von einem Spezialisten genauer untersuchen lassen. Ich schreibe Ihnen jetzt eine Überweisung.
Ha avuto delle malattie gravi prima d'ora? Ha subito delle operazioni?	Hatten Sie bisher schwere Krankheiten? Sind Sie operiert worden?
Nella Sua famiglia ci sono stati casi di questa malattia?	Hat es in Ihrer Familie bereits Fälle dieser Krankheit gegeben?
Si tratta di una malattia ereditaria.	Es handelt sich um eine Erbkrankheit.
Non è una malattia grave, ma è contagiosa. Cerchi di stare lontano dai bambini.	Es ist keine schwere Krankheit, aber sie ist ansteckend. Versuchen Sie, sich von den Kindern fernzuhalten.
E' una malattia che si attacca per contatto, quindi non faccia usare i Suoi asciugamani ad altre persone.	Diese Krankheit wird durch Berührung übertragen, also lassen Sie Ihre Handtücher nicht von anderen Personen benutzen.
Non è ammalato gravemente, ma rimanga a letto ancora per due giorni e stia al caldo.	Sie sind nicht schwer krank, aber bleiben Sie noch zwei Tage im Bett und halten Sie sich warm
Si riguardi e stia in assoluto riposo per alcuni giorni.	Schonen Sie sich und ruhen Sie sich unbedingt ein paar Tage aus.
Lei pesa troppo, si controlli nel mangiare e cerchi di dimagrire.	Sie wiegen zuviel, kontrollieren Sie sich beim Essen und versuchen Sie abzunehmen.
Mi può fare una ricetta per queste medicine?	Können Sie mir für diese Medikamente ein Rezept ausstellen?
Dopo la cura torni da me per un controllo.	Kommen Sie nach der Behandlung zu einer Kontrolluntersuchung zu mir.
Mi può fare un certificato di malattia?	Können Sie mir ein ärztliches Attest ausstellen?
Sono stato in malattia per una settimana.	Ich war eine Woche krank geschrieben.
Lei ha un'appendicite acuta. Deve essere immediatamente operato. Faccia il ricovero d'urgenza all'ospedale.	Sie haben eine akute Blinddarmentzündung. Sie müssen sofort operiert werden. Veranlassen Sie die Notaufnahme ins Krankenhaus.

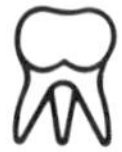

14.7 Dal dentista	14.7 Beim Zahnarzt
Ho un terribile mal di denti, telefona al dentista e chiedigli se mi può ricevere subito.	Ich habe furchtbare Zahnschmerzen, ruf den Zahnarzt an und frag ihn, ob er mich sofort empfangen kann.
Quale dente Le duole?	Welcher Zahn tut Ihnen weh?
Ho un ascesso sopra al molare.	Ich habe einen Abszeß über dem Backenzahn.
Oggi non possiamo fare niente, deve prima curare l'infiammazione. Prenda questi antibiotici e torni da me tra quattro giorni.	Heute können wir nichts machen, zuerst muß die Entzündung behandelt werden. Nehmen Sie diese Antibiotika und kommen Sie in vier Tagen wieder.
Mi è caduta la piombatura.	Mir ist eine Plombe herausgefallen.
Apra bene la bocca.	Öffnen Sie den Mund weit.
Questo dente è tutto cariato, devo trapanarlo.	Dieser Zahn ist ganz kariös, ich muß ihn aufbohren.
Questa è un'otturazione provvisoria, la settimana prossima faremo quella definitiva.	Dies ist eine provisorische Füllung, nächste Woche werden wir die endgültige einsetzen.
Facciamo una radiografia per vedere se la radice è a posto.	Machen wir eine Röntgenaufnahme, damit wir sehen, ob die Wurzel in Ordnung ist.
Bisogna devitalizzare il nervo.	Ich muß den Nerv abtöten.
Dobbiamo incapsulare il dente.	Wir müssen den Zahn überkronen.
Preferisce una capsula d'oro o di porcellana?	Hätten Sie lieber eine Gold- oder eine Porzellankrone?
Mi devo togliere il dente del giudizio.	Ich muß mir den Weisheitszahn ziehen lassen.
Purtroppo dobbiamo estrarre il dente.	Leider müssen wir den Zahn ziehen.
Farà molto male? – No, non sentirà niente, Le faccio l'anestesia locale.	Wird es sehr weh tun? – Nein, Sie werden nichts spüren, Sie bekommen eine örtliche Betäubung.
Ecco fatto. Si sciacqui pure la bocca.	Fertig. Spülen Sie bitte den Mund aus.
Le consiglio di fare una protesi dentaria.	Ich rate Ihnen, eine Zahnprothese anfertigen zu lassen.
Mi si è rotto un dente. Quanto verrà a costare un ponte?	Mir ist ein Zahn abgebrochen. Wie teuer wird eine Brücke kommen?

Ho le gengive molto sensibili, mi sanguinano spesso.

Ich habe sehr empfindliches Zahnfleisch, es blutet oft.

Bisogna togliere il tartaro.

Der Zahnstein muß entfernt werden.

Lei deve fare una più attenta igiene orale: si lavi bene i denti ed usi il filo interdentale.

Sie müssen Ihre Zähne sorgfältiger pflegen: putzen Sie Ihre Zähne ordentlich und benutzen Sie Zahnseide.

Malgrado non sia vecchio, porta già la dentiera.

Obwohl er noch nicht alt ist, trägt er schon ein künstliches Gebiß.

Il mio dentista è bravo, mi fido molto di lui.

Mein Zahnarzt ist tüchtig, ich habe großes Vertrauen zu ihm.

Perché non mi dice come si chiama? Io ultimamente sono capitata solo da incompetenti che non sapevano fare il loro lavoro.

Sagen Sie mir doch, wie er heißt! Ich bin in letzter Zeit nur an Nichtskönner geraten, die ihr Handwerk nicht beherrschten.

14.8 All'ospedale

14.8 Im Krankenhaus

Mio marito è all'ospedale. Si è sentito male all'improvviso ed è stato ricoverato d'urgenza.

Mein Mann ist im Krankenhaus. Er hat sich plötzlich schlecht gefühlt und ist als Notfall eingeliefert worden.

Come mai? Che cosa ha avuto? – Un'intossicazione da cibo.

Wieso denn das? Was hat er gehabt? – Eine Lebensmittelvergiftung.

Presso quale dottore è in cura?

Bei welchem Arzt ist er in Behandlung?

Domani lo vado a trovare, qual è l'orario delle visite? – Si può entrare da mezzogiorno all'una.

Morgen gehe ich ihn besuchen, wie sind die Besuchszeiten? – Besuchszeit ist von zwölf bis eins.

Io vorrei fare visita ad un paziente, il signor X. Mi sa dire il numero della camera?

Ich möchte gern einen Patienten, Herrn X, besuchen. Wie ist bitte die Zimmernummer?

E' nella camera 310 al primo piano, nel reparto uomini.

Er liegt auf Zimmer 310 im ersten Stock, auf der Männerstation.

Va meglio? Come ha passato la notte?

Geht es Ihnen besser? Wie haben Sie die Nacht verbracht?

Sto molto meglio, ma ho ancora poco appetito.

Mir geht es schon viel besser, aber ich habe noch immer wenig Appetit.

Il dottore mi ha detto che la prossima settimana potrò uscire.

Der Arzt hat mir gesagt, daß ich nächste Woche heim darf.

Sono contento che sia in via di guarigione. Domani torno a trovarLa, mi dica di che cosa ha bisogno.

Ich freue mich, daß Sie auf dem Weg der Besserung sind. Morgen komme ich Sie wieder besuchen, sagen Sie mir, was Sie brauchen.

Qui all'ospedale soffro d'insonnia, chieda alla caposala se posso prendere un leggero calmante.

Hier im Krankenhaus kann ich nicht schlafen, fragen Sie die Stationsschwester, ob ich ein leichtes Beruhigungsmittel nehmen darf.

Mi hanno ingessato il braccio che mi ero rotto. Fra poco sarò dimesso.

Sie haben mir den Arm eingegipst, den ich mir gebrochen hatte. Ich werde in Kürze entlassen.

Sono in camera con altri due malati. Uno è stato operato ieri, ha bisogno di quiete e di silenzio.

Ich liege im Zimmer mit zwei anderen Patienten. Einer ist gestern operiert worden, er braucht absolute Ruhe.

Non può ricevere visite, è nel reparto di rianimazione.

Er darf keinen Besuch empfangen, er ist auf der Intensivstation.

I bambini non possono entrare nel reparto malattie infettive.

Kinder dürfen die Station für Infektionskrankheiten nicht betreten.

E' uscita dalla sala operatoria?

Wurde sie schon aus dem Operationssaal herausgebracht?

Vorrei parlare con il chirurgo che ha operato mia moglie.

Ich möchte gern den Chirurgen sprechen, der meine Frau operiert hat.

Mi dica dottore, come sta mia moglie?

Sagen Sie mir, Herr Doktor, wie geht es meiner Frau?

L'operazione è riuscita; sua moglie è in buone condizioni e si ristabilirà presto.

Die Operation ist gut verlaufen; Ihre Frau ist in guter Verfassung und wird sich bald wieder erholen.

E' in condizioni stazionarie, ma non si preoccupi, il peggio è passato.

Ihr Gesundheitszustand ist unverändert, aber machen Sie sich keine Sorgen, das Schlimmste ist überstanden.

E' ancora in condizioni critiche; dobbiamo aspettare fino a domani per sciogliere la prognosi.

Ihr Zustand ist weiterhin kritisch; wir müssen bis morgen warten, um eine Prognose stellen zu können.

Sono lieto di dirLe che il tumore è di natura benigna.

Ich bin sehr froh, Ihnen mitteilen zu können, daß der Tumor gutartig ist.

Ho piena fiducia nel primario; è un dottore di fama internazionale.

Zum Chefarzt habe ich volles Vertrauen; er ist ein Arzt von internationalem Ruf.

Anche i dottori di corsia sono molto disponibili; hanno sempre risposto con chiarezza e gentilezza alle mie domande.

Auch die Stationsärzte sind sehr entgegenkommend; sie haben meine Fragen stets deutlich und höflich beantwortet.

Questo ospedale è specializzato nel trattamento delle malattie cardiache.

Dieses Krankenhaus ist auf die Behandlung von Herzkrankheiten spezialisiert.

Al termine del ricovero richieda una copia della cartella clinica.

Am Ende des Krankenhausaufenthalts verlangen Sie bitte eine Kopie des Krankenberichts.

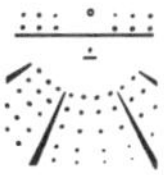

15. Società

15. Gesellschaft

15.1 Politica

15.1 Politik

15.1.1 Costituzione

15.1.1 Verfassung

L'Italia è una Repubblica Democratica fondata sul lavoro.

Italien ist eine auf Arbeit gegründete demokratische Republik.

La Costituzione venne promulgata il primo gennaio 1948.

Die Verfassung wurde am 1. Januar 1948 verkündet.

La nostra è una repubblica parlamentare a sistema bicamerale.

Unsere parlamentarische Republik basiert auf dem Zweikammersystem.

Mediante un suffragio universale che dovrebbe ricorrere ogni quattro anni, i cittadini sono chiamati ad eleggere i loro rappresentanti.

Mittels allgemeiner, im Abstand von vier Jahren durchzuführender Wahl werden die Bürger aufgefordert, ihre Repräsentanten zu wählen.

Il parlamento è formato dalla Camera dei deputati e dal Senato; ambedue detengono il potere legislativo.

Das Parlament besteht aus der Abgeordnetenkammer und dem Senat; beide verfügen über gesetzgebende Gewalt.

Il presidente della Repubblica viene eletto dal parlamento, il suo mandato ha la durata di sette anni.

Der Präsident der Republik wird vom Parlament gewählt, sein Mandat währt sieben Jahre.

Egli svolge funzioni di rappresentanza, nomina il capo del governo e presiede il Consiglio Superiore della Magistratura, organo del potere giudiziario.

Er erfüllt Repräsentationspflichten, ernennt den Regierungschef und ist Vorsitzender des Obersten Justizrates, eines richterlichen Staatsorgans.

Il potere esecutivo viene esercitato dal governo.

Die Exekutive wird von der Regierung wahrgenommen.

Ultimamente sono state avanzate proposte per modificare la costituzione: Alcuni vorrebbero abbandonare il sistema proporzionale a favore di quello uninominale.

Kürzlich wurden Anträge zu einer Verfassungsänderung gestellt: Einige würden gern das Verhältniswahlsystem zugunsten eines Mehrheitswahlsystems aufgeben.

Molti si dicono a favore della elezione diretta del capo dello Stato.

Viele sprechen sich für eine direkte Wahl des Staatsoberhauptes aus.

La Corte Costituzionale ha stabilito che l'emendamento di quella legge non è costituzionale.

Das Verfassungsgericht hat entschieden, daß diese Gesetzesänderung nicht verfassungsgemäß ist.

Si stanno raccogliendo firme per indire un referendum abrogativo sulla caccia.

Es werden gerade Unterschriften gesammelt, um einen Volksentscheid zur Abschaffung der Jagd durchzuführen.

La pena capitale in Italia è stata abolita.

Die Todesstrafe wurde in Italien abgeschafft.

La costituzione garantisce l'eguaglianza dei cittadini davanti alla legge e la libertà di parola e di stampa.

Die Verfassung garantiert die Gleichheit aller Bürger vor dem Gesetz sowie die Rede- und Pressefreiheit.

15.1.2 Governo

15.1.2 Regierung

E' in corso una crisi di governo.

Zur Zeit herrscht eine Regierungskrise.

Il presidente della Repubblica ha conferito all'ex-ministro l'incarico di formare un nuovo governo.

Der Staatspräsident hat den ehemaligen Minister mit der Bildung einer neuen Regierung beauftragt.

La nomina del presidente del Consiglio è attesa per domani.

Die Nominierung des Ministerpräsidenten wird für morgen erwartet.

Domani si riunirà il Consiglio dei ministri.

Morgen wird der Ministerrat zusammentreten.

Il governo intende risanare il debito pubblico, prima che l'inflazione subisca una nuova impennata.

Die Regierung sieht eine Sanierung des Staatshaushalts vor, bevor die Inflationsrate erneut ansteigt.

Il parlamento ha approvato la legge finanziaria e di bilancio.

Das Parlament hat das Finanz- und Haushaltsgesetz verabschiedet.

Dalla nuova manovra economica ci si aspetta una diminuzione del disavanzo pubblico.

Von den neuen wirtschaftlichen Maßnahmen erwartet man einen Rückgang des Haushaltsdefizits.

L'introduzione del ticket sanitario ha provocato scontenti fra i lavoratori.

Die Einführung der Selbstbeteiligung an den Krankheitskosten hat Unzufriedenheit unter den Arbeitnehmern ausgelöst.

La politica economica del governo è stata aspramente criticata dai sindacati.

Die Wirtschaftspolitik der Regierung wurde von den Gewerkschaften scharf kritisiert.

Il governo in carica intende operare dei tagli alla spesa pubblica.

Die amtierende Regierung beabsichtigt, Kürzungen an den öffentlichen Ausgaben vorzunehmen.

La maggior efficienza dei servizi sociali è il punto centrale del nuovo programma di governo.

Eine größere Wirksamkeit in den Sozialleistungen ist der zentrale Punkt des neuen Regierungsprogramms.

Gli imprenditori chiedono al governo una politica dei redditi più rigorosa.

Die Unternehmer verlangen von der Regierung eine rigorosere Einkommenspolitik.

Il ministro del Tesoro ha messo a punto un progetto che prevede la ristrutturazione delle banche pubbliche.

Der Finanzminister hat einen Entwurf zur Neustrukturierung der öffentlichen Banken vorgelegt.

La legge non è stata approvata; i franchi tiratori ne hanno impedito l'approvazione.

Das Gesetz wurde nicht gebilligt; Abgeordnete, die sich bei der Abstimmung dem Fraktionszwang nicht beugten, haben seine Verabschiedung verhindert.

Dopo il voto di sfiducia si è aperta la crisi di governo.

Die Regierungskrise wurde durch ein Mißtrauensvotum ausgelöst.

La caduta del governo è stata provocata dai continui disaccordi tra i partiti di governo.

Der Sturz der Regierung wurde durch ständige Unstimmigkeiten zwischen den Regierungsparteien hervorgerufen.

Entro la fine della legislatura si intende varare una riforma della legge elettorale.

Bis zum Ende der Legislaturperiode soll über eine Reform des Wahlgesetzes beschlossen werden.

Il ministro degli Esteri è stato coinvolto in un grave scandalo.

Der Außenminister ist in einen schweren Skandal verwickelt worden.

L'opposizione ne ha chiesto più volte le dimissioni.

Die Opposition hat mehrmals seinen Rücktritt gefordert.

I ministri godono dell'immunità parlamentare.

Die Minister genießen den Schutz der parlamentarischen Immunität.

In parlamento c'è stato un acceso dibattito sull'introduzione delle norme che regolano l'esportazione di capitali all'estero.

Im Parlament fand eine lebhafte Debatte über die Einführung der Vorschriften zur Regelung der Kapitalausfuhr ins Ausland statt.

E' cominciata la campagna elettorale; i segretari dei partiti terranno comizi nelle maggiori città.

Der Wahlkampf hat begonnen; die Parteisekretäre werden in den größeren Städten Kundgebungen abhalten.

Secondo i primi sondaggi, il mio partito dovrebbe registrare una lieve crescita.

Den ersten Umfragen zufolge müßte meine Partei einen leichten Stimmenzuwachs verbuchen.

Quel candidato gode di un'enorme popolarità tra gli elettori.

Dieser Kandidat erfreut sich einer ungeheuren Beliebtheit bei den Wählern.

Il deputato eletto ha ottenuto molti voti nella sua regione.

Der gewählte Abgeordnete hat in seinem Stimmbezirk viele Stimmen erhalten.

Quando verranno resi noti i risultati elettorali?

Wann werden die Wahlergebnisse bekanntgegeben?

Le prime proiezioni indicano una sconfitta dei partiti di centro.

Die ersten Hochrechnungen zeigen eine Niederlage der Zentrumsparteien an.

In Italia il potere è fortemente centralizzato, le giunte regionali e quelle comunali hanno un potere piuttosto limitato.

In Italien ist die Macht stark zentralisiert, die Regional- und Gemeindeausschüsse besitzen einen eher begrenzten Einfluß.

15.1.3 Partiti

15.1.3 Parteien

In Italia non è necessario che un partito raggiunga il 5% dei voti per entrare in parlamento.

In Italien muß eine Partei nicht 5% der Stimmen erreichen, um ins Parlament einzuziehen.

La scena politica in questo paese è dominata da quattro grandi partiti.

Die politische Szene in diesem Land wird von vier großen Parteien beherrscht.

I partiti di centro e quelli conservatori sono a favore del libero mercato e si oppongono ad interventi governativi nell'industria.

Die Zentrums- und konservativen Parteien sind für die freie Marktwirtschaft und widersetzen sich einer staatlichen Einmischung auf dem Industriesektor.

Le forze di sinistra vogliono promuovere un ampliamento dei servizi sociali.

Die Kräfte der Linken wollen eine Erweiterung der Sozialleistungen vorantreiben.

I verdi si battono per la salvaguardia ambientale.

Die Grünen kämpfen für den Umweltschutz.

Questo partito propugna lo smantellamento degli armamenti nucleari.	Diese Partei tritt für die Abrüstung atomarer Waffengattungen ein.
Lei milita in qualche partito? – No; condivido le idee di questo partito, ma non ho la tessera.	Sind Sie in irgendeiner Partei aktiv? – Nein; ich teile zwar die Ideen dieser Partei, aber ich habe kein Parteibuch.
Non faccio parte di nessun partito, anche se ho simpatie per i liberali.	Ich gehöre keiner Partei an, auch wenn ich mit den Liberalen sympathisiere.
Sono iscritto al partito comunista, ma sono spesso critico nei confronti della sua linea politica.	Ich bin Mitglied der kommunistischen Partei, aber ich stehe ihrer politischen Linie oft kritisch gegenüber.
Molti membri di questo partito provengono dalla classe operaia.	Viele Mitglieder dieser Partei kommen aus der Arbeiterklasse.
L'elettorato di questo partito è formato soprattutto dalla piccola borghesia.	Die Wählerschaft dieser Partei stammt größtenteils aus dem Kleinbürgertum.
Il segretario del partito ha proposto una nuova piattaforma.	Der Parteisekretär hat ein neues Grundsatzprogramm vorgestellt.
Il segretario è bersagliato di critiche; al prossimo congresso probabilmente non verrà riconfermato.	Der Parteisekretär ist Zielscheibe der Kritik; wahrscheinlich wird er beim nächsten Kongreß nicht mehr in seinem Amt bestätigt.
Il nuovo candidato è un esponente della corrente di destra.	Der neue Kandidat ist ein Vertreter der rechten Richtung.
I compagni di partito non appoggiano più il segretario e reclamano il cambio della guardia.	Die Parteifreunde versagen dem Sekretär die Unterstützung und fordern einen Führungswechsel.
Lo scontro tra le correnti ha indebolito il partito.	Der Konflikt zwischen den diversen Richtungen hat die Partei geschwächt.
Il discorso del segretario uscente è stato accolto con una certa freddezza.	Die Rede des scheidenden Parteisekretärs wurde mit einer gewissen Gleichgültigkeit aufgenommen.
I partiti di destra sono stati penalizzati dalla formazione di liste ultrareazionarie/di estrema destra.	Die Rechtsparteien erlitten Stimmverluste durch die Aufstellung ultrareaktionärer/rechtsextremer Wahllisten.
I partiti del polo laico hanno presentato una lista unica.	Die Parteien des sozial-liberalen Spektrums haben eine Einheitsliste vorgelegt.

I partiti riformatori hanno registrato un incremento consistente alle ultime elezioni.

Bei den letzten Wahlen konnten die Reformparteien einen handfesten Stimmenzuwachs verzeichnen.

I repubblicani hanno registrato un calo proprio nella loro roccaforte.

Ausgerechnet in ihrer Hochburg verzeichneten die Republikaner einen Rückgang.

Il partito ha perso voti perché si è mostrato indifferente nei confronti della questione sociale.

Die Partei verlor an Stimmen, weil sie sich sozialen Problemen gegenüber gleichgültig zeigte.

L'aver fatto parte di un governo che ha preso provvedimenti impopolari lo ha danneggiato.

Die Zugehörigkeit zu einer Regierung, die unpopuläre Maßnahmen traf, hat ihr *(der Partei)* geschadet.

Le forze conservatrici sono uscite più forti dalle elezioni.

Die konservativen Kräfte sind gestärkt aus den Wahlen hervorgegangen.

Dopo il voto sono stati ridiscussi gli equilibri di potere.

Nach der Wahl wurde erneut über ein ausgewogenes Kräfteverhältnis diskutiert.

15.2 Economia

15.2 Wirtschaft

15.2.1 Industria

15.2.1 Industrie

Qual è la regione più industrializzata d'Italia?

Welches ist die meistindustrialisierte Region Italiens?

La Lombardia è la regione che presenta la più alta concentrazione industriale.

Die Lombardei ist die Region mit der höchsten industriellen Konzentration.

In questa zona si produce di tutto, dai prodotti tessili a quelli chimici, dai farmaceutici ai meccanici e agli alimentari.

In dieser Region wird alles hergestellt, von Textilien bis zu chemischen Produkten, von pharmazeutischen über mechanische Produkte bis hin zu Lebensmitteln.

Com'è la situazione nel resto del paese?

Wie ist die Situation in den übrigen Landesteilen?

Al centro prospera una serie di piccole e medie industrie; il sud invece è scarsamente industrializzato.

In Mittelitalien gedeiht eine Reihe kleinerer und mittlerer Industriebetriebe; der Süden ist dagegen spärlich industrialisiert.

Questo è un momento favorevole per l'industria?

Sieht es zur Zeit günstig für die Industrie aus?

Sì, l'industria è in ripresa: è cresciuta la domanda ed è diminuita l'offerta.

Ja, die Industrie befindet sich im Aufschwung: die Nachfrage ist gestiegen und das Angebot zurückgegangen.

A beneficiare della favorevole congiuntura economica sono state soprattutto le grandi imprese, le piccole aziende hanno incrementato l'attività del solo 2%.

Vor allem die Großunternehmen haben von der günstigen wirtschaftlichen Konjunktur profitiert, die kleinen Betriebe haben ihre Aktivität nur um zwei Prozent gesteigert.

Si parla anche da voi di riconversione industriale?

Spricht man auch bei Ihnen von einer Umstellung der Industrie?

Molto; quelle industrie che non sono più produttive o che hanno impianti obsoleti vengono ristrutturate e destinate ad un altro tipo di produzione.

Viel; diejenigen Industriebetriebe, die nicht mehr produktiv sind oder veraltete Anlagen besitzen, werden umstrukturiert und einem anderen Produktionstypus zugeführt.

Molti lavoratori si oppongono alle ristrutturazioni perché temono una riduzione dei posti di lavoro.

Viele Arbeitnehmer opponieren gegen die Umstrukturierungen, weil sie einen Abbau der Arbeitsplätze befürchten.

Queste trasformazioni infatti, significano quasi sempre l'introduzione dell'automazione dei processi produttivi. Ciò provoca in genere un'ondata di licenziamenti.

Tatsächlich bedeuten diese Veränderungen fast immer die Einführung der Automatisierung bei den Produktionsvorgängen. Dies verursacht im allgemeinen eine Welle von Entlassungen.

Per uscire dalla crisi, quel gruppo industriale ha stretto accordi con una multinazionale ed ha rinnovato lo staff manageriale.

Um der Krise zu entgehen, hat diese Unternehmensgruppe Vereinbarungen mit einem multinationalen Unternehmen getroffen und den Führungsstab erneuert.

Per risanare la nostra azienda abbiamo chiesto un contributo dello Stato.

Für die Sanierung unserer Firma haben wir einen staatlichen Zuschuß beantragt.

Si discute se sia giusto concedere aiuti finanziari alle industrie in declino o se invece non se ne debba ridurre le capacità produttive.

Man diskutiert darüber, ob es richtig sei, den absteigenden Industriebetrieben finanzielle Hilfe zu gewähren, oder ob man stattdessen nicht eher ihre Produktionskapazität drosseln sollte.

E' un'azienda in crescita: ha effettuato diversi investimenti ed è riuscita ad espandersi ulteriormente all'estero.

Der Betrieb befindet sich im Aufschwung: er hat diverse Investitionen getätigt und es geschafft, im Ausland weiter zu expandieren.

Abbiamo scavalcato i nostri concorrenti grazie alla produzione di un nuovo modello di computer.

Wir haben unsere Konkurrenten dank der Produktion eines neuen Computermodells ausgeschaltet.

Pur con i problemi di tutte le industrie ad alta tecnologia, l'azienda è in buona salute e presenta buoni bilanci.

Trotz der Probleme, die alle hochtechnologischen Industrieunternehmen haben, gedeiht der Betrieb prächtig und weist gute Bilanzen auf.

La sede centrale di questa società è a Torino, mentre le sedi operative sono a Milano.

Die Zentrale dieser Gesellschaft ist in Turin, während die Unternehmenstätigkeit von Mailand aus erfolgt.

E' una società che ha quasi 200 dipendenti altamente qualificati ed un fatturato annuo di oltre due miliardi di Lire.

Die Gesellschaft hat etwa 200 hochqualifizierte Mitarbeiter und einen Jahresumsatz von über zwei Milliarden Lire (ca. 2,8 Millionen DM).

Quali sono i piani di sviluppo di questa impresa?

Wie sieht das geplante Entwicklungsprogramm dieses Unternehmens aus?

E' stata programmata l'apertura di uno stabilimento che creerà 400 nuovi posti di lavoro.

Geplant wurde die Neueröffnung einer Fabrikanlage, die 400 neue Arbeitsplätze schaffen wird.

Siamo in attivo: le entrate sono superiori alle uscite.

Wir sind auf der Aktivseite: die Einnahmen übersteigen die Ausgaben.

Dobbiamo diversificare la produzione, diventare più competitivi, altrimenti andremo in passivo.

Wir müssen unsere Produktpalette erweitern und konkurrenzfähiger werden, sonst werden wir mit Verlust arbeiten.

A causa di certi investimenti sbagliati, l'azienda ha rischiato il fallimento.

Wegen gewisser Fehlinvestitionen ist der Betrieb fast in Konkurs gegangen.

15.2.2 Commercio e terziario

15.2.2 Handel und Dienstleistung

Sono qui in rappresentanza della mia ditta, vorrei avere un colloquio con il direttore.

Ich bin hier in Vertretung meiner Firma, ich möchte gern den Direktor sprechen.

Il direttore è a una seduta del consiglio di amministrazione, non può ricevere nessuno.

Der Herr Direktor ist in einer Aufsichtsratssitzung, er kann niemanden empfangen.

Sono qui per stipulare il contratto di vendita, secondo gli accordi presi in precedenza.

Ich bin hier, um den Kaufvertrag nach den bereits getroffenen Vereinbarungen abzuschließen.

Quali garanzie ci può offrire?	Welche Sicherheiten können Sie uns bieten?
La nostra è un'impresa solida, opera nel settore già da molti anni.	Unsere Firma ist ein solides Unternehmen, das schon seit vielen Jahren auf diesem Sektor tätig ist.
Dobbiamo definire le clausule riguardo alle modalità di consegna della merce.	Wir müssen die Klauseln bezüglich der Modalitäten der Warenlieferung festlegen.
Non posso decidere su due piedi; devo prima ottenere l'approvazione del mio socio.	Ich kann das auf Anhieb nicht entscheiden; ich muß zuerst die Zustimmung meines Geschäftspartners einholen.
Abbiamo concluso l'accordo per la vendita in termini molto vantaggiosi.	Wir haben die Verkaufsvereinbarung zu äußerst günstigen Bedingungen abgeschlossen.
Vorremmo trattare l'acquisto di alcuni immobili.	Wir möchten gern über den Kauf einiger Immobilien verhandeln.
Siamo concessionari esclusivi di una grossa multinazionale.	Wir haben die Alleinvertretung eines großen multinationalen Unternehmens.
Vorremmo sottoporLe il nostro campionario; i nostri prodotti sono delle novità assolute.	Wir möchten Ihnen unsere Musterkollektion vorstellen; unsere Produkte sind absolute Neuheiten.
Offrite delle facilitazioni di pagamento?	Bieten Sie Zahlungserleichterungen?
Siamo molto interessati ad intensificare i rapporti commerciali con la vostra ditta.	Wir sind sehr daran interessiert, die geschäftlichen Beziehungen zu Ihrer Firma zu vertiefen.
Intendiamo lanciare il nostro prodotto sul mercato europeo.	Wir haben vor, unser Produkt auf den europäischen Markt zu bringen.
Prima di commercializzare il prodotto all'estero facciamo un'indagine di mercato.	Bevor wir das Produkt im Ausland vermarkten, machen wir eine Marktanalyse.
Al momento dell'immissione del prodotto nel mercato faremo una battente campagna pubblicitaria.	Zum Zeitpunkt der Produkteinführung auf dem Markt werden wir eine schlagkräftige Werbekampagne starten.
Per battere la concorrenza dobbiamo creare una gamma di offerte più vasta.	Um die Konkurrenz zu schlagen, müssen wir die Palette unserer Angebote umfangreicher gestalten.
E' stata organizzata una rete di punti vendita su tutto il territorio nazionale.	Ein Netz von Verkaufsstellen wurde über das ganze Land verteilt.

Il direttore delle vendite ha annunciato una riduzione del fatturato rispetto all'anno scorso.	Der Verkaufsdirektor hat einen Umsatzrückgang im Vergleich zum vergangenen Jahr angekündigt.
I concorrenti hanno lanciato una linea di prodotti che forniscono prestazioni superiori.	Die Konkurrenz hat eine Produktreihe auf den Markt gebracht, die höhere Leistungen bietet.
Quell'impresario edile è stato accusato di bancarotta fraudolenta.	Dieser Bauunternehmer wurde wegen betrügerischen Bankrotts angeklagt.
L'azienda naviga in cattive acque; le sue merci sono diventate meno competitive.	Der Betrieb befindet sich in einer üblen Lage; seine Waren sind kaum noch wettbewerbsfähig.
Le pesanti tasse di importazione e la politica protezionistica ci impediscono di prendere piede sul mercato americano.	Die hohen Einfuhrzölle und die protektionistische Politik hindern uns daran, auf dem amerikanischen Markt Fuß zu fassen.
La sponsorizzazione è un ottimo mezzo per farsi pubblicità.	Sponsoring ist ein hervorragendes Werbemittel.
La svalutazione ha reso più interessanti le nostre merci sul mercato internazionale.	Die Geldentwertung hat unsere Waren für den internationalen Markt interessanter werden lassen.
Chi è il maggior azionista della società?	Wer ist der Hauptaktionär der Gesellschaft?
E' una società per azioni (SPA) o una società a responsabilità limitata (SRL)?	Ist es eine Aktiengesellschaft (AG) oder eine Gesellschaft mit beschränkter Haftung (GmbH)?
Bisogna far brevettare questo articolo, è una trovata molto ingegnosa.	Dieser Artikel muß patentiert werden, es handelt sich um einen äußerst genialen Einfall.
Il terziario avanzato è in forte espansione e sta creando nuovi posti di lavoro.	Das moderne Dienstleistungsgewerbe expandiert stark und schafft ständig neue Arbeitsplätze.
Ho aperto da poco un ufficio di consulenza finanziaria; l'inizio è un po' duro, ma penso che fra poco renderà bene.	Ich habe vor kurzem eine Anlageberatungsgesellschaft eröffnet; der Anfang ist etwas hart, aber ich glaube, daß es sich bald rentieren wird.

### *15.2.3 Agricoltura*	### *15.2.3 Landwirtschaft*
L'Italia è un paese fortemente agricolo; le colture si differenziano a seconda del clima e della configurazione del suolo.	In Italien spielt die Landwirtschaft eine große Rolle; die Anbauarten unterscheiden sich je nach Klima und Bodenbeschaffenheit.
Nelle zone pianeggianti si coltivano i cereali come grano, avena, orzo e segale.	In der Ebene wird Getreide wie Weizen, Hafer, Gerste und Roggen angebaut.
Qui la campagna è molto fertile, si può piantare e seminare di tutto.	Hier ist das Land sehr fruchtbar, man kann alles anbauen und säen.
Abbiamo una tenuta di 50 ettari; gran parte è destinata a frutteti e in una piccola area abbiamo un vivaio.	Wir haben 50 Hektar Grundbesitz; einen großen Teil nehmen die Obstgärten ein, und auf einer kleinen Fläche haben wir eine Baumschule.
La nostra fattoria è completamente meccanizzata: abbiamo una mietitrebbiatrice, una rastrellatrice, un pressaforaggi, due falciatrici e due trattori.	Unser Bauernhof ist voll mechanisiert: wir haben einen Mähdrescher, eine Heupresse, eine Futterpresse, zwei Mähmaschinen und zwei Traktoren.
Prima gli aratri venivano trainati dai buoi, oggi dai trattori.	Früher wurde der Pflug von Ochsen gezogen, heute von Traktoren.
Abbiamo rimodernato anche le stalle; abbiamo adottato la mungitura automatica.	Wir haben auch die Ställe modernisiert; wir haben uns eine Melkmaschine angeschafft.
Nelle zone montane ci sono soprattutto allevamenti bovini.	In den Bergregionen wird vor allem Rinderzucht betrieben.
Quell'allevatore ha più di 300 capi di bestiame.	Dieser Züchter hat mehr als 300 Stück Vieh.
Quel pastore ha più di 500 pecore.	Dieser Schäfer hat mehr als 500 Schafe.
Dagli ovini non si traggono solo prodotti caseari, ma anche carne e lana.	Schafe liefern nicht nur Molkereiprodukte, sondern auch Fleisch und Wolle.
Questa comunità rurale è abitata da contadini che hanno piccoli appezzamenti di terreno.	Diese ländliche Gemeinde wird von Bauern bewohnt, die kleine Ländereien besitzen.
I coltivatori diretti qui si guadagnano da vivere con la coltivazione di prodotti ortofrutticoli.	Die Direkterzeuger verdienen hier ihren Lebensunterhalt mit dem Anbau von Obst- und Gemüseprodukten.

Le zone collinari esposte al sole sono spesso destinate ad uliveti e vigne.	Die der Sonne ausgesetzten Hügelländer sind häufig für den Anbau von Oliven und Wein bestimmt.
Per la vendemmia e per la raccolta delle olive abbiamo assunto quattro braccianti.	Für die Weinlese und für die Olivenernte haben wir vier Landarbeiter eingestellt.
Il raccolto quest'anno si preannuncia buono.	In diesem Jahr verspricht die Ernte gut zu werden.
La siccità ha danneggiato le coltivazioni; quest'anno il raccolto sarà scarso/magro.	Die Trockenheit hat den Pflanzungen geschadet; in diesem Jahr wird die Ernte spärlich/mager ausfallen.
La grandine ci ha rovinato sia l'uva da tavola che quella da vino.	Der Hagel hat sowohl unsere Tafel- als auch Weintrauben vernichtet.
La pioggia ci ha fatto marcire tutto il fieno.	Durch den Regen ist unser ganzes Heu verfault.
Quest'anno tanti campi di grano sono stati rovinati dal carbone.	In diesem Jahr wurden sehr viele Getreidefelder durch Brand vernichtet.
Vista la scarsità del raccolto, si prevede un aumento del prezzo delle granaglie.	In Anbetracht der geringen Ernte ist ein Ansteigen der Getreidepreise zu erwarten.
Questi campi sono irrigati artificialmente.	Diese Felder werden künstlich bewässert.
Quest'anno lavoriamo i campi a maggese.	In diesem Jahr werden wir unsere Felder gründlich neu bearbeiten.
Qui ci sono parecchie industrie per la trasformazione dei prodotti agricoli.	Hier gibt es etliche Betriebe zur Verarbeitung landwirtschaftlicher Produkte.
A causa dei limiti di produzione imposti dalla CEE, ogni anno vanno al macero tonnellate di frutta.	Aufgrund der von der EG verhängten Produktionsbeschränkungen werden jedes Jahr viele Tonnen Obst vernichtet.
Molti agricoltori hanno abbandonato i fertilizzanti chimici a favore di quelli organici come il letame.	Viele Landwirte haben auf chemische Düngemittel verzichtet zugunsten organischer, wie z. B. natürlichen Dung/Mist.
La mezzadria è quasi del tutto scomparsa.	Die Halbpacht kommt fast gar nicht mehr vor.

15.3 Religione

15.3 Religion

Qual è la Sua religione? E' credente?	Welcher Religion gehören Sie an? Sind Sie gläubig?
Sono cattolico/protestante.	Ich bin Katholik/Protestant.
Sono membro della Chiesa riformata.	Ich bin Mitglied der reformierten Kirche.
In Europa orientale ci sono soprattutto cattolici ortodossi.	In Osteuropa gibt es vor allem orthodoxe Katholiken.
E' diventato testimone di Geova.	Er ist Zeuge Jehovas geworden.
E' una persona profondamente religiosa, va regolarmente in chiesa.	Er ist ein tief religiöser Mensch, er geht regelmäßig in die Kirche.
E' molto devota, recita le preghiere mattina e sera.	Sie ist sehr fromm, sie betet morgens und abends.
Siamo cattolici osservanti, andiamo a messa tutte le domeniche e durante la settimana andiamo spesso alla funzione.	Wir sind strenggläubige Katholiken, wir gehen jeden Sonntag zur Messe, und die Woche über gehen wir oft zur Andacht.
Io credo in Dio, ma non sono praticante.	Ich glaube an Gott, aber ich gehe nicht oft zur Kirche.
La nostra parrocchia è piccola, c'è un vecchio parroco che dice la messa.	Unsere Pfarrgemeinde ist klein, ein alter Pfarrer liest die Messe.
La messa solenne verrà celebrata da tre sacerdoti.	Das feierliche Hochamt wird von drei Priestern zelebriert (werden).
Il vescovo ha visitato da poco la nostra diocesi.	Vor kurzem hat der Bischof unsere Diözese besucht.
Il Papa ha recentemente ordinato trenta cardinali.	Der Papst hat kürzlich dreißig Kardinäle geweiht.
Il Santo Padre ha fatto un viaggio pastorale in Australia.	Der Heilige Vater hat eine Seelsorgerreise nach Australien unternommen.
I preti cattolici devono osservare il celibato; i pastori protestanti, invece, possono sposarsi.	Katholische Priester müssen sich an das Zölibat halten; protestantische Geistliche dagegen dürfen heiraten.
Il sacerdote ha fatto una predica molto bella.	Der Priester hat eine sehr schöne Predigt gehalten.
Dopo la benedizione si canta l'inno finale.	Nach dem Segen wird der Schlußhymnus gesungen.

Mi sono confessato ed ho fatto la comunione.
Ich bin zur Beichte gegangen und habe die Kommunion empfangen.

Alla riunione dei fedeli abbiamo letto dei brani del Vangelo secondo Matteo.
Bei der Zusammenkunft der Gläubigen haben wir Ausschnitte aus dem Matthäus-Evangelium gelesen.

Quando si entra e si esce dalla chiesa ci si fa il segno della croce.
Beim Betreten und Verlassen der Kirche bekreuzigt man sich.

Mio figlio va alla dottrina, quest'anno farà la cresima e la prima comunione.
Mein Sohn besucht den Religionsunterricht, er wird in diesem Jahr Firmung und Erstkommunion empfangen.

La madrina ed il padrino che tengono a battesimo mia figlia sono due carissimi amici.
Die Patin und der Pate, die meine Tochter über die Taufe halten, sind zwei sehr liebe Freunde.

La fede religiosa mi è stata di conforto nei momenti di massimo dolore.
Der religiöse Glaube war mir in Zeiten größten Schmerzes immer ein Trost.

La religione cristiana predica ideali di carità e di fratellanza.
Die christliche Religion lehrt die Ideale der Nächstenliebe und der Brüderlichkeit.

La fede in Dio è per me un sostegno importantissimo.
Der Glaube an Gott ist für mich ein ganz wichtiger Halt.

Il sacramento dell'Estrema Unzione si amministra ai moribondi.
Das Sakrament der Letzten Ölung wird Sterbenden gespendet.

Mia sorella ha pronunziato i voti, si è fatta monaca benedettina.
Meine Schwester hat das Ordensgelübde abgelegt, sie ist Benediktiner-Ordensfrau geworden.

In questa zona ci sono diversi conventi di suore e di frati.
In dieser Gegend gibt es diverse Nonnen- und Mönchsklöster.

La prossima settimana faremo un pellegrinaggio ad un santuario della Madonna.
In der nächsten Woche werden wir eine Pilgerfahrt zu einem Marienwallfahrtsort unternehmen.

In Germania i membri della Chiesa Romana e di quella Protestante devono pagare una tassa per la chiesa.
In Deutschland müssen die Mitglieder der römisch-katholischen und der protestantischen Kirche Kirchensteuer bezahlen.

In Italia le relazioni fra lo Stato e la Santa Sede sono state regolate tramite un concordato.
In Italien wurden die Beziehungen zwischen Staat und Heiligem Stuhl durch ein Konkordat geregelt.

15.4 Autorità

15.4.1 Polizia, carabinieri, vigili urbani

In Italia la tutela dell'ordine pubblico è affidata ai carabinieri e alla polizia.

I carabinieri fanno parte dell'esercito, la polizia dell'organo esecutivo dello Stato.

I vigili urbani sono un corpo di guardia che controlla se nell'ambito urbano vengono rispettati i regolamenti di polizia.

Dov'è il commissariato o il più vicino posto di polizia?

Vorrei denunciare il furto della mia auto. L'avevo parcheggiata in via Dante e ora è sparita.

Ci lasci tutti i dati della sua macchina. Appena sapremo qualcosa glielo faremo sapere.

Mi hanno scippato (la borsa) proprio davanti all'albergo.

Può descrivere i colpevoli?

Erano due giovani in motorino; quello che guidava era moro, sulla ventina e portava un maglione blu. L'altro non l'ho visto bene.

Mi hanno rubato il portafogli. Credo che sia stato un borsaiolo sull'autobus.

Che cosa conteneva il portafogli? – Denaro, circa 300 000 lire, e tutti i documenti.

Per la scomparsa del passaporto mi serve un duplicato della denuncia, devo presentarla al consolato.

15.4 Behörden

15.4.1 Polizei, Carabinieri, Stadtpolizei

In Italien sind Carabinieri und Polizei für den Schutz der öffentlichen Ordnung verantwortlich.

Die Carabinieri gehören zur Armee, die Polizisten sind Teil der staatlichen Exekutive.

Die Stadtpolizisten sind eine Wachmannschaft, die die Einhaltung der polizeilichen Vorschriften im Stadtbereich kontrolliert.

Wo befindet sich das nächste Kommissariat oder Polizeirevier?

Ich möchte den Diebstahl meines Autos anzeigen. Ich hatte es in der Via Dante geparkt, und nun ist es verschwunden.

Lassen Sie uns alle Angaben über Ihr Auto hier. Sobald wir etwas wissen, werden wir es Ihnen mitteilen.

Man hat mir direkt vor dem Hotel die Handtasche geraubt.

Können Sie die Täter beschreiben?

Es waren zwei Jugendliche auf einem Mofa; der Fahrer war dunkelhaarig, um die Zwanzig und trug einen blauen Pullover. Den anderen habe ich nicht genau gesehen.

Mir wurde die Brieftasche gestohlen. Ich glaube, daß es ein Taschendieb im Bus war.

Was enthielt die Brieftasche? – Geld, ungefähr 300 000 Lire, und sämtliche Papiere.

Für den Verlust des Reisepasses benötige ich eine Kopie der Anzeige, ich muß sie im Konsulat vorzeigen.

Hanno forzato la macchina e mi hanno rubato l'autoradio.
Mein Auto wurde aufgebrochen und mein Autoradio gestohlen.

Vorrei denunciare lo smarrimento dei miei documenti.
Ich möchte den Verlust meiner Papiere anzeigen.

Ho smarrito la macchina fotografica, c'è un ufficio degli oggetti smarriti qui?
Ich vermisse meinen Fotoapparat, gibt es hier ein Fundbüro?

E' stato trattenuto nel posto di polizia per 24 ore. E' stato rilasciato perché non c'erano indizi a suo carico.
Er wurde 24 Stunden lang auf dem Polizeirevier festgehalten. Man ließ ihn frei, weil keine belastenden Indizien gegen ihn vorlagen.

Vorrei mettermi in contatto con il consolato.
Ich möchte mich mit dem Konsulat in Verbindung setzen.

Prima di rispondere voglio parlare con il mia avvocato.
Bevor ich antworte, will ich mit meinem Anwalt sprechen.

Ieri in quella banca c'è stata una rapina.
Gestern wurde diese Bank überfallen.

I tre rapinatori sono stati identificati: sono dei pregiudicati ricercati dalla polizia.
Die drei Bankräuber konnten identifiziert werden: es handelt sich um Vorbestrafte, die von der Polizei gesucht wurden.

Hanno già arrestato due criminali, il terzo è ancora latitante.
Zwei Verbrecher wurden schon festgenommen, der dritte ist noch flüchtig.

E' stato rapito il figlio di un ricco industriale. I rapitori chiedono un riscatto di tre miliardi.
Der Sohn eines reichen Industriellen wurde entführt. Die Entführer fordern ein Lösegeld von drei Milliarden Lire.

I carabinieri hanno ispezionato la zona dell'accaduto, ma non hanno trovato nessuna traccia dello scomparso.
Carabinieri haben das Gebiet um den Tatort durchsucht, aber keine Spur des Vermißten finden können.

I sospetti sono ricaduti su un trafficante della zona.
Der Verdacht fiel auf einen Drogenhändler aus der Gegend.

15.5 Esercito

15.5 Militär

Mio figlio quest'anno deve fare il servizio militare; ha già passato la visita medica ed è stato giudicato abile.
Mein Sohn muß in diesem Jahr seinen Wehrdienst ableisten; er ist bereits gemustert worden und wurde für tauglich erklärt.

E' stato riformato, non deve fare il servizio di leva.
Er wurde ausgemustert, er muß keinen Wehrdienst leisten.

E' stato arruolato come soldato semplice in fanteria.	Er wurde als einfacher Soldat zur Infanterie eingezogen.
Si è arruolato volontario nell'arma aereonautica.	Er hat sich freiwillig zur Luftwaffe gemeldet.
Fa il servizio di addestramento lontano da casa, poi forse lo avvicineranno.	Er macht seine Grundausbildung weit weg von zu Hause, später wird er vielleicht in Heimatnähe versetzt werden.
Ha chiesto il rinvio per poter finire gli studi.	Er hat um Rückstellung gebeten, damit er sein Studium beenden kann.
Mio fratello è obiettore di coscienza, svolge il servizio civile presso una comunità per il recupero dei tossicodipendenti.	Mein Bruder ist Wehrdienstverweigerer, er verrichtet seinen Zivildienst in einem Rehabilitationszentrum für Drogenabhängige.
In Italia i militari devono dormire in caserma; la libera uscita termina alle undici.	In Italien müssen die Soldaten in der Kaserne schlafen; der Ausgang endet um elf Uhr abends.
Per Natale ho una settimana di congedo.	Weihnachten habe ich eine Woche Urlaub.
Ha finito il servizio militare; ha ottenuto il congedo.	Er hat seinen Wehrdienst abgeleistet; er ist entlassen worden.
Questo fine settimana sono in servizio di guardia.	An diesem Wochenende habe ich Wachdienst.
Più di mille soldati hanno preso parte alle manovre militari.	Mehr als tausend Soldaten haben an den Manövern teilgenommen.
Domani faranno un'esercitazione in montagna.	Morgen werden sie eine Wehrübung im Gebirge abhalten.
Per l'anniversario della fondazione della Repubblica ci sarà una parata militare. Sfileranno alcune compagnie delle diverse armi.	Zum Gründungstag der Republik wird eine Militärparade veranstaltet. Einige Kompanien der diversen Waffengattungen werden aufmarschieren.
I pacifisti hanno fatto una manifestazione davanti alla base militare per protestare contro l'installazione di missili a testata nucleare.	Mitglieder der Friedensbewegung haben vor dem Militärstützpunkt demonstriert, um gegen die Installierung von Raketen mit Atomsprengköpfen zu protestieren.
Si stanno studiando accordi per la riduzione delle armi convenzionali e di quelle atomiche.	Zur Zeit werden Abkommen über die Reduzierung konventioneller und atomarer Waffen vorbereitet.
E' stato deciso di sospendere gli aiuti militari ai paesi delle aree calde.	Es wurde beschlossen, die militärische Unterstützung von Ländern mit Krisengebieten einzustellen.

Nel paese dilaniato dalla guerra è stato inviato un contingente di pace delle Nazioni Unite.

Ein Friedenstruppenkontingent der Vereinten Nationen wurde in das vom Krieg zerrüttete Land geschickt.

E' stato proclamato il cessate il fuoco, ma la tregua non è stata rispettata.

Das Einstellen der Feindseligkeiten wurde ausgerufen, aber die Waffenruhe wurde nicht eingehalten.

Sono iniziati i negoziati di pace, forse il conflitto giungerà a termine.

Die Friedensverhandlungen haben begonnen, vielleicht wird der Konflikt bald beigelegt sein.

Per evitare una ripresa delle ostilità è necessario condurre delicate trattative.

Um eine Wiederaufnahme der Kampfhandlungen zu verhindern, ist es notwendig, schwierige Verhandlungen zu führen.

Le due superpotenze stanno discutendo piani per il disarmo bilaterale.

Die beiden Supermächte diskutieren zur Zeit Pläne zur beiderseitigen Abrüstung.

Nonostante le smentite avanzate dal ministro della Difesa, le spese per la difesa aumenteranno.

Trotz der vom Verteidigungsminister vorgebrachten Dementi werden die Rüstungsausgaben ansteigen.

I gruppi per la non violenza cercano di boicottare la politica degli armamenti rifiutandosi di pagare le tasse destinate alla spesa militare.

Die für die Gewaltlosigkeit eintretenden Gruppen versuchen die Rüstungspolitik dadurch zu boykottieren, daß sie sich weigern, die für den Verteidigungshaushalt bestimmten Steuern zu zahlen.

16. Temi generali

16. Allgemeine Themen

16.1 Ambiente e problemi ecologici

16.1 Umwelt und Umweltprobleme

I mutamenti delle condizioni atmosferiche ed i disastri ambientali hanno risvegliato nella gente una maggiore coscienza ecologica.

Veränderungen der Wetterlage und Umweltkatastrophen haben in den Menschen wieder ein größeres Umweltbewußtsein geweckt.

L'effetto serra, la sovrappopolazione, il buco d'ozono e il degrado delle grandi città richiedono soluzioni tempestive.

Treibhauseffekt, Überbevölkerung, Ozonloch und die Verslumung großer Städte erfordern sofortige Lösungen.

Il governo ha sviluppato un piano per la salvaguardia ambientale.

Die Regierung hat ein Umweltschutzprogramm entwickelt.

Gli ambientalisti premono affinché si prendano provvedimenti per la difesa della natura.

Die Umweltschützer drängen auf Maßnahmen zur Verteidigung der Natur.

Occorre un maggior controllo per quel che riguarda l'uso di dispositivi che rendono meno nocivi gli scarichi industriali.

Eine stärkere Kontrolle der zur Entgiftung von Industrieabwässern verwendeten Einrichtungen ist notwendig.

Usando la benzina senza piombo ed il catalizzatore si può ridurre l'inquinamento derivante dai gas di scarico delle auto.

Durch die Verwendung von bleifreiem Benzin und des Katalysators läßt sich die von den Autoabgasen erzeugte Umweltbelastung verringern.

Lo scarico abusivo di rifiuti ha causato la devastazione di un bellissimo ambiente fluviale.

Unbefugtes Abladen von Müll hat die Zerstörung einer wunderschönen Flußlandschaft verursacht.

La proliferazione delle alghe nell'Adriatico è dovuta agli scarichi degli allevamenti e ai concimi chimici usati in agricoltura.

Die rasche Vermehrung der Algen in der Adria ist auf die Abwässer der Tierzuchtbetriebe und die in der Landwirtschaft verwendeten chemischen Düngemittel zurückzuführen.

In questo tratto di mare è vietata la balneazione, l'acqua è fortemente inquinata.

In diesem Abschnitt des Meeres ist das Baden verboten, das Wasser ist hochgradig verseucht.

Occorre proteggere le coste dalla cementificazione selvaggia.

Die Meeresküsten müssen davor geschützt werden, wild zubetoniert zu werden.

Nel mare del Nord è affondata una petroliera; la chiazza di petrolio fuoriuscito si è spinta verso la costa ed ha causato una moria di pesci e di uccelli.

In der Nordsee ist ein Öltanker gesunken; der Teppich des ausgelaufenen Öls hat sich bis zur Küste vorgeschoben und ein Massensterben von Fischen und Vögeln verursacht.

La zona abitata circostante alla centrale nucleare è stata contaminata da scorie radioattive.

Das Wohngebiet in der Umgebung des Kernkraftwerks wurde durch radioaktive Abfälle verseucht.

Le piogge acide hanno distrutto molti alberi nelle foreste tedesche.

Der saure Regen hat in den deutschen Wäldern viele Bäume zerstört.

L'uso di insetticidi ha provocato l'estinzione di molte razze di uccelli.

Der Gebrauch von Insektenvernichtungsmitteln hat das Aussterben zahlreicher Vogelarten verursacht.

I verdi si battono per l'abolizione della caccia.

Die Grünen kämpfen für die Abschaffung der Jagd.

L'inquinamento ha cominciato a corrodere molti monumenti storici.

Die Luftverschmutzung hat begonnen, viele historische Denkmäler zu zerstören.

Parecchie industrie ad alto rischio ambientale vengono costruite ora nei paesi in via di sviluppo.

Etliche Industriebetriebe mit hohem Umweltrisiko werden jetzt in Entwicklungsländern gebaut.

Il trasporto dei residui tossici nei paesi poveri è uno scandalo.

Der Transport von Giftmüll in ärmere Länder ist ein Skandal.

Occorre trovare altre soluzioni per lo smaltimento delle scorie e per la trasformazione dei rifiuti.

Für die Entsorgung und Wiederaufbereitung von Atommüll müssen andere Lösungen gefunden werden.

Per fermare il degrado ambientale si può fare molto: adottare depuratori, proibire le discariche non controllate e favorire la ricerca di fonti di energia alternative.

Es gibt viele Möglichkeiten, um die Umweltzerstörung zu stoppen: die Einrichtung von Kläranlagen, das Verbot unkontrollierter Mülldeponien und die Förderung der Erforschung alternativer Energiequellen.

Per non sconvolgere ulteriormente l'equilibrio della natura, occorre frenare o modificare lo sviluppo industriale.

Um das Gleichgewicht der Natur nicht noch weiter zu erschüttern, muß die industrielle Entwicklung gebremst oder umgestaltet werden.

Sono un membro di una lega per l'ambiente.

Ich bin Mitglied einer Umweltorganisation.

Cerco di rispettare l'ambiente a cominciare da casa mia: faccio un uso moderato di detersivi, cerco di risparmiare energia elettrica e non butto via i materiali riciclabili come il vetro e la carta.

Ich bemühe mich, mit dem Umweltschutz bei mir zu Hause zu beginnen: beim Gebrauch von Reinigungsmitteln bin ich sparsam, ich versuche, Energie zu sparen, und wiederverwertbare Materialien wie Glas und Papier werfe ich nicht weg.

16.2 Usi e costumi

16.2 Sitten und Gebräuche

Molte delle nostre tradizioni sono legate alle feste religiose, anche da voi è così?

Viele unserer Traditionen sind eng mit religiösen Festen verbunden, ist das bei Ihnen / euch auch so?

Sì; in realtà molte si rifanno a riti pagani che sono poi stati rivestiti di significati cristiani.

Ja; in Wirklichkeit gehen viele auf heidnische Bräuche zurück, die später in christliche Bedeutungen umgewandelt wurden.

Fate anche voi l'albero di Natale?

Stellen Sie auch einen Weihnachtsbaum auf?

Sì, lo addobbiamo con cioccolatini, palle di vetro colorate e lucine intermittenti.

Ja, wir schmücken ihn mit kleinen Schokoladefiguren, bunten Glaskugeln und einer Lichterkette.

Noi facciamo il presepio: ricostruiamo la scena della Natività con statuine che rappresentano i Re Magi, la Madonna e Gesù Bambino.

Wir bauen eine Krippe auf: wir rekonstruieren die Szene von Christi Geburt mit kleinen Figuren, die die Heiligen Drei Könige, die Muttergottes und das Jesuskind darstellen.

In Germania la sera del sei dicembre arriva nelle case Nikolaus (San Nicola) e porta dei piccoli doni ai bambini.

In Deutschland kommt am Abend des 6. Dezember der Nikolaus in die Häuser und bringt den Kindern kleine Geschenke.

I miei bambini non vedono l'ora che arrivi la Befana o Babbo Natale.

Meine Kinder können es nicht erwarten, bis die Befana oder der Weihnachtsmann kommt.

Babbo Natale arriva la notte di Natale e lascia i regali sotto l'albero.

Der Weihnachtsmann kommt in der Heiligen Nacht und legt die Geschenke unter den Tannenbaum.

La notte del sei gennaio, la Befana, una vecchia bruttissima, si cala dai camini e porta doni ai „bambini buoni" e carbone a quelli „cattivi".

In der Nacht des 6. Januar kommt die Befana, eine ganz häßliche Alte, durch den Kamin herab ins Haus und bringt den „braven Kindern" Geschenke und den „bösen" Kohle.

L'ultimo dell'anno andiamo ad un veglione, volete venire con noi?

Am letzten Tag des Jahres gehen wir auf einen Silvesterball, wollen Sie / wollt ihr mitkommen?

Per carnevale abbiamo organizzato un ballo in maschera. Siete tutti invitati a patto che veniate mascherati.

Für Karneval haben wir einen Maskenball organisiert. Ihr seid / Sie sind alle eingeladen, vorausgesetzt, ihr erscheint / Sie erscheinen kostümiert.

Per giovedì grasso in centro ci sarà la sfilata dei carri.

Altweiberfastnacht wird in der Innenstadt ein Karnevalsumzug stattfinden.

Sui carri torreggiano figure di cartapesta che rappresentano satiricamente personaggi e scene della vita pubblica.

Auf den Wagen thronen Figuren aus Pappmaché, die auf ironische Weise Persönlichkeiten und Szenen aus dem öffentlichen Leben darstellen.

Il martedì di carnevale ci sarà una festa in piazza con maschere, balli e canti.

Am Faschingsdienstag wird ein Straßenfest mit Masken, Tanz und Gesang stattfinden.

Per Pasqua si usa regalare uova di Pasqua: grosse uova di cioccolato con dentro una sorpresa.

Zu Ostern verschenkt man gewöhnlich Ostereier: große Schokoladeneier mit einer Überraschung darin.

Le tradizioni legate alla vita contadina sono quasi del tutto scomparse.

Die mit dem bäuerlichen Leben verbundenen Bräuche sind fast völlig verlorengegangen.

Una tradizione molto viva sono invece le sagre paesane, che hanno luogo nei piccoli centri soprattutto d'estate.

Eine sehr lebendige Tradition bilden dagegen die ländlichen Feste, die vor allem im Sommer in den kleinen Ortschaften stattfinden.

Piuttosto nuove sono le feste dei partiti; ci si può andare per ascoltare dibattiti politici, ma spesso si va solo agli stands gastronomici.

Eher neueren Datums sind die von Parteien veranstalteten Feste; man kann sie besuchen, um sich politische Debatten anzuhören, aber oft werden nur die Imbißstände frequentiert.

Ogni città ha un santo protettore; alla sua ricorrenza ha luogo la festa del patrono.

Jede Stadt hat einen Schutzpatron; an seinem Gedenktag findet das Patronatsfest statt.

Alle funzioni religiose si uniscono in questi casi altri divertimenti e la sera ci sono fiaccolate o fuochi d'artificio.

Den religiösen Feiern schließen sich in diesen Fällen andere Vergnügungen an, und am Abend gibt es Fakkelzüge oder ein Feuerwerk.

Alcune città organizzano feste storiche, in cui si disputano gare o si rivivono situazioni di un passato molto antico.

Einige Städte organisieren historische Feste, bei denen Wettkämpfe ausgetragen oder Szenen einer längst vergangenen Zeit nachgespielt werden.

L'arrivo della primavera si festeggia in alcune città cospargendo le strade di fiori.

Den Frühlingsanfang feiert man in einigen Städten, indem man die Straßen mit Blumen bestreut.

Avete usanze particolari per i matrimoni?

Haben Sie / Habt ihr besondere Hochzeitsbräuche?

La sera prima delle nozze alcuni danno una festa d'addio al celibato.

Am Abend vor der Hochzeit geben einige ein Fest zum Abschied vom Junggesellenleben.

Per superstizione non ci si siede a tavola in 13; porta invece fortuna versare accidentalmente il vino sulla tavola o rompere qualcosa.

Aus Aberglauben setzt man sich nicht zu dreizehn Personen an den Tisch; es bringt dagegen Glück, aus Versehen Wein auf dem Tisch zu verschütten oder etwas zu zerbrechen.

Per i superstiziosi il giorno più nero è il venerdì 17; in questo giorno, a quanto pare, succedono solo disgrazie.

Für Abergläubische ist Freitag, der 17. (!), der schwärzeste Tag; an diesem Tag geschieht anscheinend nur Unglück.

16.3 Feste nazionali e religiose

16.3 Nationale und kirchliche Feiertage

Domani è festa, è il 25 aprile.
Morgen ist Feiertag, der 25. April.

Che festa è?
Was ist das für ein Feiertag?

E' una festa nazionale: la festa della Liberazione.
Es ist ein Nationalfeiertag: der Tag der Befreiung.

E' tutto chiuso, sia i negozi che gli uffici.
Es ist alles geschlossen, sowohl Geschäfte als auch Büros.

Quest'anno capita di giovedì, possiamo fare il ponte.
In diesem Jahr fällt er auf einen Donnerstag, wir können ein langes Wochenende (*wörtl.:* die Brücke) machen.

Io ne approfitto per andare a trovare degli amici in montagna.
Ich werde es dazu nutzen, um Freunde in den Bergen zu besuchen.

Il primo maggio è la festa del Lavoro.
Am ersten Mai ist der Tag der Arbeit.

Come si festeggia da voi Pentecoste?
Wie feiert man bei Ihnen / euch das Pfingstfest?

Non si fa niente di particolare. Per il Corpus Domini, invece, si fanno delle processioni lungo le vie della città.
Es wird nichts Besonderes gemacht. Fronleichnam dagegen gibt es Prozessionen durch die Straßen der Stadt.

A Ferragosto si festeggia l'Assunzione di Maria in cielo.
Am 15. August (Ferragosto) wird Mariä Himmelfahrt gefeiert.

Ad Ognissanti ed il giorno dei Morti (2 novembre) tutti vanno al cimitero a visitare le tombe dei propri defunti.
An Allerheiligen und Allerseelen (2. November) gehen alle Leute auf den Friedhof, um die Gräber ihrer Verstorbenen zu besuchen.

In Germania i protestanti fanno a novembre un giorno di preghiera e di penitenza.
In Deutschland begehen die Protestanten im November einen Buß- und Bettag.

L'otto dicembre si festeggia l'Immacolata Concezione.
Am 8. Dezember feiert man Mariä Empfängnis.

Alla vigilia di Natale non mangiamo mai carne.
Am Heiligabend essen wir nie Fleisch.

Passiamo Natale e Santo Stefano sempre in famiglia.
Wir verbringen die Weihnachtsfeiertage (hl. Stephanus: 26. 12.) immer im Familienkreis.

Con il mercoledì delle Ceneri comincia la Quaresima, un periodo di penitenza per tutti i credenti.

Mit dem Aschermittwoch beginnt die Fastenzeit, eine Zeit der Buße für alle Gläubigen.

Alla domenica delle Palme ci si reca in chiesa a prendere un rametto di ulivo benedetto che simboleggia la pace.

Am Palmsonntag geht man in die Kirche, um einen geweihten Ölzweig als Friedenssymbol zu empfangen.

E' cominciata la Settimana Santa.

Die Karwoche hat begonnen.

La sera del venerdì Santo si celebra in chiesa la Via Crucis. Si passa in processione davanti alle 14 stazioni che rappresentano gli episodi della passione di Gesù.

Am Karfreitagabend wird in der Kirche der Kreuzweg gebetet. Man geht in einer Prozession an den 14 Kreuzwegstationen vorbei, die den Leidensweg Jesu darstellen.

La mattina di Pasqua le campane tornano a suonare per festeggiare la Risurrezione di Cristo.

Am Ostermorgen beginnen die Glocken wieder zu läuten, um die Auferstehung Christi zu feiern.

16.4 Nord e sud

16.4 Nord und Süd

Ho sentito che in Italia ci sono delle grosse differenze fra nord e sud, è vero?

Ich habe gehört, daß es in Italien große Unterschiede zwischen dem Norden und dem Süden gibt, ist das wahr?

Indubbiamente; purtroppo il benessere economico non è distribuito in maniera uguale al nord e al sud.

Ohne Zweifel; leider ist der wirtschaftliche Wohlstand im Norden und im Süden nicht gleichmäßig verteilt.

Il nord è efficiente e ricco; il sud è povero di infrastrutture e non riesce ancora a decollare economicamente.

Der Norden ist leistungsfähig und reich; der Süden ist arm an Infrastrukturen und zu wirtschaftlichem Aufschwung noch nicht in der Lage.

Da che cosa deriva questo stato di cose?

Worauf ist dieser Sachverhalt zurückzuführen?

La spiegazione è in parte storica. Quando le regioni del sud entrarono a far parte dell'Italia unita, esse erano già molto più arretrate del resto del paese.

Die Gründe dafür sind zum Teil historisch bedingt: Als die südlichen Regionen dem vereinigten Italien beitraten, waren sie schon weitaus rückständiger als der Rest des Landes.

Questo divario, allora non sanato, è rimasto e si è protratto fino ad oggi.

Dieses damals nicht behobene Gefälle ist geblieben und hat sich bis heute erhalten.

Dal dopoguerra si è cercato di favorire lo sviluppo del Mezzogiorno e lentamente la situazione va migliorando.

Seit der Nachkriegszeit hat man versucht, die Entwicklung Süditaliens zu fördern, und allmählich bessert sich die Situation.

La crescita viene però in parte ostacolata dall'espandersi del fenomeno mafioso.

Das Wachstum wird jedoch teilweise durch die zunehmende Ausbreitung der Mafia behindert.

Ci sono differenze di carattere fra i meridionali ed i settentrionali?

Gibt es zwischen Süd- und Norditalienern Charakterunterschiede?

Mah! Si dice che i meridionali siano più focosi e più fatalisti e che i settentrionali pensino solo al lavoro.

Was weiß ich! Von den Süditalienern sagt man, sie seien Hitzköpfe und große Fatalisten, und die Norditaliener denken angeblich nur an ihre Arbeit.

Ci sono poi vari pregiudizi: i meridionali sarebbero pigri e superstiziosi, i liguri avari, gli emiliani godereccі, i toscani avrebbero una lingua troppo tagliente e così via.

Außerdem gibt es verschiedene Vorurteile: die Süditaliener sollen faul und abergläubisch sein, die Ligurer geizig, die Emilianer lebenslustig, die Toskaner sollen eine allzu spitze Zunge haben und so weiter.

Ai napoletani viene attribuita una particolare inventiva e sono ritenuti maestri nell'arte di arrangiarsi.

Den Neapolitanern sagt man eine besondere Erfindungsgabe nach und hält sie für Meister in der Kunst des Sich-Arrangierens.

Appellativi spregiativi sono: terroni per i meridionali e polentoni per i settentrionali.

Abwertende Anreden sind: „Terroni" für die Süditaliener und „Polentoni" für die Norditaliener.

16.5 Lingua e dialetti

16.5 Sprache und Dialekte

C'è una grande diversità di dialetti?

Gibt es große Unterschiede in den Dialekten?

Sì, i dialetti sopravvivono anche se con la diffusione della televisione l'italiano standard viene sempre di più usato.

Ja, die Dialekte bleiben erhalten, auch wenn durch die Verbreitung des Fernsehens immer häufiger das Standarditalienisch gesprochen wird.

E' facile individuare la provenienza di una persona dall'accento che ha?

Kann man die Herkunft eines Italieners an seinem Akzent erkennen?

Sì, i toscani hanno la c aspirata, i baresi vocali molto aperte e i sardi raddoppiano le consonanti.

Ja, die Toskaner haben ihr behauchtes c, die Bareser sehr offene Vokale, und die Sarden verdoppeln die Konsonanten.

I siciliani usano molto il passato remoto, i romani troncano l'infinito dei verbi (andà invece di andare), i torinesi intercalano nel discorso dei „nè", etc.

Die Sizilianer gebrauchen oft das historische Perfekt, die Römer kürzen den Infinitiv ab (sie sagen „andà" statt „andare"), die Turiner fügen beim Sprechen ein „nè" ein usw.

Spesso in zone distanti solo pochi chilometri si parlano dialetti completamente diversi.

Häufig werden in nur wenige Kilometer entfernt liegenden Gegenden völlig verschiedene Dialekte gesprochen.

Se si parla in dialetto stretto, per chi non è del luogo è difficile capire quel che viene detto.

Wenn jemand reinen Dialekt spricht, ist das, was er sagt, für einen Auswärtigen schwer zu verstehen.

In paesini della Calabria e della Sicilia si parla ancora una forma arcaica di albanese; in Puglia piccole comunità parlano il greco di alcuni secoli fa.

In einigen kleinen Dörfern Kalabriens und Siziliens wird noch eine archaische Form des Albanischen gesprochen; in Apulien spricht man in einigen kleinen Gemeinden ein jahrhundertealtes Griechisch.

Ci sono differenze di costumi?

Gibt es Unterschiede in den Sitten?

Sì, al nord sono più liberi; al sud, specie nelle campagne, le regole di comportamento per quel che riguarda i rapporti tra uomo e donna sono più rigide.

Ja, im Norden sind sie freier; im Süden, besonders auf dem Land, sind die Verhaltensregeln, was die Beziehungen zwischen Mann und Frau betrifft, sehr viel strenger.

Le „corna", soprattutto se subite dall'uomo, sono un vero disonore per molti.

„Hörner", vor allem wenn sie dem Mann aufgesetzt werden, bedeuten für viele eine echte Schande.

Nel complesso, però, le differenze tendono a diminuire ed il modo di vivere si uniforma sempre di più.

Insgesamt jedoch werden die Unterschiede allmählich weniger, und die Lebensweise gleicht sich immer mehr an.

16.6 Tempo e clima

16.6 Wetter und Klima

Che tempo fa?

Wie ist das Wetter?

Fa bel tempo, il cielo è sereno, non c'è una nuvola.

Es ist schönes Wetter, der Himmel ist klar, es ist keine Wolke zu sehen.

Oggi è proprio caldo, ci sono 29 gradi all'ombra.

Heute ist es wirklich heiß, es sind 29 Grad im Schatten.

Che afa! Con questo caldo soffocante non si riesce a respirare!

So eine Schwüle! Bei dieser drükkenden Hitze kann man kaum atmen!

E' caldo umido e non tira un filo di vento.

Es ist feuchtwarm, und es regt sich kein Lüftchen.

Fa caldo! Sto sudando a più non posso!

Es ist heiß! Ich schwitze wie verrückt!

Che dicono le previsioni del tempo? Rimarrà bello?

Wie sind die Wetteraussichten? Bleibt es schön?

Ho sentito il bollettino meteorologico. Hanno detto che sta arrivando un ciclone dall'Atlantico. Ci sarà bassa pressione e tempo brutto.

Ich habe den Wetterbericht gehört. Es wurde gemeldet, daß vom Atlantik her ein Sturmtief aufzieht. Wir werden unter Tiefdruckeinfluß geraten und schlechtes Wetter bekommen.

E' arrivato l'anticiclone, il tempo si rimette al bello.

Ein Hochdruckgebiet hat uns erreicht, das Wetter wird wieder schön.

E' tempo variabile; la temperatura si è abbassata.

Das Wetter ist unbeständig; die Temperatur ist gesunken.

E' nuvoloso, sta quasi per piovere.

Es ist bewölkt, es wird gleich regnen.

C'è un cielo nero! Le nuvole sono cariche di pioggia, fra poco si metterà a piovere.

Der Himmel ist ganz schwarz! Die Wolken sind regenschwer, es wird bald anfangen zu regnen.

E'/ha piovuto tutto il giorno.

Es hat den ganzen Tag geregnet.

In questa zona c'è un clima piovoso.

In diesem Gebiet herrscht ein regnerisches Klima.

Fuori pioviggina, prendi l'ombrello.

Draußen nieselt es, nimm den Schirm mit.

Piove a dirotto.

Es gießt.

Ora scoppia un temporale! Tuona e lampeggia già da mezz'ora.

Gerade zieht ein Gewitter auf! Es donnert und blitzt schon seit einer halben Stunde.

E' caduto un fulmine poco lontano da qui. Per fortuna che noi abbiamo il parafulmine!

Nicht weit von hier ist der Blitz eingeschlagen. Zum Glück haben wir einen Blitzableiter!

Che diluvio! Sembra che non voglia più smettere di piovere!

Das ist ja die reine Sintflut! Es will anscheinend gar nicht mehr aufhören zu regnen!

Un violento nubifragio ha causato gravi danni all'agricoltura.

Ein heftiger Wolkenbruch hat der Landwirtschaft schwere Schäden zugefügt.

Il fiume è in piena, se continua a piovere così, straripa di sicuro.	Der Fluß führt Hochwasser; wenn es so weiterregnet, tritt er bestimmt über die Ufer.
Il temporale è passato, il cielo si rasserena.	Das Gewitter ist vorüber, der Himmel heitert sich wieder auf.
Rischiara, è uscito l'arcobaleno.	Es wird wieder heller, es bildet sich ein Regenbogen.
Le stagioni intermedie, cioè la primavera e l'autunno, non sono più come quelle di una volta.	Die Übergangsjahreszeiten, d. h. Frühling und Herbst, sind nicht mehr so wie früher.
Si passa direttamente dal gran caldo al gran freddo.	Jetzt wechselt man direkt / ohne Übergang von großer Hitze in große Kälte.
Io rientro in casa, fa fresco. L'umidità della sera fa male.	Ich gehe ins Haus zurück, es ist kühl. Die abendliche Feuchtigkeit tut nicht gut.
Com'è il clima in questa zona?	Wie ist das Klima in dieser Gegend?
E' mite / temperato / secco / continentale.	Es herrscht ein mildes / gemäßigtes / trockenes / kontinentales Klima.
In questa zona le precipitazioni sono molto abbondanti.	In diesem Gebiet gibt es sehr ergiebige Niederschläge.
Le giornate settembrine sono quelle che preferisco: il cielo è terso e non è né troppo caldo né troppo freddo.	Ich liebe die Septembertage: der Himmel ist glasklar, und es ist weder zu warm noch zu kalt.
Il tempo cambia, si va verso l'inverno. Le notti sono diventate parecchio più fredde.	Das Wetter ändert sich, es geht auf den Winter zu. Die Nächte sind ziemlich kalt geworden.
Tira vento e grandina.	Es ist windig, und es hagelt.
Che ventaccio freddo! Deve essere la tramontana.	Was für ein häßlicher kalter Wind! Es muß Nordwind sein.
Fa freddo! Tira un vento che taglia la faccia!	Es ist kalt! Es weht ein schneidender Wind!
Pare che il vento si calmi.	Der Wind scheint sich zu legen.
Muoio dal freddo. C'è un tempaccio fuori!	Ich sterbe vor Kälte. Draußen ist ein Sauwetter!
Sono intirizzito dal freddo, ci sono 5 gradi sotto zero.	Ich bin starr vor Kälte, es sind fünf Grad unter Null.
C'è una nebbia fitta! Non si vede più in là del naso.	Es herrscht dichter Nebel! Man kann die Hand nicht vor den Augen sehen.
Nevica, guarda che fiocchi di neve!	Es schneit, schau dir diese Schneeflocken an!

Sì, ma non attacca, è neve bagnata.	Ja, aber der Schnee bleibt nicht liegen, er ist zu naß.
Che nevicata! Ha fatto mezzo metro di neve.	So ein Schneefall! Es hat einen halben Meter geschneit.
Una bufera di neve ha bloccato i passi di montagna.	Ein Schneesturm hat die Gebirgspässe blockiert.
Quando la neve si scioglie, le strade si riempiono di poltiglia e di fango.	Wenn der Schnee schmilzt, sind die Straßen voller Matsch und Schlamm.
Attenta a non cadere, la strada è ghiacciata!	Paß auf, daß du nicht fällst, die Straße ist vereist!

Sachregister

Fettgedruckte Seitenzahlen verweisen auf Kapitelüberschriften

Indice

I numeri di pagina stampati in **nero** si riferiscono ai titoli dei capitoli.

Weitere Sprachwerke für Italienisch

Langenscheidts Grundwortschatz Italienisch

336 Seiten, Format 11,5 × 18 cm.

Dieser italienische Grundwortschatz umfaßt etwa 3000 Grundwörter in 4000 Wortgleichungen.

Er bietet drei große Vorzüge: Die Grundwörter können im sinnvollen Zusammenhang eines Sachgebietes gelernt werden. Ihre richtige Anwendung wird in einem vollständigen Satzbeispiel (mit deutscher Übersetzung) gezeigt. Man lernt rationell in zwei Wichtigkeitsstufen.

Das ideale Hilfsmittel zum erstmaligen Erwerb eines Grundwortschatzes, aber auch zum Wiederholen und Festigen.

1000 italienische Redensarten

224 Seiten, Format 12,4 × 19,2 cm, kartoniert-laminiert.

Eine Zusammenstellung idiomatischer Wendungen, die zum vollen Verständnis der italienischen Sprache unentbehrlich sind.

Anwendungsbeispiele und Übersetzungen erleichtern das Einprägen. Humorvolle Illustrationen verdeutlichen schwierige Wendungen. Ein Register im Anhang ermöglicht den Zugriff auch über die deutsche Übersetzung.

L'italiano è così

112 Seiten, Format 15,1 × 20,4 cm, kartoniert-laminiert.

Ein Lese- und Arbeitsbuch zur Festigung und Erweiterung des Wortschatzes und der Sprechfertigkeit.

Das Buch enthält 15 Ausschnitte aus Originaltexten italienischer Schriftsteller und Journalisten, die auf humorvolle und z. T. ironische Weise die Vorzüge und Fehler ihrer Landsleute schildern. Zu jedem Text gibt es Übungsaufgaben.

Geeignet für Italienischlerner, die bereits fortgeschrittene Kenntnisse besitzen und über einen soliden Grundwortschatz verfügen.